KB220521

우리
같이
노조
해요

화섬식품노조 20년 20장면

전국화학섬유식품산업노동조합 기획 / 신정임 기록

아웃사이더의 봄

우리 같이 노조 해요

노동자들의 땀과
피어린 눈물로 가득한
조직의 기록

이원보, 한국노동사회연구소 명예 이사장

화섬식품노조가 출범한 지 벌써 20년, 전국민주화학노동조합협의회부터 치면 30년, 노동 현장 곳곳의 고비마다 격동과 파란으로 가득한 역정들을 역사책으로 펴낸다니 정말로 큰일을 해냈다. 진심으로 축하드린다. 세상이 두세 번 바뀐다는 사이에 청춘을 고스란히 쏟아부어 '오늘'을 일구어낸 조합원 동지들, 이일 저일 마다하지 않고 헌신적으로 도와주었던 많은 뜻있는 분들, 정말 애 많이 쓰셨다. 여기에 새긴 기록들은 화섬식품노조의 투쟁과 발돋움의 과정을 축적한 것이면서 오늘날 우리나라 노동운동의 역사와 현실을 압축하여 표현하고 있다. 그 과정에서 크고 작은 승리를 얻기까지 잔혹한 탄압에 온몸으로 맞서며 쏟아부은 헌신과 열정의 시간들이 점철되어 있다. 그리하여 세계 노동운동의 역사가 가르치는 노동운동 변화와 발전의 법칙성을 기술하고자 힘쓰고 있다.

이 '20년사'는 화섬식품노조를 채우고 있는 노동자들의 땀과 피어린 눈물로 가득한 조직의 기록이지만 요즘 세상 흐름에 비춰보면 각별히 중요한 뜻을 지니고 있어 보인다. 국가권력과 자본이 역사를 거꾸로 돌리고 노동을 조각내서 구석으로 몰아붙이는 상황에서, 노동자 역사책 찾기가 여간 어려운 처지가 아닌 데다, 노동운동이 법 논리에 눌려 제대로 소리 내기 어려운 판에 노동운동이 자신을 돌이켜보고 새 지평을 열자고 소리 를 내고 있기 때문이다.

이 나라에 노동운동이 시작된 지 100년 하고도 절반이 다 되어간다. 그사이 봉건사회로부터 제국주의 식민지 시대, 신식민지 시대를 지나 이 제는 신자유주의 시대도 지나고 있다. 혹자는 식민지 시대로부터 절대 적 빈곤 상황을 벗어나 세계 10위권의 경제 대국, 산업화와 민주화를 거 의 동시에 실현한, 세계 역사상 유례가 드문 사례라고도 한다. 그런데 여 기로 오기까지 몇 세대에 걸쳐 온몸과 정신을 쏟아부은 노동자들의 처지 는 어떤가? 인류 역사 창조의 근원이라는 노동의 가치와 노동자의 위치 는 제자리에 있는가? 많은 사람들은 54년 전 죽음으로 노동문제의 해결 을 요구하며 항변했던 전태일 열사를 떠올리고 있다.

오랫동안 민족해방과 계급해방을 내걸며 투쟁해왔던 우리 노동운동 은 가까이는 1987년 여름 대투쟁을 계기로 대전환을 맞지만 10여 년 만 에 IMF체제로 또다시 굴곡의 위기에 직면했다. 이것은 과거 일방적으로 지배했던 지배·피지배 관계의 재연이 아니라 자본이 노동을 의식하여 전 략을 바꿔야 할 만큼 노동의 힘이 커졌음을 의미하기도 한다. 문제는 그 힘을 더 키우고 더욱 단단하게 하는 일이었고, 산별노조 건설과 노동자 정치세력화는 그 집약이었다.

이 '20년사'는 그 격변의 과정을 '탄압을 뚫고 투쟁으로 지켜온 역사' 로 적고 있다. 1987년 전국적인 노동자 봉기로 동요하는 기존 노동운동 의 흐름을 새로운 민주노동운동으로 묶어 변혁을 시도했다. 자본은 곧바 로 구조조정으로 반격하며 노동시장을 정규직·비정규직 간 분열과 대립, 다양한 고용형태에 의한 노동자계급의 내부 경쟁, 소비 만능의 풍조 속으 로 몰아갔다. 앞으로 얼마나 많은 기술혁신과 노동형태가 변화할지 알기 어렵다. 자본축적을 위한 기술변화를 예측하여 노동운동이 미리 대응했던 시대는 찾기 어렵다고 역사는 말한다. 많은 사람들이 자본의 지배 방식 변화를 '정의로운 전환'이어야 한다고 힘주어 말하지만 자본은 '정의'에 관심이 없다. 이에 노동자들은 자본의 끊임없는 분열 공작에 맞서 지금도 단결·투쟁의 원리를 학습 중에 있다. 더불어 가장 오래되고도 긴요한 과제로 산별노조 건설 문제를 제기해왔다.

화섬식품노조는 2022년 산별노조 전환을 완료한 후 '전태일 정신'을 바탕으로 약자와의 연대 강화와 사회적 책임을 수행하는 데 땀을 쏟는다. 아울러, 종래 동일 업종이나 직종을 중심으로 시도되었던 산별노조가 다중 복합 산업 시대로 전환이 가시화되는 상황에서는 어떤 방법으로 나아가야 하는지 묻고 있다. 1998년 보건의료노조가 시작했던 '세기적인 실험'을 이제 화섬식품노조가 나서며 몇 가지 대안도 제시하고 있다. 어떤 것이든 역사의 가르침은 '노조 본연의 역사적 역할에 충실하면 바뀐다'는 점을 명확히 말하고 있다.

거듭 '20년사' 펴냄에 고마움을 표하며 앞으로 더 넓은 조직 확장과 산별노조운동을 통해 노동운동이 길게 발전하고 그 역사가 튼실하게 기록되기를 기대해 마지않는다.

전태일 정신을 잇는 산별노조, 화섬식품노조

조돈문, 한국비정규노동센터 이사장

화섬식품노조는 전태일들이 만든 산별노동조합이다. 1970년 "우리는 기계가 아니다!"라고 절규하며 근로기준법을 준수하라고 호소하던 전태일의 후예들이 만든 작품이다.

1987년 노동자대투쟁의 민주노동운동 흐름 속에서 1995년 민주노총이 건설되고 뒤이어 탄생한 민주화학연맹과 민주섬유연맹이 2000년 화섬연맹으로 통합했고 2004년 마침내 산별노조 화섬노조를 출범시켰다. 화섬노조는 제조업 노조로 출발했지만 정보통신업 중심 비제조업이 40%에 육박할 정도로 구성 업종도 다양한 대산별이 되었다. 중소영세 사업장 노동자 비중이 전체 조직 노동 평균의 세 배에 달하고 있어, 화섬노조 노조원들 상당수가 정규직 고용형태의 외양을 벗겨보면 자회사 등 간접고용 비정규직이다. 그런 만큼 화섬식품노조는 이 땅의 노동자들에게 더없이 소중한 존재다.

전태일 시대 500달러도 안 되던 1인당 국민소득이 고속 경제성장을 통해 3만 달러를 훌쩍 넘기며 경제선진국 대열에 합류했지만, 한국은 여전히 노동인권 후진국이다. 봉제공장 같은 중소영세 사업장 노동자들은 하청-재하청 고리의 말단에서 간접고용 비정규직의 고용불안정에 시달리며 여전히 작업 물량에 따라 공임을 받는 객공제의 저임금을 벗어나지 못하고 있다. 대부분 4대 사회보험의 혜택을 받지 못해서 침침한 눈으로 장시간 노동하다 손목을 다치고 화상을 입어도 산재 처리는커녕 병원에도 가지 못한다.

근로기준법도 무용지물인 노동기본권 사각지대에서 노동자들의 선택은 하나밖에 없다. 노동조합을 조직하여 스스로를 보호하는 것이다. 그렇게 찾은 곳이 화섬식품노조다. 화섬식품노조는 '조합원 전태일' 운동을 선포하며 중소영세 사업장 비정규직 노동자들의 마음을 모았고, 사측의 탄압에 맞서 노조원들을 보호하고 노동기본권을 쟁취하는 투쟁을 이어나갔다.

노조 탈퇴를 회유·강제하고 갖은 부당노동행위를 일삼는 악독한 자본에 맞서 싸워 이길 수 있다는 것을 화섬식품노조는 보여주었다. 파리바게뜨 노동자들이 정의당 비상구와 연대하여 고용노동부의 불법파견 직접고용과 연장근로수당 미지급금 지급 시정 지시를 받아냈지만 사측은 지시 사항을 이행하지 않았다. 노동자들은 노동조합을 조직하고 화섬식품노조 중심으로 시민사회 단체들과 연대투쟁을 전개하여 2018년 1월 11일 사회적 합의를 이뤄냈다. 하지만 SPC그룹은 합의를 이행하지 않고 노동조합 탈퇴 공작을 일삼았고, 파리바게뜨 임종린 지회장은 2022년 3월 단식투쟁을 시작하여 장장 53일간 이어갔다. 지회장이 단식투쟁을 시작한 것은 "회사를 압박하겠다기보다는 조합원들한테 노조가 조합원들을 지키기 위해서 노력하고 있으니 걱정하지 않아도 된다는 메시지를 주려고 한 게 커요"라고 말했다. 시민사회단체들은 다시 모여 '파리바게뜨 노동자 힘내라 공동행동'을 조직하여 전국적으로 파리바게뜨 사업장 앞 1인시위를 조직하고 '사회적 합의 이행 검증 위원회'를 통해 SPC 측의 사회적 합의 불이행 사실을 입증하고 공론화하는 연대투쟁을 진행했다. 이렇게 2022년 11월 3일 다시 파리바게뜨 사회적 합의를 이루어냈고, 뒤이어 법원이 사측의 부당노동행위를 인정하여 SPC 황재복 대표에 이어 SPC그룹 허영인 회장을 구속하도록 했다.

화섬식품노조의 20년은 왜 노동자들이 노동조합을 필요로 하는지를 보여주었고, 이 땅의 노동자들은 '전태일 정신을 잇는 산별노조'의 존재를 확인해주었다.

정직한 역사,
영원할 승리

임현재, 전태일재단 이사장 직무대행

역사의 현장은 잔인합니다. 당연히 부끄러운 대목투성이입니다. 그러므로 인간은 늘 보여주고 싶은 것만 남기려 합니다. 오죽하면 '가위와 풀의 역사'라는 말이 생겼겠습니까. 노동조합 역시 여러 얼굴을 가졌기에 그 유혹을 이기기 쉽지 않습니다. 역사 앞에서 정직할 용기는 아무에게나 허락되지 않습니다.

화섬식품노조 20년사 《우리 같이 노조 해요》는 영웅들의 무용담이 아닙니다. 승전보도 아닙니다. 노동조합을 만들고 지키다가 쓰러지고 심지어 지리멸렬, 눈물을 삼키고 물러선 적도 있는 조합원들의 솔직한 고백입니다. 일제강점기 고무신공장부터 산업화의 동력이 되었던 섬유와 석유화학, 이어서 21세기 IT까지, 100년 동안 우리 산업사의 흥망성쇠 속에서 부침과 명멸을 거듭하며 끝내 일으켜 세운 산별노동조합의 거짓 없는 이야기입니다.

화섬식품노조는 2004년 산별노조로 창립했습니다만, 출발은 화려하지 않았습니다. 금속노조와 중첩되는 제조업 기반에, 나날이 사양화되는 업종이 수두룩하고, 대기업과 자영업이 무질서하게 뒤엉킨 산업구조…… 어쩌면 불가능에 가까운 단결과 연대라는 과제에 도전한 화섬식품노조는 온갖 우여곡절과 시행착오를 겪으며 2022년 산별 완성을 마침내 이뤄냈습니다.

우여곡절과 시행착오는 실패의 연속이자 논쟁과 갈등, 회의와 분열의 씨앗이기도 합니다. 구조조정이나 손해배상이 일상이 되어버린 현장에서 화섬식품노조 조합원들은 '뭉쳐야 산다'는 진리를 거북이걸음으로 체득했습니다. 떠났던 노조들이 '다시 돌아와 하나로' 집결했고, '고난의 시간' 조직 사업에 매진하며 불평등과 양극화에 맞선 화섬식품노조에 파리바게뜨지회를 시작으로 타투유니온, IT산업 청년 노동자들이 속속 둥지를 튭니다.

같은 무렵, 청계피복노조의 전통을 이어받은 화섬식품노조 서울봉제인지회가 결성되고 봉제인공제회를 설립해 '공제를 품은 노동조합'으로 새로운 형태의 노동조합을 시도하고 있습니다.

이 책을 펼치면 고비마다 전태일을 만날 수 있어 뿌듯합니다. "근로기준법을 지켜라"며 우리 사회에 인간의 존엄과 노동의 가치를 선언했던 그 순간. 전태일의 후예 산별노조로서 사명감을 품자며 다짐하는 '조합원 전태일' 운동, 화섬식품노조는 나눔과 연대라는 인류가 추구해야 할 보편적 가치를 따르는 이 운동을 조합비 1%의 사회연대 사업으로 발전시켰습니다. 산별노조로서 노동운동의 사회적 책무를 다하겠다는 굳은 의지가 있었기에 가능했던 일입니다.

기록하는 자가 이깁니다. 숨기고 포장하는 건 야비한 승자들의 역사입니다. 그 알량한 승리가 얼마나 오래가겠습니까. 잘못으로 찢기고 실패로 얼룩진 피와 눈물과 땀의 깃발을 다음 세대에 건네는 이들만이 영원한 승리를 기약할 수 있습니다.

《우리 같이 노조 해요》의 화자(話者)는 조합원들입니다. 조합원들은 자신의 이야기를 드러내고 전달하는 것이야말로 곧 연대라는 사실을 확신하게 되었고, 그리하여 "우리 함께 노조 해요"라고 속삭입니다. 소중하고 고맙습니다. 이 속삭임이 광야를 태우는 한 점의 불씨가 되도록, 이 땅의 노동자들에게 꾸준히 읽히는 책이 되기를 바랍니다.

곧 '나의 역사'이기도 했던
화섬식품노조의 역사

하종강, 성공회대학교 노동아카데미 주임교수

학생운동을 제대로 마무리하지도 못한 채 어영부영 노동운동에 첫발을 들였을 때, 처음 만난 사람들이 동일방직 해고 노동자들이었다. 지금 생각해봐도 그것은 거의 천운에 가까운 일이었다. 해고된 124명의 노동자들이 대부분 나와 비슷한 또래여서 친구처럼 부대끼며 지냈다. 그 이후 40년이 넘는 세월 동안 내 삶의 목표는 "최소한 그 노동자들에게 욕먹는 사람이 되지는 말아야 한다"는 것이 최댓값이었다고 해도 지나친 표현은 아니다.

그 시절 중앙정보부나 경찰과 맞서 싸워야 했던 것보다 더욱 우리 마음에 큰 상처를 입혔던 것은 상급 단체인 섬유노조가 동일방직 노동자들을 전혀 지켜주지 못한다는 서러움이었다. 오히려 몇몇 간부들은 마치 군사정권의 앞잡이처럼 노동자들을 괴롭혔다. 그 몇 사람들의 이름 석 자를 우리는 죽을 때까지 결코 잊지 못할 것이다.

민주노조운동 진영의 오랜 숙원 사업인 '산별노조 건설'이라는 구호를 들을 때마다 항상 노동운동에 첫발을 디뎠던 그 옛날의 아픔이 먼저 떠올랐다. 화섬식품노조 20년사의 추천글을 써달라는 연락을 받고 망설임 없이 응한 이유는 바로 그 때문이다.

다른 조직들의 비슷한 성과물들을 그동안 몇 번 접했다. 다 아는 것처럼 대부분 '역사의 기록'이라는 의미에 견주어 재미는 별로 없는 편이다. 그런데 화심식품노조 20년사는 좀 달랐다. '우리나라 최초 고공농성 노동자'로 일컬어지는 일제강점기 강주룡 동지가 등장하는 첫 대목부터 눈길을 사로잡더니, 전태일 열사와 동일방직 사건을 넘어 원풍모방과 반도상사에 이르는 우리나라 노동운동사의 굵직굵직한 대목이 모두 화섬식품노조의 역사였다.

전태일부터 반도상사에 이르는 사건들은 모두 개인적 친분을 가진 나의 '동지'들이 그 사건의 중심에 있었으니 다른 사람의 역사가 아니라 바로 '나의 역사'이기도 하거늘, 내 삶의 한가운데를 화섬식품노조가 관통하고 있었다는 사실을 왜 진작 몰랐을까? 그런 생각으로 마음 한편이 숙연해졌다. 잠시 숨을 고른 뒤에야 그다음 대목으로 넘어갈 수 있었다.

꽤 긴 글을 단숨에 읽었다. 과거의 생생한 역사를 증언하는 사람들이 대부분 지금도 여전히 조직 사업의 현장에서 불철주야 뛰어다니는 활동가라는 사실이 놀라웠다. 뒷방으로 물러난 퇴물 선배들이 한가하게 후일담을 나누는 기록이라는 선입견을 갖고 있는 사람이라면 읽는 동안 마땅히 부끄러움을 느끼게 될 것이다.

내가 잘못 알고 있던 사실들도 깨달았다. 민주노조 연대파업의 서막을 열었던 그 처절했던 싸움을 왜 나는 지금까지 막연히 금속 노동자들의 투쟁이라고 기억하고 있었을까? 기록을 꼼꼼히 읽으며 스스로 반성했다.

이름을 거론하고 싶은 대표적인 투쟁 사업장들이 꽤 많이 있지만 행여 거론되지 않은 사업장은 덜 중요하다는 오해를 불러일으킬까봐 삼가기로 했다. 현장활동가들의 마음가짐을 현미경으로 들여다보듯 섬세하게 기록하고, 때로 부끄러웠던 기억까지 남김없이 소환하는 화섬식품노조 흥망성쇠의 역사를 읽으며 크든 작든 우리의 투쟁은 그 하나하나가 모두 소중하다는 것을 몇 번이나 되새겼다.

100년 전 고무공장 선배 노동자들의 투쟁이 섬유와 화학과 식품을 넘어 4차 산업혁명의 상징인 IT 노동자들을 만나게 되기까지의 놀라운 기록은 그 작업 자체만으로도 우리나라 노동운동 미시사 분야의 대단한 성과물이 아닐 수 없다. 뼈를 깎는 노력으로 작업에 임했을 신정임 작가를 비롯한 제작진에게 고마움과 함께 존경을 표한다.

화섬식품노조 20년,
우리 시대의 노동운동사

신환섭, 전국화학섬유식품산업노동조합 위원장

화섬식품노조가 어느덧 20년을 맞이했습니다. 2004년 10월 29일 창립한 이래 걸어온 20년 발자취를 따라가 책으로 엮었습니다. 역사를 기록한다는 것은 단순히 과거를 기록한다는 뜻은 아닐 겁니다. 우리가 어디서부터 어떻게 왔는지를 되새겨보는 작업은 어디로 향해 갈지를 가늠하고 모색하는 일이기도 하기 때문입니다.

되돌아보면 우리 노조의 역사는 산업별노동조합을 올곧게 건설하려는 지난한 과정이었습니다. 산별노조는 기업별노조의 벽을 넘어서지 않고서는 불평등 해소에 다가가기 어려운 현실을 돌파하기 위하여 민주노총이 정한 조직 방침이었습니다. 그에 따라 화섬은 온전한 산별을 이루기 위해 한 지붕 두 가족으로 연맹과 노조가 공존하는 18년의 세월도 보냈습니다. 어정쩡한 조직 형태 때문에 때로는 갈등하고 때로는 함께 웃던 그 시간들 역시 우리의 역사이고 기록입니다.

'노조'라는 공간과 시간 속에서 참으로 많은 투쟁이 있었고, 격분하고 저항했던 노동자들의 삶이 있었습니다. 수많은 애환 속에서 우리는 산별노조라는 지향점을 함께 공유하고 단결을 확대해왔습니다. 그렇게 우리는 2022년 2월 16일 제44차 화섬연맹 대의원대회에서 연맹의 역사적 소임을 매듭짓고, 늦었지만 단일하고 온전한 산별노조로서 화섬식품노조를 완성했습니다. 지난한 과정 속에는 내부 갈등과 혼란으로 조직 운영이 마비되는 고통과 시련의 시기도 있었습니다. 작지만 중심을 바로 세우고 굳건하게 자리를 지켜왔던 단위 조직들과 현명한 판단으로 산별노조 완성이라는 대열에 함께한 동지들이 있었기에 더 크고 강한 단결이 가능했습니다.

이제 스무 살 청년이 된 화섬식품노조는 제2의 산별노조운동을 벌이려 합니다. 척박한 노동 현실을 극복하고 노동 존중 사회로 나가기 위해 산별노조답게 새로운 역사를 개척해나갈 것입니다.

이 책 《우리 같이 노조해요》는 화섬식품노조 노동자들의 삶과 투쟁에 대한 기록입니다. 책에서는 화섬식품노조 출범 전의 역사도 다루고 있습니다. 일제강점기와 해방 이후 전평(조선노동조합전국평의회), 1970년대 민주노조운동, 전노협과 민주노총 건설까지 면면히 이어온 그 역사가 곧 화섬식품 노동자들의 역사이기도 합니다. 산별노조 건설 전 민주섬유연맹, 민주화학연맹의 역사 또한 화섬식품노조를 견인해낸 동력이었습니다.

이 책 한 권에 우리가 걸어온 수많은 역사를 다 담아낼 수는 없었을 것입니다. 제한된 분량에 담아내지 못한 활동과 투쟁 그리고 알려지지 않은 수많은 사례들은 다음을 기약하고자 합니다. 부족한 자료에도 생생한 인터뷰와 읽기 쉬운 문장으로 우리 노조의 역사를 살아 숨 쉬게 서술해준 신정임 작가에게 감사의 인사를 드립니다.

화섬식품노조 20년사 발간이 새로운 미래를 개척하기 위한 시작점이 되었으면 합니다. 과거가 현재라는 몸 안에 흐르는 피를 만들어주었고, 또 현재는 미래를 위해 영양분을 만들어가는 과정이 될 것입니다. 그렇게 과거와 현재, 그리고 미래는 모두 한 몸입니다. 화섬식품노조 역사를 통해 이 시대를 살아가는 노동자들의 삶과 투쟁을 들여다보길 원하는 동지들께 이 책을 권합니다. 아울러 화섬식품노조와 함께하고자 하는 모든 분들에게도 이 책의 일독을 권합니다.

| 차 례 |

강주룡과 전태일의 후예들

일제강점기~ 1987년 노동자대투쟁

100년 동안 이어온 투쟁의 피

일제강점기 투쟁

"우리는 49명 우리 파업단의 임금 감하를 크게 여기지는 않습니다. 이것이 결국은 평양의 2300명 고무공장 직공의 임금 감하의 원인이 될 것임으로 우리는 죽기로써 반대하려는 것입니다. ······ 이래서 나는 죽음을 각오하고 이 지붕 위에 올라왔습니다. 나는 평원고무 사장이 이 앞에 와서 임금 감하의 선언을 취소하기까지는 결코 내려가지 않겠습니다. ······ 누구든지 이 지붕 위에 사닥다리를 대놓기만 하면 나는 곧 떨어져 죽을 뿐입니다."[1]

−을밀대에 오른 고무공장 노동자 강주룡의 연설

1931년 5월 29일 새벽, 죽음을 각오하고 오른 을밀대였다. 하늘과 맞닿은 을밀대 지붕 위로 오른 이는 평양의 평원고무공장 노동자 서른 살 강주룡. 그 아래에선 그와 함께 투쟁에 나섰던 49명의 노동자들이 대성통곡하고 있었다. 이미 12일 동안 끈질기게 파업을 했지만 임금을 일방적으로 깎겠다고 한 사장의

---

[1] 〈평양 평원고무공장 노동자 '체공녀' 강주룡의 연설〉, 국사편찬위원회 홈페이지, 2024년 8월 21일 접속, http://contents.history.go.kr/mobile/hm/view.do?levelId=hm_136_0040.

을밀대 위에 오른 평원고무공장 노동자 강주룡.

통보는 바뀌지 않았다.

　화학산업의 한 분야였던 고무공업은 일제강점기 1920년대부터 성장하기 시작했다. 당시 한국인들이 즐겨 신던 고무신도 제작하던 고무공업은 대표적인 노동집약형 산업이었다. 싼 임금에 많은 노동력이 투입돼야 했고, 그 역할은 20~40대 여성 노동자들이 맡았다. 일제 치하 조선인 여성 노동자들의 임금은 조선인 남성 노동자들 임금의 절반에도 미치지 못했다. 거기에 더해 1930년대 전후 평양 지역 고무공장 여성 노동자들의 임금(하루 30~48전)은 그즈음 다른 업종 공장의 여성 노동자들 임금(하루 62전 정도)보다도 낮았다. 그런데 그것도 부족해 평원고무 사장은 임금을 더 깎겠다고 나선 상황이었다.

　비단 평원고무공장 49명만의 문제가 아니었다. 평원고무공장이 무너지면 평양의 고무공업동업회에 속한 다른 12개 고

　　　　　　　　　1장. 강주룡과 전태일의 후예들

무공장들도 바로 임금을 깎겠다고 나설 게 뻔했다. 그들의 어깨엔 평양 2300여 고무공장 노동자들의 삶이 달려 있었다. 그러하기에 강주룡과 평원고무공장 노동자들은 억수로 퍼붓는 빗속에서도 회사와 싸우면서 파업을 12일간 이어갔고, 그 뒤에도 멈출 수 없었다. '아사동맹'을 결의하며 공장을 점거한 채 단식농성에 들어갔다. 하지만 이마저도 한밤중에 일제 경찰들에 의해 끌려나오며 실패하자 투쟁을 이끌던 강주룡이 죽음을 각오하고 을밀대 고공단식농성에 돌입한 것이었다. 우리 노동운동사에서 첫 고공농성으로 일컬어지는 이 투쟁은 비록 농성 8시간여 만에 강주룡이 경찰에 밀려 을밀대 옥상 아래 그물로 떨어져 체포되는 것으로 끝나지만, 체포 후에도 강주룡은 단식을 멈추지 않았다. 구금 후 다시 돌아온 강주룡과 파업단이 투쟁의지를 굽히지 않자 회사가 뜻을 접었다. 결국 1931년 6월 8일, 평원고무공장 사측은 노동자들의 임금을 깎겠다던 의사를 철회하기에 이른다.

부산에서는 섬유 노동자들이 힘을 모아 자본에 맞섰다. 근대 시설을 도입한 국내 최초의 방직공장이자 국내 최대 기업인 조선방직주식회사(이하 조선방직) 노동자들이 그 주인공이었다. 오늘날 부산 동구 범일동 자유시장 일대 13만㎡가 넘는(4만여 평) 부지에 1917년 당시 일본 거대 자본이 설립한 조선방직은 공장 및 건물 54동에서 3000여 명의 노동자들이 일하고 있었다.[2]

하지만 조선방직은 '최초' '최대'라는 타이틀에 맞지 않게 노동조건은 열악하기 그지없었다. 노동자의 대부분을 차지하던 여성 노동자들이 겪는 고통은 이루 말할 수 없었다. 하루 12시간이 넘는 장시간노동에, 일을 해도 배를 곯는 낮은 임금, 일본인 노동자들과의 차별 등등. 그런데 세계대공황을 빌미로 조선방직이 그렇잖아도 적은 임금을 더 깎자 기숙사 한 방에서 13명씩 새우잠을 자고, 관리자들에게 걸핏하면 뺨을 맞고 폭력을 당하던 노동자들이 참다못해 들고일어났다.

> 오늘(10일) 아침 5시경에 돌연히 일하던 기계를 정지시키고 격문 천여 매를 일반 남녀 직공들에게 배포하는 동시에 동맹파업을 단행키로 선언을 하고서 일제히 공장 문밖으로 떼를 지어 나가려 하매 회사 측에서는 창황망조하여 공장문을 굳게 잠그게 되었고 2천2백7십여 명의 남녀 직공 전부는 총파업을 단행하게 되었다.
>
> ―〈조선방직 남녀 직공 이천여 명 총파업〉,《동아일보》, 1930.1.11.

1930년 1월 10일, 총파업에 나선 2000여 조선방직 노동자들은 임금을 80전으로 인상, 하루 8시간 노동제 실시, 해고제 폐지, 취업 중 부상자에 대한 위자료 지불, 직공에 대한 벌금제 폐지, 식사 개선, 조선인과 일본인의 차별 대우 폐지, 승급제 확립, 작업도구 무료 지급 등 12개 항을 회사에 요구했다. 노동자들과 협상할 의사가 전혀 없던 회사는 노동자의 절반이 거주하던 기

---

2   〈조선방직〉, 부산역사문화대전 홈페이지, 2024년 8월 21일 접속.
     https://busan.grandculture.net/Contents?local=busan&dataType=01&contents_id=GC04214835

숙사의 출입문을 걸어 잠근 채 이들을 감금하고, 통근하는 노동자들을 가가호호 찾아가 조업을 강요했지만 출근했던 50~60명의 노동자들까지 모두 집으로 돌아가면서 공장은 완전히 멈춰 섰다.

조선의 중요한 수탈 기업이 멈춰 서는 걸 바라만 볼 일제가 아니었다. 일본 경찰과 헌병은 기숙사에 갇혀 있던 여성 노동자들이 문밖으로 달려 나오려고 하자 살을 에는 한겨울 날씨에 소방 호스를 끌어다가 물을 뿌리면서 이들을 해산시키려고 했다. 《동아일보》가 〈감금된 7백 여공 해방을 절규 시위〉라는 제목의 기사(1930.1.15.)로 전한 조선방직 노동자들의 투쟁은 열하루 동안 처절하게 이어졌다.

파업과 함께 단식농성에 들어간 노동자들에게 4일 지난 찬밥을 건네고, 과자를 나눠주려고 하며 노동자들을 우롱하던 조선방직 측은 노동자들을 향한 부산 지역 동정 여론이 확산되고 여성 노동자 기숙사가 '조방 파업의 메카'로 떠오르자 서둘러 투쟁을 봉합하려고 했다. 1월 21일, 노동자들이 요구한 12개 항 중 가장 손쉬운 작업 도구 무료 지급, 벌금제 폐지, 식사 개선 등 3개 항만 합의한 채 투쟁은 막을 내린다.

식민 치하에서 파업 지도부가 검거, 격리되거나 강제 귀향 조치를 당한 가운데 한 사업장의 노동자들이 서슬 퍼런 일제 경찰·헌병과 직접 맞부딪쳐 싸우기엔 버거웠던 것이다. 투쟁의 후과는 거셌다. 파업이 끝난 뒤 파업 참가 노동자 중 400명 이상이 해고되었다.

비록 조선방직 노동자들이 원했던 것과는 너무도 거리가 먼 결과였지만, 조선방직 노동자들의 투쟁은 조선 천지를 뒤흔들었고 숨죽이고만 있던 식민지 노동자들에게 희망의 빛을 보여준 것만은 분명하다.

나라를 잃은 상황에서도 "죽음을 각오하고" 투쟁에 나섰던 평원고무공장 화학 노동자들과 조선방직 섬유 노동자들의 피는 100여 년 동안 한반도 노동자들에게 이어졌다. 그만큼 세상은 조금씩 앞으로 나아갔다.

빛을 찾아 나선 노동자들
1970년대 민주노조운동

전태일의 설명은 이러하였다. 우리는 당당하게 인간적인 대접을 받으며 살 권리가 엄연히 있는데도 불구하고, 여태껏 기계 취급을 받으며 업주들에게 부당한 학대를 받으면서도 바보처럼 찍소리 한번 못하고 살아왔다. 그러니 우리 재단사들의 모임은 바보들의 모임이다. 이것을 우리가 철저하게 깨달아야 하며 그래야만 언젠가는 우리도 바보 신세를 면할 수 있다.
—조영래,《전태일 평전》

스스로 '바보'가 되려는 사람들이 있었다. 하루 16시간씩 기계처럼 일하면서도 사용자들의 부당한 요구에 목소리 한번 못 내던 과거의 바보가 아니었다. 노동자들의 입에 재갈을 물리는 박정희 정권 아래에서 '빨갱이'로 몰릴 길을 택한 '바보'들이었다. 재봉틀 위에 각혈을 토해내는 어린 여공을 보다 못한 스물두 살의 재단사, 전태일이 먼저 나섰다. 봉제 노동자들의 처우 개선을 위해 백방으로 뛰던 그는 1970년 11월 13일, 근로기준법 법전과 함께 자신의 몸에 불을 붙인 채 "우리는 기계가 아니다!"라고 인간선언을 한다.

그 처절한 외침을 듣고 독재정권 아래 숨죽이던 노동자들

전태일 열사의 생전 모습.

이 일어섰다. 먼저 전태일이 애처롭게만 생각하던 여성 노동자들이 움직였다. 1960~1970년대 박정희 정권이 공적으로 내세운 '경제개발'을 이끌어온 건 사실 섬유, 신발, 의류, 전자 등 경공업 현장의 대다수를 차지한 여성 노동자들이었다. 저임금과 장시간노동, 인권 유린에 시달리던 여성 노동자들은 노동조합을 만들고 나서야 자기 목소리를 낼 수 있었다. 동일방직, 원풍모방, 반도상사, YH무역, 콘트롤데이타는 기업명보다 노동조합 이름으로 세상에 큰 족적을 남겼다.

'똥물 사건'으로 알려진 동일방직은 귀속재산[3]이던 동양방적 인천공장을 창업주 서정익이 불하받아 1955년에 세운 방직 회사였다. 동양방적공사에는 1946년에 이미 노동조합이 조직돼 국내 최초의 노동조합 전국 조직인 조선노동조합전국평의회(전평)에서 핵심 역할을 했다. 하지만 노조는 1948년 전평 해체 후엔 별다른 활동이 없다가 1961년 5·16군사쿠데타 뒤로는 한국노총 섬유노조 소속의 회사와 결탁한 어용노조로 탈바꿈한다. 생산직의 대다수인 여성 노동자들은 배제된 채 남성 기술직들이 죄다 간부를 맡은 동일방직노조는 노동자 감시기구로 전락했다.

　　노조 간부, 관리자들의 횡포와 열악한 노동조건에서 고통받던 동일방직 여성 노동자들은 인천도시산업선교회와 교류하면서 민주노조로 향해 간다. 현장 소모임들을 통해 차곡차곡 쌓은 힘을 바탕으로 1972년 최초로 여성 지부장이 된 주길자를 중심으로 집행부를 꾸린다. 민주 집행부를 용납할 수 없던 회사는 폭언과 협박, 부당 해고, 사표 강요 등 온갖 방법을 동원해 탄압했지만 조합원들은 굴하지 않고 이영숙, 이총각 집행부를 연이어 당선시켰다.

　　회사의 탄압은 더 악독해져 급기야는 1978년 2월 21일, 사측이 매수한 남성 조합원들이 여성 조합원들의 온몸에 똥물을 끼얹으며 대의원선거를 무산시키는 일까지 벌어졌다. 기다렸다는 듯이 한국노총 섬유노조는 동일방직지부를 사고지부로 규정하고, 지부장 이총각을 비롯한 간부들을 '반조직 행위자'라며 제

3　　8·15 광복 후 미군정에 몰수된 일제강점기 일본국 및 일본인 소유의 재산.

명했다.

현장에 들어갈 수 없던 동일방직 조합원들은 3월 10일 TV 생중계 중인 근로자의 날 기념식에 숨어들어갔지만 강제 퇴장 당했다. 3월 20일에는 생방송 중인 CBS에 들어가 노동 문제 보도 외면에 항의했고, 3월 26일에는 여의도 부활절 연합예배장의 새벽기도회 단상에 뛰어올라가 "우리는 똥을 먹고 살 수 없다"고 부르짖기도 했다. 이렇듯 온몸으로 노조 탄압의 부당성을 알렸지만 1978년 4월 1일 결국 126명의 해고는 막을 수 없었다. 곧바로 섬유노조가 해고자 명단을 전국 사업장에 돌려 재취업의 길까지 막히고 말았다. 동일방직 해고자들은 2001년 '민주화운동 유공자'로 인정되기까지 20년이 넘도록 무수한 고초를 겪어야 했다.

반도상사는 현 LG그룹의 전신인 럭키금성그룹의 계열사였다. 당시에도 럭키금성그룹은 5대 재벌에 속했다. 가발산업 호황으로 1966년 부산에 가발공장을 세운 반도상사는 1969년 부평에도 공장을 세웠고, 부평공장은 1971년 3월 직원이 2000여 명인 큰 공장이 된다. 반도상사는 1974년에는 반도패션 브랜드로 청바지 등을 생산하면서 패션산업을 본격으로 시작한다.

1974년 4월 15일 출범한 섬유노조 반도상사지부는 1970년대에 등장한 민주노조 중 유일하게 재벌그룹 계열사에서 만들어진 노조였다. 노조 결성 첫해에만 37% 임금 인상, 기숙사와 식당 시설 개선, 퇴직금제와 연월차수당 제도 구축을 이뤄냈다.[4] 그 힘은 '반도 대학'이라 불린 독서 모임, 교육 강좌, 문학동아리

등 반도상사지부의 활발한 일상 활동에서 나왔다.[5]

　반도상사노조는 1980년 '서울의 봄' 시기에도 적극적으로 투쟁해 임금 인상을 30% 가까이 이뤄냈지만 전두환 신군부의 등장 이후론 다른 민주노조들처럼 탄압을 비껴갈 수 없었다. '도산(도시산업선교회)이 들어오면 회사가 도산한다'가 경영진들 사이에 하나의 교리처럼 자리 잡은 상황에서 도산과 교류하던 반도상사지부도 '반산선(도시산업선교회)' 공세를 버티기 힘들었다. 결국 1981년 3월 럭키그룹에서 반도상사를 폐업하면서 노동조합도 문을 닫게 된다.

　'1970년대 민주노조의 전설' 원풍모방의 전신은 한국모방이었다. 섬유직물 제조업체였던 한국모방은 경영난에 시달리다가 1974년 원풍그룹으로 넘어가면서 이름이 바뀌었다. 한국모방 시절 결성된 노동조합은 한국노총 섬유노조 서울지부 한국모방분회로 어용노조였다. 다른 모방보다 일당이 30% 적어도, 연말 상여금을 2년씩 못 받아도, 퇴직자들이 퇴직금을 못 받아도 한국모방분회는 회사에 찍소리도 하지 못했다. 이에 분노한 노동자들은 1972년 '한국모방노조 정상화투쟁위원회'를 꾸려서 명동성당 농성과 태업을 한 끝에 노조를 민주화했다.

　민주노조는 1973년 6월 한국모방이 부도나고 사장이 해외로 도피했을 때 제대로 힘을 발휘한다. 노조는 새 경영진이 나타

4　박민나, 〈[길을 찾아서] 1400명 전원이 동참한 반도상사 파업/이총각〉, 《한겨레》, 2013.6.12.

5　김신호, 〈[제물포럼] 반도상사 장현자의 기억〉, 《인천일보》, 2019.9.2.

날 때까지 운영권을 인수해 하청 형태로 공장을 가동했다. 4개월 동안 1500명이 넘는 노동자들의 임금을 밀리지 않고 지급한 것은 물론 8월에는 30%나 임금을 인상했다. 그러고도 새 경영진인 원풍에 운영권을 넘겨줄 때는 잉여금을 3000만 원이나 남겼다.[6]

섬유노조 원풍모방지부로 이름을 바꾼 뒤 노조는 방용석 지부장을 중심으로 튼튼한 민주노조로 성장한다. 2000명이 넘는 조합원들이 소모임 50~60개를 꾸려 활발하게 활동했다. 또 단체협약에 "조합원의 해고는 노사 합의하에 가능하다"는 문구를 넣을 정도로 조직력이 셌다.[7] 협동조합운동으로 조합원들이 생활용품 등을 공동구매하고, 회사 안에 이발소, 미장원, 목욕탕을 지어 조합원들이 무료로 이용하기도 했다.[8]

박정희 유신정권도 버텨냈던 1970년대 민주노조들은 '80년 광주'를 총으로 진압한 전두환 신군부를 넘어서진 못했다. 신군부가 1980년 8월 21일 내린 '노동조합 정화 지침'으로 한국노총 위원장을 비롯해 산하 산업별노조 위원장들은 자진사퇴하고, 전국의 산별 지역 지부 106곳이 강제로 해체됐다. 노동자들은 연행돼 구속되거나 삼청교육대로 보내지기도 했다. 전두환

6   〈민주화운동 유적(지) 서울·경인 지역 조사·발굴 작업 최종 보고서〉,
      민주화운동기념사업회, 2002, 168쪽,
7   박준성, 〈[박준성의 노동자 역사] 1970년대 원풍모방노동조합 일상 활동〉,
      《노동과세계》, 2022.12.29.
8   〈70년대 민주노조의 전설, 원풍노조가 세운 신기록〉, 민주화운동기념사업회
      오픈아카이브, 2024년 8월 22일 접속, https://archives.kdemo.or.kr/contents/
      view/290.

정권의 파상 공세로 1970년대 민주노조운동을 이끌었던 노동조합들이 하나둘 무너져갔다. 1981년 1월 6일 청계피복노조의 강제해산을 시작으로 반도상사, 태창섬유, 1982년 7월 20일 콘트롤데이타 노조까지 18개월 동안 많은 민주노조가 해체됐다.

마지막 보루였던 원풍모방노조도 1982년 9월 27일부터 10월 1일까지 물 공급까지 끊긴 공장 안에서 농성을 벌이다가 구사대와 폭력배, 경찰들의 폭력 진압으로 끌려나와 559명이 해고되고 11월 12일 핵심 간부 11명 전원이 체포되면서 민주노조 깃발을 내리게 된다.

> 대방동 지하도를 지날 때 캄캄한 굴속에서 부르는 우리들의 노래가 가슴을 찡하게 울렸다. 형언하기 어려운 심정으로 아무도 듣는 이 없는 두터운 벽 속에서 〈오 자유〉를 부르며 노동운동은 참 외로운 것이다라는 생각에 잠겼다. ─김남일,《원풍모방 노동운동사》

민주노조를 지키는 일은 외롭지만 아프기만 한 길은 아니었다. 그 길을 함께 걷는 이들이 있어 묵묵히 걸을 수 있었고, 같은 길을 걷겠다고 나서는 이가 뒤를 이을 것을 알기에 남은 길이 아쉽지도 않았다.

노동자의 힘을 확인하다

1987년 노동자대투쟁

"반도상사와 라이프제화의 차이요? 노동조합이 있다와 없다죠. 그게 큰 차이가 있어요."

구두를 만드는 노동자였던 오길성은 1978년에 반도상사에 입사해 민주노조를 경험했다. 1981년 반도상사가 폐업하면서 졸지에 실업자가 된 뒤 성남에 있는 라이프제화에 취직했다. 그런데 일을 하면 할수록 반도상사 때와 달라서 이상하다는 생각이 계속 들었다.

당시 라이프제화는 직원이 200명이 넘는 비교적 규모가 큰 사업장이었다. 하지만 노동조건은 작은 공장과 다를 바 없었다. 연월차 휴가도 없고 기숙사는 난방조차 되지 않았다. 상여금 역시 취업규칙에는 연 200%로 돼 있었지만 실제로는 100%만 지급되었다. 회사는 이마저도 주지 않으려고 했다.

1984년 7월 21일은 하기 상여금 50%가 나오는 날이었지만 상여금은 나오지 않았다. 노동자들은 항의의 뜻으로 '국민체조 거부투쟁'을 했다. 회사는 고참 노동자 5명을 해고하며 이에 응수했다. 다행히 해고자들은 곧 복직했지만 라이프제화 노동자들은 언제든 똑같은 일이 일어날 수 있음을 우려했다. 회사에 대항하기 위해서는 노동조합이 필요하다는 데 뜻을 모았다. 반도상사 시절 노조 경험으로 '노동 박사'로 불리던 오길성이 자연스럽게 위원장으로 추대됐다. 1984년 8월 7일 60여 명이 모여 라이프제화노동조합을 결성했다.[9] 회사는 하청업체를 현장에 투입하면서까지 노조 파괴 공작을 펼쳤지만 실패했다. 라이프제화노조의 투쟁은 성남 지역 다른 사업장에도 영향을 미쳐 협진화섬, 에스콰이아 등 여러 현장에서 노동조합이 결성됐다.

1984년은 광주항쟁 등 인권 탄압으로 국내외에서 비판을 받던 전두환 정권이 학원자유화를 포함해 유화 조치를 취하던 시기였다. 노동운동도 그 영향을 받아 잠시 기지개를 켰다. 1985년 6월에는 대우어패럴, 선일섬유, 효성물산, 가리봉전자 등 구로 지역 노동조합들이 1주일 동안 동맹파업을 벌였다.

성남 지역도 1986년 3박 4일 동안 정치 동맹파업을 벌였다. 회사 옥상 등을 점거하며 투쟁하던 노동자들은 공권력에 의해 연행됐다. 오길성은 구속되고 해고당했다. 석방 후 그는 성남 지역에 있던 마찌꼬바(영세한 작은 공장)들을 돌며 노동자들을 만났다. 에스콰이어, 라이프제화 같은 구두업체의 하청 공장들이었다. 제화공들은 대부분 변변한 환풍기도 없는 20~30평 남짓한 좁은 지하 작업장에서 코를 찌르는 본드 냄새를 맡으면서 일하고 있었다. 그런데도 잔업·철야수당은 물론 퇴직금이나 의료보

---

9   〈라이프제화노조 사수 및 임금 인상 투쟁〉, 노동자역사 한내, https://www.hannae.org.

험 혜택도 제대로 못 받는 경우가 태반이었다.

열악하다는 말로는 부족한 제화공들의 현장을 바꾸기 위해 1988년 4월 10일, 성남 최초의 지역 노조인 전국화학노련 성남 제화공노조가 세상에 모습을 드러냈다. 두 달 뒤인 6월 4일 성남 제화공노조 현판식 및 개소식에서 임종민 서울제화공노조 위원장이 "노동조합이 인간답게 살 수 있는 법을 만들게 하려면 서울과 성남의 제화공들이 힘을 합쳐 총파업을 하여 국회의원들이 맨발로 국회에 나갈 수 있게 하자"라고 말했듯 제화공들이 힘을 합칠 필요는 충분했다.[10]

"87년 노동자대투쟁 때는 노동조합 결성 제조기가 됐어요. 사업장들을 돌아다니면서 선동하면 노동자들이 다들 호응했죠. 그때 성남에서 내 손으로 만든 노동조합만 20개는 될 겁니다."(오길성)

자동차 공장에서 두발 검사까지 하는 등 병영적 노동 통제가 일상이던 노동 현장이 1987년 6월항쟁 이후 바뀌어갔다. 6·29선언으로 꺼질 것 같던 항쟁의 열기를 노동자들이 살려냈다. 7월부터 전국의 노동 현장은 "민주노조 건설! 임금 인상! 근로조건 개선!"을 외치는 노동자들의 함성으로 들끓었다.

7월 5일 현대엔진 노동자들이 울산의 한 디스코텍에서 비밀리에 노동조합 결성대회를 치른 것을 시작으로 현대중공업, 현대정공 등 현대그룹 전 계열사에 노동조합이 건설됐다. 그렇

---

10   〈제화노조 현판식 하다!〉, 《성남제화노보》 제2호, 1998.7.17.

게 울산을 기점으로 부산, 마산, 창원, 경인 지역 등 거대 공업단지가 있는 곳마다 파업과 함께 노조가 만들어졌다. 노조 설립 절차도 무시됐다. 창립총회 대신 일손을 놓은 노동자들이 회사 마당에 모여서 〈아침이슬〉이나 〈사나이로 태어나서〉 같은 노래를 부르며 "임금 인상하라!"고 외치며 '데모'를 하는 것으로 노조를 결성했다. 각 지역 택시 노동자들도 연대파업·시위를 벌였고, 강원도 지역 광산 노동자들도 격렬하게 투쟁했다. 빠지는 지역 없이 거의 전국에서, 산업별·업종별 거의 전 부분에서 노동자들의 투쟁이 벌어졌다.

노동자대투쟁 기간인 1987년 6월 29일부터 10월 31일까지 노동자들은 총 3311건의 노동쟁의를 벌였다. 이 중 3235건이 파업이었다. 하루 44건꼴로 벌어진 파업에 약 122만 명의 노동자가 참여했다. 넉 달 동안 일어난 노동쟁의가 1970년대 중반 이후 10년 동안 발생한 건수보다 많았다.[11] 산업 정책의 중심이 경공업에서 중공업으로 옮겨가듯 노동운동도 1970년대 민주노조를 이끌었던 여성 노동자들을 뒤이어 이제 남성 노동자들이 전면에 나서게 되었다.

"87년에는 기업주들이 엉겁결에 당했다고 할 정도로 노동자들의 기세들이 아주 셌었죠. 그런데 1~2년쯤 지나고 나서는 기업들이 전열을 정비해서 반격을 합니다."

오길성의 말대로 1980년대 말 민주노조들은 많은 탄압을

받는다. 2~3년인 임기를 다 채운 위원장이 거의 없을 정도였다. 탄압이 심하니 서로 힘을 뭉쳐 함께 노동조합을 지켜갔다.

"어느 한 사업장이 '구사대에 침탈당하고 있다, 조합원들이 끌려나온다'는 소식이 들려오면 비상을 거는 거죠. 그러면 지역에 있는 노동자들이 대거 몰려가서 함께 싸웠습니다."(오길성)

이렇게 각 지역에서 이뤄지는 연대투쟁이 지역노동조합협의회(지노협)를 만드는 근간이 되었다. 성남에서는 성남지역노동조합협의회(성남노협, 1988.6.25.)가 만들어졌다. 그와 발맞춰 마산창원노동조합총연합(마창노련, 1987.12.14.), 서울지역노동조합협의회(서노협, 1988.5.29.), 인천지역노동조합협의회(인노협, 1988.6.18.) 등 15개 지노협이 출범했다. 이들 지노협과 민주출판노조협의회, 시설관리노조협의회를 비롯한 4개의 업종협의회, 병원노련, 전국전문기술노련, 건설노협, 대학교직원노조협, 사무금융노련, 언론노련, 전교조 등 민주노조운동 세력을 총망라한 지역·업종별노동조합전국회의(전국회의)가 1988년 12월 22일 결성됐다.

전국회의는 산하에 전국노동법개정및임금인상투쟁본부를 설치해 1989년 내내 투쟁과 함께 한국노총을 뛰어넘는 새로운 전국 단위 민주노조의 건설을 준비했다. 이는 1990년 1월 22일 전국노동조합협의회(전노협) 출범으로 이어졌다.

"그러나 보라! 억압과 굴종의 사슬을 끊어버리고 역사의 전면에 우뚝 일어서서 힘차게 진군하기 시작한 노동자의 전국적 대오를!"

전노협 창립선언문에서 밝혔듯 전평 이후 자주적이고 민주적인 노동자 전국 조직이 다시 세상에 모습을 드러낸 것이다. 이는 전국의 노동자가 들고일어났던 1987년 7·8·9 노동자대투쟁의 성과였다. '평등사회 앞당기는 전노협'은 또 다른 도약을 준비하고 있었다.

"폭발 사고 후 마음이 너무 힘들었어요"

안우헌, 화학노협/화섬식품노조 초대 사무처장

처음 직장 생활을 한 건 83년 구로공단에서였어요. 3공단 입구에서 친척분이 회사를 조그맣게 운영해서 거길 6년 정도 다녔습니다. 그때 기억나는 일이 있어요. 구로공단에서 알몸투쟁이라고, 속옷만 입고 투쟁하는 사람들이 있었어요. 지나고 나서야 그게 노동자들의 투쟁이었구나, 하고 알았어요. 택시 노동자들이 파업을 하는데 탄압이 너무 심하니까 부인들이 와서 그렇게 투쟁했던 거죠.

결혼해 인천으로 와서 그나마 회사라고 들어간 곳이 진흥정밀화학이에요. 120명 정도가 일하는 농약 원료를 만들던 회사였어요. 임금은 좀 괜찮았는데 근무환경은 안 좋았어요. 제일 큰 건 악취죠. 전부 화학 약품이니까요. 분진도 많고…… 포장하다가 독성 때문에 기절하는 사람도 있고 그랬어요.

1990년에 들어갔는데 노동조합이 있었어요. 회사가 인천 주안 5공단에 있었는데 87~88년에 5공단, 6공단에서 노조들이 엄청 많이 결성됐더라고요. 진흥정밀노조도 88년 5월에 창립했고요. 제가 들어갔을 때는 노조가 조금 안정화됐을 때여서 뭣 모르고 선배들만 따라다녔죠. 외부 집회들이 많았는데 집회 가는 게 좋더라고요. 멀리 가기도 하고 끝나면 꼭 뒤풀이도 하고. 1년 그렇게 집회 따라가니까 위원장이 "열심히 한다. 조직부장 해볼 생각 없냐?"더라고요. 그렇게 뜻하지 않게 입사 1년 만에 노동조합 조직부장을 맡게 됐죠.

그때 인노협이 있어서 부서장 회의를 많이 했어요. 인천·부평 지역 조직부장단 회의를 일주일에 한 번씩 했죠. 집회도 나갔지만 그 회의에서 노조에 대해 많이 알게 됐죠. 또 그땐 노동상담소 등에서 학습모임이 활성화됐었거든요. 새로운 걸 접하는 게 재미있어서 학습모임도 열심히 했죠. 제가 주도적으로 했던 건 산악회예요. 부평 쪽에는 노동자 산악회가 있었는데 주안 쪽에는 없었거든요. 우리도 큰 축의 모임이 있어야 한다고 길벗 산악회를 만들고 제가 초대 회장을 맡았죠. 그러면서 주안 지역 노동자들을 많이 만났습니다.

그렇게 활동하고 있는데 진흥정밀노조 2대 위원장이 반년 정도 하다가 그만두더라고요. 다시 뽑아야 하는데 제가 추대됐어요. 의식이 높아서라기보다는 인기 투표였을 것 같아요. 모든 집회에 한 번도 빠짐없이 나갔으니까 한번 해보라고 하더라고요. 91년 하반기에 진흥정밀노조 위원장이 됐습니다.

위원장 3년 차일 때 6명이 사망한 그 폭발 사고[12]가 일어났어요. 아침이었어요. 저도 그 자리에 있었는데 출근해서 사람들이 커피를 마시던 중에 폭발 사고가 일어난 거예요. 저는 사고 직전에 조합 사무실에 들어와서 의자에 앉아 있었어요. 그러다가 펑 소리와 함께

붕 떠올랐다가 바닥으로 떨어졌죠. 창문들도 다 떨어지고, 건물 옆으로 빈 공간이 쭉 이어져 있었는데 그때 불기둥이 쫙 퍼지더라고요. 창문 통해서 정신없이 나왔어요. 그런데 저랑 같이 커피 마시고 얘기하던 분들 중 몇 분이 돌아가셨어요. 한 달 정도 투쟁해서 합의를 하고 책임자 중 일부가 사법 처리되긴 했어요. 그런데 회사 규모가 크지도 않은데 사고 피해액은 크고 보상금 줄 것도 많으니까 회사가 어려워지더라고요. 1997년에 회사가 도저히 운영을 할 수 없다고 구조조정을 하겠다고 노조에 말하더라고요. 희망퇴직 대상자를 정하는 게 너무 힘들어서 제가 1번으로 썼어요.

94년 사고 트라우마가 컸죠. 마음이 너무 힘들었어요. 사고 이후 현장을 못 올라가겠더라고요. 올라가다가 무슨 소리가 나면 깜짝깜짝 놀라고요. 유가족들도 많이 힘들어하셨죠. 가장 안타까운 건 이제 막 결혼한 친구, 아기가 돌 된 친구들이 있었어요. 아내분들이 되게 힘들어했어요. 자식들을 먼저 보낸 부모님들도 그렇고요. 저도 상태가 별로 안 좋은데 그분들 상담하고 지역본부 데리고 가서 같이 얘기하고 그랬지요. 그렇게 진흥정밀을 1997년에 그만두고 좀 쉬었다가 민주화학연맹 활동을 시작했어요.

---

12   1994년 7월 26일 인천 진흥정밀화학에서 대규모 폭발 사고가 발생했다. 분말 농약을 만드는 기계를 시험 가동하다가 벌어진 사고였다. 경인고속도로 옆에 있던 공장에서 터진 폭발 사고 울림만으로 고속도로를 달리던 차들의 백미러 유리가 떨어져나갈 정도로 파장이 컸다. 노동자 6명이 숨지고 52명이 중경상을 입었다.
진흥정밀노조는 인천지역노동조합협의회(인노협)과 함께 즉각 폭발 사고에 대한 원인 규명과 책임자 처벌, 대책 마련을 위한 투쟁을 벌였고, 그 결과 공장장의 구속을 비롯해 6명이 사법 처리됐다.

민주노조의 킷발 아래

1997년 민주화학연맹, 민주섬유연맹 출범

화학 노동자들의 새 투쟁의 구심

민주화학연맹 출범

> 생산의 주역이며 사회개혁과 역사발전의 원동력인 우리들 노동자
> 는 오늘 자주적이고 민주적인 노동조합의 전국 중앙조직, 전국민주
> 노동조합총연맹의 창립을 선언한다. ……
> 자! 자본과 권력의 어떠한 탄압과 방해에도 굴하지 않고 전국민주
> 노동조합총연맹의 깃발을 높이 들고 인간의 존엄성과 평등이 보장
> 되는 통일조국, 민주사회 건설의 그날까지 힘차게 전진하자!
>
> —민주노총 창립선언문, 1995.11.11.

전노협은 다시 진화한다. 사무직 노동자들이 중심인 전국
업종노동조합회의(업종회의), 대우자동차, 현대중공업, 서울지하
철 등이 모인 '연대를 위한 대기업노동조합회의'(연대회의)와 통
합해 '자주적이고 민주적인 노동조합의 전국 중앙조직'인 전국
민주노동조합총연맹(민주노총)을 1995년 11월 11일 출범한다.

민주노총 준비위원회에는 914개 기업별노조가 참가했지
만, 막 출범한 민주노총은 산업별노조를 추구했다. 산업별노조
는 사업장의 노동자뿐만 아니라 산업 내 임시직, 시간제 노동자,
하청 노동자, 해고자, 실업자도 하나의 노동조합 울타리로 묶어

1997년 민주화학연맹 창립대회.

냈고, 이 덕분에 조직력을 높일 수 있었다. 교섭과 투쟁의 파급
력 또한 세졌다. 재정도 효율적으로 쓸 수 있었다.

금속, 사무, 언론, 보건 등은 민주노총의 지향대로 바로 산
업별 연맹을 건설했다. 하지만 화학산업은 준비 기간이 필요했
다. 1994년 12월, 전국화학산업노동조합 조직책임자회의(조직
책임자회의)를 먼저 꾸렸다. 1년여 동안 조직책임자회의가 준비
위원회 역할을 한 뒤 1996년 3월 1일 전국민주화학노동조합협
의회(화학노협)를 띄운다. 다시 1년여 동안 전국의 화학 사업장을
돌면서 민주노조를 조직한 끝에 드디어 1997년 3월 16일, 38개
노조 1만 3300여 명이 가입한 전국민주화학노동조합연맹(민주
화학연맹)이 출범한다.

3월 16일 서울 용산 농업기술진흥관에서 열린 창립대의원
대회에서 참가자들은 "이제 우리는 전국민주화학노동조합연맹

건설로 민주적인 화학 노조들의 새로운 투쟁의 구심을 갖추게 되었다"로 시작하는 출범 결의문을 발표한다. 이 자리에서 위원장으로 오길성 성남지역제화공노조 위원장이 선출되었고, 부위원장엔 김선진 금호타이어노조 위원장, 신상수 LG화학노조 위원장, 한재근 삼립테코노조 위원장, 전홍표 광명연마노조 위원장 등이, 사무처장에는 김홍제 현대페인트노조 위원장이 선출됐다.

당시 화학 노동자들은 제조업 중에서도 힘든 여건에서 일하고 있었다. 1994년 10월 당시 기본급 기준으로 제조업 평균임금이 55만 5589원인 데 비해 화학산업은 49만 8043원이었다.[1] 낮은 임금은 필연적으로 장시간노동을 강요해 화학산업 노동자들의 절대다수가 주당 50시간 이상씩 일했다. 이 노동자들을 노동조합의 울타리 안으로 묶기 위해 민주화학연맹 활동가들은 밤낮없이 전국을 누볐다.

당시 경남에 화학 사업장이 많아서 부산과 진주 지역을 특히 신경 썼다. 부산에서는 광명연마, 미진화학, 금양 등이, 진주에서는 동신제지, 동서산업 등이 민주화학연맹에 가입했다. 이후 전북, 충북, 광주, 수도권 등 전국에서 민주화학연맹에 가입하는 노조가 늘어났다. 대부분 1995년 말에서 1996년 투쟁을 거치면서 한국노총에서 민주노총으로 전환한 사업장이었다.

---

1   〈화학산업 노동자의 산업별 연대 현황과 과제〉, 전국화학산업노동조합 조직책임자회의, 1995.

파업에 대항해 직장폐쇄를 단행한 진주의 동신제지 앞에서 1996년 7월 민주노총 전국노동자결의대회가 열렸다. 단위 노조의 투쟁을 지원하기 위해 전국집중집회를 열 정도로 주목받는 투쟁이었다. 전북의 삼립테코도 1996년 6월 파업을 한 끝에 민주화학연맹 소속이 되었다. 또한 LG화학 청주공장에선 투쟁 끝에 1996년 11월 위원장 간선제를 직선제로 바꿔냈다. 그 힘으로 1997년 1월 한국노총을 탈퇴하고 민주화학연맹에 가입한다. 대공장인 LG화학이 상급 단체를 바꾸자 충북 지역에서 민주화학연맹 돌풍이 불었다. 한국네슬레노조, 동서식품 진천지부, 정식품노조가 민주화학연맹으로 전환했다.

이미 지역에서 연대를 해오던 이들 노동조합은 민주화학연맹에 가입하면서 더 관계를 튼튼히 해 1997년 10월 2일 민주화학연맹 충북지역본부도 창립했다. 민주화학연맹의 첫 지역본부였다. 이후 울산, 인천·부천, 경기, 대전·충남, 전북, 광주, 부산·경남 등에서 민주화학연맹의 지역본부가 만들어졌다.

"1996~1997년 노개투 싸움이 있던 그때 한국노총이었는데 그때도 민주노총 가서 집회하고 그랬어요. 조합원들이 우린 한국노총인데 왜 민주노총 사업장에 지원을 가냐고 그러면서 어차피 우리는 민주노총 간다는 걸 알고 있었어요."[2](이호수, 정식품노조)

'노조' 하면 '민주노총'과 동일시되고, '민주노총'에 가입해

---

2   양돌규,《정식품노동조합 30년사》, 한내, 2022, 48쪽.

야 민주노조를 한다고 인정받던 시대였다. 다른 연맹에 비해 조금 늦게 출범한 탓에 민주화학연맹은 1997년 4월 4일 노동부로부터 설립신고증을 교부받아 민주노총 산하 연맹으로서는 처음으로 합법화를 쟁취한 연맹이 되었다.

"고속도로 휴게실에서 자면서 전국을 돌았죠"

오길성, 민주화학연맹/화섬연맹 초대 위원장

민주화학연맹 초창기엔 돈이 없었어요. 한번 내려가면 전국으로 쭉 돌았는데 밤에 모텔 같은 데 들어가지도 못했어요. 고속도로 휴게실에 차 세워두고 옷 뒤집어쓰고 자면서 전국을 돌았죠. 1999년쯤 상근자들 상근비가 40만 원인가 했어요. 저는 그마저도 못 받았는데 고 강철웅, 최용숙 두 상근자가 자신들이 받는 상근비를 나눠서 저를 주는 거예요. 그 정도로 열악한 상황에서 고생 많이 했습니다. 그걸 고생이라고 생각 안 할 정도로 열정들이 있었죠.

가입한 노조들이 대부분 한국노총에서 넘어온 사업장들이었습니다. 미안한 점이 있어요. 단위 노조에서 창립대회를 하잖아요. 규약 개정 안건에 '한국노총 탈퇴, 민주노총 가입'이 들어 있어요. 근데 한국노총 화학노련 위원장이 나쁜 사람이 아니거든요. 총회 앞에 화학노련 위원장이 축사를 하고 한쪽에 앉아 있어요. 그다음에 민주노총 가입 안건이 통과되면 내가 나가서 축사를 하는 거죠. 이게 상당히 미안하긴 한데 그때 분위기는 그랬어요. '노조' 하면 '민주노총', '민주노총' 하면 절반은 먹고 들어가는 분위기였죠.

재미있는 현상 중 하나는 노조 간부 중에 전경 출신이 많았다는 겁니다. 예전에는 집회를 하면 꼭 전경들이 방패 들고 앞에 있었어요. 우리가 투쟁가요 틀어놓으면 전경들도 발로 까딱까딱하고, 우리가 마이크 잡고 떠드는 소리를 계속 들었죠. 그렇게 제대를 하고 회사 다니다가 전경 때 들은 이야기들이 자양분 돼서 노조를 만든 거죠. LG화학노조 신상수 위원장도 전경 출신이었어요. 그런 사람들이 꽤 됐죠.

간부 양성은 이렇게
현장활동가 양성과정

전 세계 2천 1백만 동지들과 함께 한국의 민주화학연맹의 창립을 뜨거운 동지애와 많은 기대 속에 진심으로 성원하는 바입니다. 연맹의 창립은 바로 한국 화학 노동자들의 자주, 민주 노동운동을 향한 피땀 어린 헌신적인 투쟁의 성과이기에 더욱 의의가 깊은 것이며, 한국 노동운동의 새로운 미래를 위한 또 하나의 반석이 되리라 확신합니다.

동지 여러분!

전 세계의 노동 형제들은 노동기본권 확보 투쟁에서 보여준 한국 동지들의 강인한 투쟁 정신과 운동에 대한 열정을 지대한 관심 속에 지켜보고 또한 본받아야 한다는 결의를 다지고 있습니다. 인도의 먼 산골 광산촌에서 멕시코의 조그마한 시골의 제지공장에 이르기까지 한국 동지들의 활동은 그곳 노동자들의 열망의 대상이 되고 있습니다.

─빅 쏘프 ICEM 사무총장, 민주화학연맹 창립대회에 보내온 축하 메시지

민주화학연맹 창립대회에 화학, 에너지 분야 노동자들의 국제 연대조직인 ICEM(국제화학에너지광산일반노련)의 사무총장

2001년 화섬연맹 현장활동가 참여형 교육.

이 축사를 보내왔듯이 세계 노동운동 진영이 한국 노동운동에
거는 기대는 컸다. 노동운동 세력이 신자유주의 공세에 밀리고
있는 상황에서 한국의 노동자들이 1996~1997년 총파업 동안
꼬박 한 달여를 정권과 자본에 맞서 저항하는 모습은 그 자체로
희망의 불씨로 여겨졌다. "추운 겨울날 성인들이 어떻게 그렇게
일렬로 앉아서 집회를 할 수 있느냐?"고 놀라던 국제 노동 조직
들은 한국 노동운동을 지원할 필요를 느꼈다.

　그 혜택을 민주화학연맹도 받았다. ICEM과 스웨덴산업
노동조합(INDUSTRIFACKET), 스웨덴노총연합국제협력위원회
(LO-TCO, 제조업-사무직 노총)의 재정 지원을 받아 현장활동가 양
성과정을 시작할 수 있었다. 1997년부터 3개년을 내다보고 초
급-중급-고급으로 나눈 단계별 간부 양성 교육 프로그램을 기
획했다. 두세 시간 강의 하나를 듣고 마는 교육이 아니었다. 2박

3일간 숙박을 하면서 노동조합 활동 전반에 대해 배웠다.

교육은 단계별로 내용에 깊이를 더했다. 초급과정에서 발표력 훈련을 했다면, 중급과정에서는 회의나 토론을 진행하는 연습을 했다. 고급과정에서는 한발 더 나아가 경영 분석이나 임금 단체교섭 전략·전술 세우기 같은 교육을 진행했다. 교육 프로그램을 짤 때는 스웨덴 노총에서 받은 교재도 참고했다. 이를 위해 스웨덴어로 된 교재를 번역하는 작업도 따로 했다.

형식도 최초로 참여형 교육을 택했다. 지금은 일반화된 신호등 토론(논제에 대한 입장을 신호등 색으로 표현하는 토론 방식), 게시판 토론(주제에 대한 생각을 게시판에 붙여서 토론하는 방식)같이 직접 참여하는 교육을 진행해 참가자들로부터 좋은 반응을 얻었다. 당시 금호타이어노조의 대의원으로 교육에 참여했던 임영기도 그때를 기억한다.

"연맹에서 하는 교육은 그냥 앉아서 듣는 교육이 아니었습니다. 정말 귀찮게 뭘 시키는 교육이었어요. 써야 하고 발표해야 되고…… 그때는 이걸 어떻게 하나 싶었는데 어느새 제가 노조에서 회의 주재할 때나 수련회에서 똑같이 하고 있더라고요. '내가 이걸 왜 알고 있지?' 곰곰 생각해보면 연맹에서 받은 교육밖에 없는 거예요."

민주화학연맹 산하 조직들은 적극 교육에 결합했다. 규모가 큰 사업장의 대표자부터 작은 노조의 조합원까지 격 없이 참여하면서 교육생들은 자연스럽게 민주화학연맹의 활동가로 자리 잡아갔다. 기수마다 토론해서 함께 정하는 교육생 계명은 그

자체로 간부가 갖춰야 할 덕목이었다. 1기 교육생들의 7계명은
이러했다. '자신감을 갖자, 솔선수범하자, 재미있고 건강하게 살
자, 동지의 이야기에 귀 기울이자, 계획을 세우자, 학습을 생활
화하자, 배워서 남 주자' 등등.

현장활동가 양성과정을 총괄 기획했던 당시 교육국장 최용
숙은 이렇게 말했다.

"그 교육에 참여한 분들이 이후에 노조 간부도 하고, 대표
자도 하고 그랬죠. 연맹 초창기여서 조직, 투쟁과 함께 교육이
잘 맞물려갔어요. 연맹 규모가 작으니까 구심력도 강하고 서로
가 서로한테 굉장히 밀착되지 않았나 싶어요."

1997년부터 1999년까지 총 12기에 걸쳐 180여 명의 조합
원들이 현장활동가 양성과정에 참여해 화학섬유 운동을 이끌어
갈 활동가들로 성장했다. 본래 1999년까지 계획했던 현장활동
가 양성과정은 사업 평과가 좋아서 2년 더 재정 지원을 받았다.
더 나아가 민주노총의 건설연맹, 금속연맹 등도 국제 노동 조
직의 지원을 받아 노조 활동가 교육을 기획하고 실행하는 계기
가 됐다. 또한 민주화학연맹이 이후 화섬연맹과 화섬식품노조
로 조직이 확대되고서도 노조 수련회 때면 시기에 맞는 교육을
필수로 배치하고, 부서별 교육 등으로 전문화하면서 교육의 체
계를 갖춰나갔다. 지금도 화섬식품노조에서는 '간부역량강화교
육'이라는 이름으로 매년 간부 집합교육을 진행하고 있다.

2장. 민주노조의 깃발 아래

"남의 집 마당에서 도망쳐 나왔어요"

최용숙, 전 민주화학연맹 교육국장·전 화섬연맹 조직실장/현 금속노조 교육국장

학생운동 접고 공장에 소위 위장취업으로 들어갔다가 두 군데에서 해고됐어요. 더 이상 공장에 들어갈 데가 없어서 서노협(서울지역노동조합협의회)에 가서 4년 정도 조직부장을 했어요. 이후 전노협이 민주노총으로 전환할 때 활동가들끼리 누구는 금속, 누구는 섬유 식으로 나눠 가면서 저는 화학으로 결합했던 거죠.

1994년 12월부터 상근을 했으니까 딱 30년 전이네요. 처음 (전국화학산업노동조합) 조직책임자회의 때부터 결합해 2004년 말에 화섬을 떠났죠. 지금은 금속노조에서 일하고 있습니다.

처음엔 없는 살림에 조직 사업하느라 힘들었어요. 언젠가는 오길성 위원장님하고 지방에 갔다 오는데 밤에 너무 피곤한 거예요. 길가에서 조금 들어간 곳에 잔디밭이 있어서 거기서 자기로 하고 차에 갖고 다니던 텐트를 각자 치고선 잤어요. 아침에 햇살이 텐트로 들어와서 나왔는데 남의 집 마당인 거예요. 얼른 도망쳐 나왔죠.

1996년에서 1998년까지 굵직한 투쟁들이 많았어요. 어용노조를 민주화한 동신제지, 동서산업 등등. 그때 화섬은 투쟁하면 무조건 천막부터 치고 싸웠습니다. 지역에서 투쟁하면 중앙에서 내려가 그 천막에서 조합원들과 먹고 자고 하면서 투쟁을 같이했죠. 그렇게 조직과 교육이 함께 가면서 조직을 확대해갔습니다.

현장활동가 양성과정 같은 경우는 대학이나 수련원에서 2박 3일씩 했어요. 지금도 숙박 교육은 힘들어하는데 그때는 더했죠. 한번

은 숭실대에서 교육했는데 밤에 못 나가게 하니까 교육생들이 잠근 문을 뚫고 뒤풀이한다고 나갔더라고요. 그럼 숭실대 앞에 있는 술집들을 뒤져서 잡으러 다니고 그랬죠. 그렇게 하면서도 막 막고 싶지는 않았어요. 전국에서 모인 동지들이 오랜만에 만났는데 얼마나 반갑겠어요. 서로 투쟁 얘기도 하고, 우리 싸울 때 연대 와줘서 고마웠다고 인사도 전하는 자리라는 걸 알았으니까요.

중앙에 너무 오래 있으니까 약간 관성화되는 것 같아서 2002년에 전북으로 내려갔어요. 그때가 굉장히 소중해요. 신환섭 위원장님하고 신규 노조를 몇 개나 만들었나 모릅니다. 전북에 화섬 소속 사업장이 별로 없었는데 제가 갔을 때만 12개로 늘었죠. 고하켐, 한국세큐리트, 스마일제지, 동원제지…… 투쟁 참 많이 했죠.

그때 제가 묵던 숙소가 전북 지역 활동가들의 사랑방처럼 쓰였어요. 금속, 보건, 농민회 등 전북에서 활동하는 사람이면 우리 집에 한 번씩은 왔을 거예요. 그러다가 서로 눈 맞아서 결혼한 커플도 있어요. 돌아보면 화섬에 있을 때 정말 재미있게 일했어요. 열정적으로 치열하게.

큰 아픔을 겪고도 지켜낸 민주노조

한국합섬 투쟁

"어차피 우리가 시작한 거 우리의 요구가 100% 관철될 때까지 투쟁해가지고 이길 수 있는 길이 있다면 기필코 열심히 싸워서 이길 수 있도록 해주십시오."

—이진권, 한국합섬노조 부위원장

섬유 사업장의 노동조합들도 한국노총을 탈퇴하고 민주노총으로 넘어오는 경우가 많았다. 이를 가만히 지켜만 보는 회사는 많지 않았다. 회사들은 갖은 방법들을 동원해서 민주노총으로의 전환을 막곤 했다. 어쩔 수 없이 투쟁이나 파업이 뒤따랐고, 이 과정에서 아픔을 겪는 경우도 숱했다. 노조 간부 2명이 분신까지 했던 한국합섬노조가 대표적이었다.

1991년 4월 구미공단에 문을 연 한국합섬은 회사 창립 직후부터 회장의 조카가 노조위원장을 맡고 있었다. 복수노조를 금지하는 당시 노동법에 따라 1991년 11월에 출범한 한국합섬노조는 인정받지 못했다. 그러던 중 1995년 12월 2일, 2공장 원료투입 탱크로리 안에서 작업하던 노동자 2명이 질소가스에 질식해 사망하는 산재 사고가 벌어졌다. 사망한 노동자 한 명은 한국합섬노조 조합원이었다. 한국합섬노조가 이와 관련한 진상규명을 요구하며 10일간 잔업을 거부하자 회사는 바로 노조를 상대로 24억 6000만 원의 손해배상 청구소송을 냈다.[3]

그 뒤로도 회사는 고소 고발을 남발했다. 그러던 중 한국합섬노조가 1996년 3월 4일 단체협상을 요구했고 사측은 '2년간 무교섭, 무쟁의' 같은 협상안만 제시하며 노조위원장 등 간부 12명을 징계위원회에 회부하기까지 했다. 교섭이 결렬되고 노조가 4월 8일 파업에 들어가자 회사는 불법파업이라면서 경찰에 왜 공권력을 투입하지 않느냐고 계속 항의했다.

파업이 한 달 가까이 이어지던 5월 4일 저녁 7시 30분, 회사는 반장 등 100여 명을 동원해 공장을 방문한 조합원 40여 명을 폭행했고, 경찰도 이 중 22명을 구타하면서 마구잡이로 연행했다. 이 소식을 듣고 이날 밤 노조 간부 5명이 경찰과 사측에 항의하기 위해 공장으로 달려갔지만, 경찰은 이들의 출입을 막아섰다. 그러자 이진권 부위원장과 서상준 회계감사가 온몸에 시너를 뿌리고 불을 붙여 공권력의 부당한 행사에 온몸으로 저항했다. 이날 이뤄진 공권력 투입은 당시 김영삼 정권이 '신노사관계 구상'[4]을 발표한 지 10일 만에 이루어져 '공권력 남용'이란 비판을 받았다.

---

3   김동원, 〈파업 노동자 항의 분신 '중태'〉, 《미디어오늘》, 1996.5.15.
4   김영삼 정부는 1996년 4·11 총선 직후인 4월 24일 '신노사관계 구상'을 발표한다. 노사 자율과 책임, 제도와 의식의 세계화 등 5대 원칙을 밝힌 이날 발표 이후 김영삼 정부는 노동관계법 개정안을 국회에 제출한다. 개정안에는 노동계가 반대한 노동시장 유연화와 근로자파견제도는 포함한 반면, 노동계가 요구한 복수노조의 도입과 교원단결권 보장은 기간을 유예해 노동계는 강력히 반발한다. 대통령기록관 참조. https://pa.go.kr/research/contents/policy/index08.jsp.

분신한 두 간부는 서울 한강성심병원으로 긴급 이송됐다. 이 사건으로 전체 158명이 연행되고 조합원 45명이 긴급구속되기에 이른다. 이에 노조 조합원 일부는 서울로 상경해 한강성심병원 앞에서 텐트를 치고 농성에 들어갔고, 나머지는 구미에 남아 투쟁을 이어갔다. 분신 사건 이후에도 사측의 태도는 바뀌지 않았다. 그러자 민주노총과 한국노총 간부가 공동대표로 나선 '한국합섬분신투쟁 대책위원회'가 결성됐다. 민주노총 출범 후 양대 노총이 처음으로 공동대응한 투쟁이 되었다. 대책위 주최로 구미역에서 '분신 부른 공권력 규탄 및 한합노조 사수를 위한 결의대회' 등을 개최하며 적극 개입한 끝에 1996년 5월 15일 노사 협상이 극적으로 타결되기에 이른다.

　　분신 후 치료를 받으며 병원에 누워 있던 서상준 회계감사가 조합원들에게 남긴 당부가 있었다.

　　"조합원 여러분, 부위원장님과 저는 여기 있지만 최후의 마지막까지 끝까지 싸워서 우리 민주노조를 사수합시다."

　　조합원들은 두 간부가 간절하게 전한 당부를 다행히도 들어줄 수 있었다. 그렇게 큰 아픔을 겪으며 지켜낸 민주노조는 1년여 뒤에 출범하는 민주섬유연맹에 가입하면서 더욱 튼튼히 할 수 있었다.

───────────────── 4 ─────────────────

청년 전태일을 잇다
민주섬유연맹 출범

1970년대 노동운동의 상징, 청년 전태일은 섬유 노동운동에 숨
결을 불어넣었다. 그 힘에 기대어 섬유 노동운동은 1970~1980
년대 민주노조운동에서 중심축을 담당했지만 1990년대 들어
섬유산업 구조조정이 급격히 이루어지면서 전망이 그리 밝지
않았다. 점점 더 악화하고만 있는 섬유 노동자들의 노동 현실을
바꾸고, 섬유 노동운동의 미래도 밝힐 새로운 대안이 필요했다.
흩어져 있는 민주노조들이 뭉치자는 의견이 흘러나왔고, 이는
1997년 9월 3일 전국민주화학섬유노동조합연맹(민주섬유연맹.
초대 위원장 임만수) 건설로 이어졌다.

　민주섬유연맹은 중소 사업장을 중심으로 염색, 의류, 화섬
이라는 다양한 업종이 모인 민주섬유연맹추진위(섬유추진위)와
대기업 화학섬유 단일 업종으로 이루어진 전국섬유노동조합연
맹화섬부회(화섬부회)가 한데 모여 만들어진 연맹이었다.[5]

　섬유추진위는 1994년 민주노총 건설과 각 산업·업종별 연
맹조직 건설논의가 활발히 전개되면서 가시화됐다. 섬유 노동

---

[5]　〈우리의 동반자, 민주섬유연맹은 이런 조직입니다〉,《화학연맹신문》, 1999.3.17.

60　　　　　2장. 민주노조의 깃발 아래

1997년 민주섬유연맹 창립대회.

자들의 전국적인 연대 틀을 마련하기 위해 1994년 8월 '전국섬유업종 노조간부수련회'를 개최하고, 이를 계기로 1995년 2월 전국섬유업종노조대표자회의를 구성했다. 이후 1996년까지 지역 조직을 강화하고 투쟁 사업장도 적극적으로 지원하면서 중소 규모 섬유업체 노동자들의 단결을 꾀했다. 그 결과, 대현, 이랜드, 서울지역의류제조업노동조합(서의노, 청계피복노조의 후신), 태창, 태경, 대호염공, 동국무역 대구공장 노조 등이 섬유추진위에 함께했다.

화섬부회는 한국노총의 섬유노련에 속해 있던 일부 노조들이 섬유노련의 비민주적인 조직 운영에 반대하며 1994년 이를 탈퇴하고 독립 노조로 존재하던 조직이었다.

현장에선 한국노총 지부에 대한 불만이 컸다. 임금 교섭 때도 임금을 충분히 올릴 수 있는데도 노조 지도부가 회사와 '짜고

치는' 모습이 그대로 보였다. 걸핏하면 부당한 지시를 내리는 관리자들의 억압적인 노무관리도 견디기 힘들었지만, 노조를 통해 바뀌는 건 별로 없었고, 이에 조합원들은 분개했다. 이런 현장의 분위기를 받아들여 섬유노련을 탈퇴했던 화섬부회는 독립사무실을 내고 조합원 교류, 투쟁 지원 등을 해오고 있었다. 화섬부회 정책실장이던 김주환이 당시를 떠올렸다.

"화섬부회가 한국노총에서 나온 개혁파들이었지만 노조 지도부 대다수는 민주노총으로 급하게 넘어가는 걸 원하지 않았어요. 회사들도 노무관리가 셌고요. 회사는 민주노총으로 가면 모두 파업한다고 생각하고 있었기 때문에 사활을 걸고 막으려고 했지요. 그래서 사업장마다 섬유연맹으로 넘어오는 데 2~3년씩 걸렸습니다."

1996년 한국합섬의 파업과 1996~1997년 총파업을 계기로 민주노총과 연대 필요성이 강력하게 제기되면서 화섬부회는 1997년 정기대의원대회에서 연맹 설립을 결의하고 섬유추진위와 통합을 준비했다. 효성, 고합, 코오롱, 한국합섬, 동국합성, 태광, 대한화섬, SK케미칼 울산지부 같은 노조들이 화섬부회에 속해 있었다.

통합 과정은 순탄치 않았다. 전노협 출신이 주축인 섬유추진위는 화섬부회를 보고 '한국노총 어용'이라고 욕하고, 화섬부회는 섬유추진위를 '쪽수도 안 되는' 곳이라며 무시했다. 그렇게 시작했지만 1997년 9월 3일 민주섬유연맹을 출범하고 함께 투쟁하면서 하나의 조직으로 섞여갔다.

"현장을 바꾸는 건 현장의 조합원들이죠"

김주환, 전 민주섬유연맹 정책실장/전 전국대리운전노동조합 위원장

어머니가 원래 청피(청계피복) 노동자였어요. 부모님이 세탁소를 하다가 잘 안 돼서 어머니가 평화시장에 미싱사로 일을 다니셨죠. 어머니가 집에서 일할 때도 있었는데 밤새 만드신 걸 아침에 학교 갈 때 배달하면서 평화시장을 좀 알았죠. 1986년 말 청계피복노조 정상화 투쟁할 때가 (합격한 대학을 등록 안 하고 혼자 건설 현장도 가고 공장도 다니다가) 뒤늦게 대학 입학을 앞두던 때였어요. 청계천과 을지로 일대에 맨날 가서 시위하다가 연행돼서 대학 입학식도 못 갔어요. 그때 청계 노동자들은 힘들게 자식들 키웠더니 자식들이 다 데모한다는 말이 있었죠.

1987년에 입학해서 바로 6월항쟁을 겪고 학생운동을 하다가 철도바퀴를 만드는 대원강업이란 회사의 하청업체에 들어갔죠. 인천이었는데 하청업체들에선 기술을 빨리빨리 배워요. 그때는 옆에 있는 대우자동차 노동자들보다 제 임금이 더 많았어요. 잔업에 심야도 많았으니까요.

중간에 위장취업인 게 드러나서 뒤늦게 군대 갔다 왔더니 전노협에서 민주노총으로 넘어가던 때였어요. 한국노총 화섬부회에서 일할 사람이 필요하다고 해서 1996년부터 정책실장으로 일했죠.

화섬부회에서 민주노총으로 넘어가는 게 쉽진 않았어요. 맨날 사업장 찾아가서 간부들하고 술 마시고 친분도 쌓고 하면서 관계를 만든 뒤에 일을 도모했지요.

간부 몇 명 있다고 현장을 바꾸기는 힘들잖아요. 사실 현장을 바꾸는 건 현장의 조합원들이에요. 구미 같은 경우는 먼저 섬유연맹에 들어온 한국합섬 조합원들이 일부러 코오롱 사람들을 만나면서 민주노총으로 이끄는 역할을 했어요. 제가 계속 구미에 내려가 있는 게 아니니까 그렇게 현장 간에 끈을 만드는 게 제일 효과가 컸던 것 같아요.

당시는 섬유산업이 호황일 때니까 노동자들의 의식이 많이 올라와 있었습니다. 화섬 노동자들이 자동차회사 노동자들보다 임금이 훨씬 셌으니까요. 노동자로서 자긍심도 크고, 자기 걸 지키는 자기 원칙들도 갖고 있었죠. 사람이 힘들 때는 생각할 여유가 없잖아요. 우리 조합원들은 동네 나가면 지역 유지들이어서 민주노총으로 가는 것처럼 자기 조건을 바꿀 고민을 할 여유가 있었던 거죠.

구미는 바닥이 좁으니까 화섬 사업장들이 같이 많이 움직였어요. 전국 집회 같이 다니고, 지역 연대도 활발하게 이루어졌죠. 울산에 있는 효성, 태광 같은 데서 투쟁하면 구미에서 가서 함께 싸우고 그랬죠. 분위기 좋을 때는 울산에서 오후에 집회가 있으면 구미 퇴근조를 집에 안 보내고 버스에 태워서 울산으로 가서 집회 참가했다가 다시 출근시키고 그랬어요.

3장

구조조정 광풍에 맞서다

1996~1997년 총파업에서
2000년 통합연맹 출범까지

절체절명의 위기에 맞선 투쟁

총파업에 이은 IMF 외환위기

1996년 12월 26일 새벽 5시 40분, 세상이 크리스마스 휴일의 단꿈에서 빠져나오기도 전이었다. 여당인 신한국당 의원 154명은 관광버스를 타고 몰래 이동해 국회 본회의장에 들어서 단 6분 만에 노동법, 안기부법을 비롯한 11개 법안을 날치기 통과시켰다. 통과된 노동관계법에는 1993년 임기 시작부터 김영삼 정부가 '신경영'을 외치며 추진해온 노동시장 유연화 전략이 들어있었다. 정리해고제·근로자 파견제·변형근로시간제 도입, 파업 기간 중 대체근로 허용, 무노동 무임금, 전임자 임금 지급 철폐, 해고자의 조합원 자격 제한, 퇴직금 제도 폐지 등 노동자의 삶을 흔들고, 노조 활동을 약화시킬, 노동계가 도저히 받아들일 수 없는 정책들이었다.

이미 민주노총은 개정 법안이 상정되기 전인 12월 9일부터 상경 투쟁, 국회 항의 투쟁, 삭발 농성 등을 하면서 기필코 노동법 개악을 막아내겠다는 의지를 다지고 있었다. 한국노총도 12월 9일 비상 임시전국대의원대회를 개최해 총파업을 결의한 터였다. 노동계의 극심한 반대를 예상하고도 정부와 여당은 법 개정을 밀어붙인 것. 새벽 7시 30분, 날치기 통과 소식이 전해지자마자 민주노총은 지도부가 농성 중이던 명동성당에서 투쟁 지침을 각 사업장에 전달하면서 총파업을 선언한다. 8시 30분 기아자동차를 시작으로 각 사업장에서 총파업에 돌입하고 노동자들은 명동성당으로 몰려들었다. 한국노총 역시 다음 날 총파업을 선언했다. 여당이 기습적으로 법을 통과시켰음에도 노동계가 즉각 대응할 수 있었던 건 1년 가까이 투쟁을 준비해왔기 때문이다. 민주노총 산하 각 사업장에서 조합원 교육과 선전, 총파업 결의, 쟁의행위 찬반투표, 리본과 현수막 달기 같은 실천 투쟁들이 1996년 내내 이루어졌다.

총파업 지침이 내려지자마자 전국에 있는 노동조합들에서 총파업 출정식이 열렸고 노동자들은 거리로 쏟아져 나왔다. 12월 26일에만 민주노총 소속 88개 노조 14만 5287명이 총파업에 돌입했다. "신한국당 박살내고 노동해방 앞당기자!" 전국에서 수십만 명의 시민들이 거리에서 김영삼 정부와 신한국당을 규탄하는 목소리를 높였다.

12월 28일까지의 1단계 총파업에 이어 1997년 1월 6일부터 민주노총 2단계 총파업이 벌어졌고, 1월 15일에는 다시 3단계 총파업이 이어졌다. 여론에 밀려 1월 21일 여야 영수회담이 열리고 정부 여당은 노동법 재개정 방침을 밝힌다. 민주노총도 총파업 투쟁 정리 수순에 들어갔다. 비록 1997년 3월 1일 시행된 새 노동법도 상급단체 합법화와 정리해고제 2년 유예 정도 외에는 변형근로시간제, 무노동 무임금, 공익사업장 직권중재 같은 조항들이 담겨 많은 아쉬움을 남겼지만 민주노총 조합원들은 건국 이래 최초이자 한국 노동운동 사상 최대 규모인 정치 총파업을 성공적으로 이뤄냈음에 만족해야 했다. 또 '자랑스러운 민주노총'의 조합원이라는 사실에 긍지가 높아졌다.

화학 노동자들도 마찬가지였다. 노동자뉴스제작단이 제작한 〈96·97총파업투쟁속보 1호〉 영상에서 "전체 화학 노동자들을 하나로 묶어 세울 수 있는 그런 투쟁으로 만들겠다"고 한 화학노협 위원장 오길성의 말처럼 화학노협 깃발은 총파업 내내 화학 노동자들의 맨 앞에서 휘날렸다. 그러자 두 달여 뒤인 1997년 3월 16일 출범한 민주화학연맹은 명실상부한 자주적이고 민주적인 화학노동조합의 대표체가 되었다. 총파업 투쟁의 성과를 바탕으로 민주화학연맹 건설과정에서 7개 노조 6000여 명이 새로 가입하기도 했다.

"시청자 여러분, 정부가 결국 국제통화기금 IMF에 구제금융을 신청하기로 했습니다. 경제 우등생 한국의 신화를 뒤로한 채 사실상의 국가부도를 인정하고, 국제기관의 품 안에서 회생을 도모해야 하는 뼈아픈 처지가 된 겁니다."

1997년 11월 21일 〈MBC 뉴스데스크〉 앵커가 보도했듯이 국가가 부도났다. 외환 보유고가 급격히 바닥나면서 기업들이 잇따라 도산하고 대량 실직 사태가 벌어졌다. 정부와 기업이 함께 만든 국가의 위기였다. 그런데 정부는 국민에게만 고통 분담을 강요했다. 특히 노동자들은 이루 말할 수 없는 고통으로 내몰렸다. 1997년 12월 3일 'IMF 관리체제'에 들어가면서 IMF의 요구대로 한국은 전방위에 걸친 경제적인 체질 개선에 나섰고, 노동시장의 유연화와 함께 대규모 구조조정이 뒤따랐다. 이를 뒷받침하기 위해 1998년 2월 20일 다시 개정된 노동관계법은 1년 전에 '2년 유예'를 보장했던 노동법을 폐기하고, '정리해고제'와 '파견근로제'를 조기 도입하기에 이른다.

노동자들은 구조조정 공세에 맞서 일자리를 지켜내야 하는 절체절명의 위기에 빠졌다. 특히 이미 산업의 사양화를 겪고 있던 화학산업과 섬유산업은 구조조정의 직격탄을 맞고야 말았다.

"96 총파업 후에 민주노총으로 왔죠"

이상갑, 전 신흥타이어노조(현 신흥지회) 위원장/전 화섬연맹 부위원장

1996년 노개투(노동법개정투쟁) 때 진주가 중소 도시 지역치고는 세력이 좀 셌어요. 공단에서 노동자들이 집단적으로 출발하는 겁니다. 신호제지가 저기에서 깃발 들고 오고 동서산업이 여기서 깃발 들고 나오고, 신흥이 저기 대로에서 깃발 들고 오고…… 하여튼 다 같이 뭉쳐서 봉곡 로터리에서 대오를 형성해서 시내로 진출하는 그런 장면이 나오는 겁니다. 말 그대로 TV에 나오는 드라마틱한 장면이 연출되죠. 돌리던 기계 멈추고 조합원 전체 다 나갔죠.

한국노총도 같이 총파업을 진행해서 진주에서도 12월 31일에 공동 기자회견하고 투쟁선포식도 하고 그랬어요. 투쟁선포식 하고 조합 사무실에 왔더니 우리 깃발에 한국노총 화학노련으로 돼 있는 겁니

다. 96년 9월에 위원장 당선돼서 아직 한국노총을 탈퇴는 안 하고 있었거든요. 그거 들고는 못 나가니까 급하게 뻘건 페인트로 "승리의 그날까지"라고 써서 깃발을 만들었죠. 밑에 우리 화학노협 깃발도 묶고서요. 그런데 다음 날 갔더니 스물 몇 개 되는 한국노총 사업장이 하나도 안 나온 거예요. 그때 조합원들 앞에서 "앞으로 한국노총 놈들하고 일 못하겠다" 하고 공개적으로 선언해버립니다. 노개투 끝나고 대의원대회 때 현장 투표 거쳐서 민주노총으로 공식 전환을 하죠.

2

"노조 활동의 자유를 위해"

여천NCC 투쟁

"더 받자고 투쟁하는 것이 아닙니다. 노조 활동의 자유를 보장받고
싶습니다."[1]

−2001년 여천NCC노조 파업 당시 공장 정문 밖 바리케이드에 걸린 현수막 문구

IMF체제는 구조조정을 통해 각 산업의 재편에 속도를 냈
다. 석유화학산업도 마찬가지였다. 1990년대 과잉 중복 투자로
NCC(나프타분해시설)를 가진 국내 업체가 8개 사에 달하는 상황
에서 정부는 재계와 석유화학 부문에 대해 단지별 통합 방향으
로 빅딜을 논의했다.[2]

크게 충남 서산의 대산, 전남의 여천(현 여수산단), 울산 산업
단지에 있던 석유화학산업 중 여천단지에서는 대림산업 석유화
학사업부(대림)와 한화석유화학(한화)이 통합을 추진했다. 1년이
넘는 협상 끝에 1999년 말 두 그룹이 지분을 절반씩 나눠 가진
여천NCC가 설립된다. 정부와 언론은 '자율 빅딜'로 포장했지만

---

1   조호진, 〈[현장중계] NCC 파업, 새벽 3시에서 7시까지〉, 《오마이뉴스》, 2001.6.17.
2   김종현·이동주, 〈[한화·대림 유화 빅딜 의미] 양쪽 모두 실익 챙긴 자율 빅딜〉,
      《매일경제》, 1999.4.14.

사실상 '강제 합병된' 셈이었다.

여천NCC 설립은 대림에겐 제1차 구조조정에 해당했다. 1999년 12월 29일 제1공장과 제2공장을 여천NCC로 매각하고, 다른 공장들은 한화의 생산라인과 맞교환했다. 이후 2000년 2월과 9월 각각 제2, 제3차 구조조정을 진행해 대림은 5개 사로 쪼개지고 만다.

여천NCC는 국내를 넘어 아시아에서 최대 규모인 NCC 업체가 되었다. IMF 이후 국내 기업 간 자체 구조조정을 이룬 첫 사례로 크게 주목받았다.[3] 하지만 물리적 통합이 화학적 화합까지 담보하는 건 아니었다. 대림과 한화는 운영시스템이나 기업 문화는 말할 것도 없고 근로조건도 많이 달랐기 때문이다.

대림에는 한국노총 소속이었다가 1987년 7·8·9대투쟁 직후부터 민주노조의 길을 걷고 있는 노동조합이 있었다. 오랜 노조 활동 덕분에 열악했던 대림 현장은 조금씩 좋아져 퇴직금 누진제가 있을 뿐만 아니라 임금수준도 높았다. 반면 한화는 대림보다 임금도 낮고 회사 분위기도 군대처럼 억압적인 부분이 많았다. 통합 과정에서 퇴직금 누진제 폐지와 동일 임금 적용을 놓고 노사 갈등이 벌어졌지만 여천NCC노조는 이를 이겨내고 첫 번째 단체협약을 성공적으로 마무리했다.

"한화에서 온 분들하고 공동집행부를 꾸려서 같이 싸웠어요. 그분들은 투쟁 경험이 없으니까 불러만 주면 힘차게 달려오

---

3   강기택, 〈대림-한화 법정 다툼 여천NCC, 어떤 회사인가〉, 《머니투데이》, 2007.11.29.

는 분위기였고, 대림 조합원들은 조합에서 하자고 하면 했죠."

당시 여천NCC노조 정책부위원장이던 김효철은 2000년 파업이 잘 마무리됐던 이유를 이렇게 떠올렸다. 마무리는 됐지만 가장 큰 쟁점이던 성과금 제도화와 유니언 숍(입사와 동시에 노동조합에 자동으로 가입되는 제도) 조항은 추후 논의하기로 했다.

그렇게 원만한 노사관계를 이어가길 바랐지만 한화 측 경영진과 노조는 계속 부딪쳤다. 한화 출신 경영진들은 노조의 일상 활동까지 시비 걸었고, 부당노동행위를 자행하면서까지 노조를 장악하려고 했다. 약속했던 성과금 제도화에 대한 추후 논의도 제대로 이루어지지 않았다. 이런 상황에서 사측이 무기처럼 들이미는 '구조조정'의 칼날을 피하기 위해서라도 투쟁은 불가피했다. 2001년 5월 16일 전면파업에 돌입하면서 5000여 조합원들의 긴 투쟁이 시작됐다. 김효철은 당시를 회상했다.

"회사가 처음부터 덤프트럭을 공장 문 앞에 갖다 놓고 봉쇄를 했어요. 근데 여러 사람이 모이면 여러 가지 재치가 나와요. 플라스틱 자로 잠금장치를 풀고서 덤프를 빼버렸죠. 그런 식으로 회사가 준비해온 프로그램들을 하나씩 깨가니까 조합원들이 '동원령만 내려라, 우리가 해줄게' 이게 된 거죠."

정치권과 경제계는 더 발 빠르게 움직였다. 노사를 중재해야 할 여수시는 노조가 전면파업에 들어가자마자 쟁의행위 중지 명령을 내림으로써 자본의 편임을 드러낸다. 전경련과 경총 등 경제단체들도 여천NCC에 공권력 행사를 요구하며 압박을 가했다. 이 투쟁은 한 회사를 넘어 노사 간 전면전 양상으로 치달았다. 그 분위기에 편승해 여천NCC 사측은 조합원 200여 명에게 민형사상 고소·고발을 남발한다.

노사가 격렬하게 대치하며 파업이 한 달을 넘어가자 경찰은 6월 17일 새벽 5시 공권력을 투입하겠다고 발표했다. 경찰 3000여 명이 공장을 에워쌌고, 16일 밤부터는 공장 주변과 여수 시내에까지 경찰이 추가 배치되면서 흡사 전쟁터의 폭풍전야 같은 분위기가 감돌았다. 노조는 1공장 조정실과 100미터 높이의 타워에서 농성을 벌이겠다며 결사 항전을 예고했다.[4] 이미 비장한 표정의 노조 간부들은 모두 구속결의문을 작성하고, 일부는 유서까지 써둔 상태였다. 기름을 채운 드럼통들로 이중 방어벽을 쌓고 조합원들이 만든 화염방사기까지 꺼내놓았다. 김효철은 말했다.

"사실 진짜 전투를 한다면 1공장보다 2공장이 지대가 높고 방어 면적이 적어서 훨씬 유리했습니다. 하지만 우리가 싸우는 모습을 세상에 보여주겠다는 상징성 때문에 1공장을 택했죠. 바로 잡히겠다는 생각이었어요. 그런데 회사 관계자들이 보고 서로 겁먹은 거예요."

만약 공권력 행사가 진행될 경우, 큰 충돌과 함께 유혈사태가 우려되었다. 또한 여천NCC에서 동력을 받아 쓰는 한화석유, 대림산업 등 근처 14개 석유화학 공장의 가동이 중단될 수

---

4   주종섭, 〈여천NCC 공권력 투입 일보 직전에 노사 합의로 위기 넘겨〉, 《매일노동뉴스》, 2001.6.18.

도 있었고, 화학물질 폭발 같은 사고도 예상되었다.

공장 밖에는 여수, 순천, 광양 등 인근 지역에서 온 소방대원들이 만약의 사태에 대비해 대기해 있고, 새벽이 되자 KBS를 비롯해 언론사 차량들도 몰려들었다. 민주화학연맹 소속 노조를 비롯해 여천단지 내 14개 노조의 노동자들은 물론 광주·전남 지역의 대학생들도 파업 현장에 합류했다. 최악의 상황만은 피할 비책이 필요했다.

새벽 3시를 갓 넘긴 시각, 대림산업 이준용 회장의 특명을 받은 경영진이 도착했다. 천중근 여천NCC노조 위원장과 독대한 끝에 양측은 '공권력이 1, 2, 3공장에서 모두 철수하면 즉시 여천NCC 노동조합은 회사와 성실한 교섭과 대화로 현안 문제를 해결할 것을 약속한다'는 내용의 합의서에 서명했다. 한화 측 경영진이 공권력 행사를 계속 주장해 다소 난항을 겪기도 했지만, 파국만은 막을 수 있었다.

드디어 2001년 7월 25일 여천NCC 노사의 잠정 타결로 두 달 넘게 벌어진 파업은 끝이 났다. 하지만 완전한 끝은 아니었다. 파업 여파로 발생한 형사 고발, 노조 간부의 중징계 등은 철회되지 않았고, 노사의 갈등은 계속돼 2004년과 2006년에도 여천NCC노조는 파업을 할 수밖에 없었다. 이처럼 여천NCC노조는 여러 역경에 처했지만 굳건히 이겨냈다. 여수산단의 다른 노동조합들이 산별 전환에 어려움을 겪는 상황에도 2007년 8월 산별 전환을 이뤄냈고, 현재 화섬식품노조의 지회로서 여전히 현장을 일구고 있다.

"조합원들 눈빛이 딱 3일 만에 바뀌더라고요"

김효철, 전 여천NCC노조 위원장

1988년에 대림에 입사했어요. 입사 2~3년 됐을 때 노보 편집을 하면서 간부 활동을 시작했고요. 한 달에 한 번씩 노보를 냈는데 그때 교섭 현장을 취재해서, 교섭 내용을 소식지에 내면서 히트를 쳤죠. 조합원들의 신뢰도가 확 올라갔어요.

고향이 전남 순천인데 아버지 따라 이사를 가서 초·중·고를 대구에서 다녔습니다. 제가 고2 때 5·18이 있었는데 대구에서는 다 폭도들이 일으킨 거라고 했죠. 광주 가서 다 쏴 죽이고 싶다고 하는 친구도 있었거든요. 고등학교 졸업하고 광주에 왔는데 그게 아닌 거예요. 쇼킹 했죠. 가까이 지낸 친구 한 명이 5·18 때 다리에 총을 맞기도 했더라구요. 그때부터 사회문제에 관심을 가지기 시작했죠.

2001년 파업 때 우리 조합원들이 어땠느냐면요. 처음엔 다들 겁먹은 표정이었어요. 공장 앞에 경찰특공대를 비롯해 경찰 병력이 많았거든요. 거기에다가 여수 곳곳에서 정보가 들어오는데 방금 전경 버스가 몇 대 지나갔다고 하고 장난이 아닌 거예요. 다들 불안해하는 눈빛이었죠.

근데 딱 3일 지나니까 '우리는 할 수 있어' 그런 눈빛들로 싹 바뀌더라고요. 막상 공권력이 진압하러 온다니까 드럼통들에 기름 채워 세워놓고, 누가 시킨 것도 아닌데 화염방사기까지 만들었어요. 공권력 들어온다는 날엔 큰 충돌이 일어날 거라고 생각해 가족들한테 작별 인사까지 했었죠. 취재 왔던 한겨레신문 기자가 가면서 저한테 꼭 살아남으시라고까지 했으니까요.

파업 끝나고 누군가는 책임을 져야 하니까 간부들이 자진 출두를 했죠. 저랑 3명이 구속돼서 40일 정도 구치소에 있었어요. 저한테 화섬노조는 아픈 손가락 같아요.

3

정규직이 함께 외쳤던 '비정규직의 정규직화'

이랜드 투쟁

"그러던 중 의류회사인 이랜드 부곡물류센터에서 친구 소개로 일을 시작하게 되었습니다. 임금이 50만 6000원이란 사실과 도시락을 준비해서 다녀야 한다는 사실을 알았지만, 선택에 여지가 없었습니다. 당장 한 푼 돈이 아쉬울 때였으니까요. 회사에서는 '아르바이트'라고 부르는 비정규직이었지만 하루 8시간 노동에 야근까지 해가며 열심히 일했습니다. …… 열악하기 그지없는 작업환경이었습니다. 환기시설이 제대로 갖춰지지 않은 창고 안에서 다 찢어져가는 상의 한 벌만으로 냉동고 같은 창고에서 겨울을 보냈습니다. 또한, 여름엔 오히려 30도를 웃도는 밖이 시원할 정도의 무더운 창고였습니다. 역시 냉방시설은 사치였습니다. 소금기 묻어나는 러닝을 입으면서도 우린 열심히 일했습니다. 우리 동료들은 IMF 때, 시급 3500원이던 임금이 세 차례에 걸쳐 삭감되어 채 2000원이 안 되는 임금을 받으면서도 아무런 불평, 불만 없이 일을 하였습니다."

—MBC 라디오 〈여성시대〉 방송 원고, 2000.7.19.

비정규직인 이랜드노조 조합원이 2000년 7월 17일 이랜드 신촌 본사 사옥 파업 농성장에서 보낸 편지가 MBC 라디오를 통해 전국으로 방송되었다. 1990년대 초만 해도 '대학생들이 가장 취업하고 싶은 기업' 앞 순위에 뽑히던 패션의류기업 이랜드가 2000년엔 같은 20대 청년 비정규직들에게 월급을 50만 원씩 주면서 일을 시키고 있었다. 이들을 위해 나선 이들은 화섬연맹 산하 이랜드노조였다. 정규직으로 한정돼 있던 노조 규약의 조합원 가입 대상을 도급·용역·파견근로노동자로 바꾸면서까지 비정규직들을 위해 나선 것이다.

"저는 아니지만 이랜드노조의 상근자들은 아주 독실한 크리스천들이었어요. 민주노조운동 정신이 낮은 곳으로 임하는 종교의식 속에 배어든 거죠. 어려운 처지에 있는 사람들을 보면 달려가서 조직화하고 같이했어요. 식품사업부에도 가고, 물류센터에도 가서 조직하고, 그다음 아르바이트나 비정규직들한테도 관심 갖고요. 그때는 비정규직이란 말도 잘 몰랐을 때예요. 하여튼 공채 사원들보다 차별받는 직종에 있는 청년, 여성들에게, 회사가 다각화하고 있는 다른 사업장의 노동자들에게 관심을 가진 거죠. 역량은 안 됐어요. 부족하고 버거웠지만 그걸 해냈습니다."

이랜드노조 전 위원장 이남신의 말처럼 비정규직 차별이 사회문제로 부상하기 전이었지만, 이랜드노조 간부들은 이들과 함께할 방법을 찾았던 게다.

많은 직원들에게 종교는 이랜드에 취업한 이유 중 가장 비중이 컸다. 기독교인인 그들에게 '기독교 기업'을 내세우는 이랜드가 좋은 기업일 거라는 믿음이 있었다. 그 믿음이 깨지기까지는 그리 오래 걸리지 않았다. 별칭이 '일랜드'일 정도로 이랜드는 일은 많이 시키면서도 임금은 적었고, '기독교 문화' 강요에, 노동 통제도 심했기 때문이다. 1990년대 초에 이미 이랜드 직원들은 '일은 자본의 논리로 무한정 시키고 분배는 청도교처럼 한다'고 불만이 많았다고 이남신은 기억한다. 용기를 내 회사를 바꾸겠다고 나선 사람들이 1993년 이랜드노조를 만들었다. 순식간에 직원 1500여 명 중 700명 이상이 가입할 정도로 직원들은 노조를 반겼다.

하지만 조합원 수는 삽시간에 줄어들었다. "성경에는 노조가 없다"며 노조를 인정하지 않는 사측의 방침과 평소에 친분이 있던 관리자들의 설득과 회유에 조합원들이 흔들렸던 것이다. 회사는 쪼그라든 노조의 단체교섭 요구에 형식적으로 대응하며 4년을 끌었다. 결국 1997년 노조가 57일간 파업을 한 끝에야 단체협약을 체결할 수 있었다.

기쁨도 잠시, 1997년 말 닥친 IMF 위기는 이랜드도 피하지 못했다. 회사의 방만한 경영이 불러온 부도 위기로 전체 직원의 절반이 넘는 2000여 명이 구조조정되었다.[5] 남은 직원들도 임금 동결, 순환 무급휴직 등으로 희생해야 했다. 그러는 동안 노조가 힘들게 손에 쥔 단협은 힘을 쓰지 못했다. 노조는 걸핏하면 단협과 근로기준법을 어기는 사측과 부딪치곤 했다.

그렇게 3년을 보내던 중 이랜드노조 집행부는 열악한 처

---

5   구은회, 〈반복되는 이랜드 노사 갈등, "어쩜 이리 똑같나"〉, 《매일노동뉴스》, 2007.8.28.

우에 시달리던 부곡물류센터 비정규직들의 상황을 알게 됐다. 노조도 어렵긴 마찬가지였지만 조직화 작업과 함께 투쟁을 준비했다. "못살겠다, 50만 원. 먹고살자, 70만 원!"을 외치면서 2000년 6월 16일 파업에 들어갔다. 노조 탄압에 혈안이 된 사측은 부곡물류센터 비정규직을 도급업체로 이전하겠다고 맞대응했다. 노조 집행부는 고심 끝에 규약 개정을 통해 간접고용 비정규직까지 조합원 가입 범위를 넓혔다. 노조는 '비정규직의 정규직화'를 내걸면서, 불법으로 파견된 노동자의 직접고용, 정규직으로 인원 충원, 4년째 동결·삭감된 정규직의 임금 인상, 부당징계 철회 등을 요구했다.

사측은 3년 전보다 더 완강하게 버텼다. 노조도 삭발과 단식투쟁, 매장 점거농성 등 갖은 투쟁 방법을 구사하면서 이에 맞섰다. 화섬연맹도 이랜드지원대책위원회 구성을 주도하면서 연맹 차원의 지원을 이어갔다. 각 지역본부가 해당 지역에 있는 이랜드 매장 앞에서 불매운동 선전전을 하는가 하면 전국을 순회하면서 불매운동 캠페인을 벌였다. 투쟁기금 모금과 채권 구입 등으로 생계에 어려움을 겪는 파업자들을 도왔다.

안팎에서 총력으로 싸웠지만 파업을 마무리하는 데는 265일이나 걸렸다. 그래도 사측이 '비정규직의 정규직화'에 서명하면서 2001년 3월 10일 투쟁이 끝났다.

그런데 이번에도 이랜드는 약속을 지키지 않았다. '비정규직 정규직화 및 처우 개선' '도급·아웃소싱 등을 할 때는 노사 합의 및 협의'에 합의했던 사측은 실제로는 이를 이행하지 않았다.

2000년 이랜드 투쟁.

기간제 비정규직의 경우 '2년 혹은 3년이 되면 정규직화'라고 한 합의 문구가 무색하게 오히려 3, 6, 9개월짜리 계약직을 만들어 비정규직만 양산했다. 게다가 노조와는 아무런 협의도 없이 대부분의 물류부를 아웃소싱 또는 불법파견으로 전환했다.

이랜드그룹이 2003년과 2006년에 각각 뉴코아와 까르푸를 인수하면서 노조와 사측의 마찰은 더 잦아졌다. 신규 점포가 생기면 직원들과 협의도 없이 지방 발령을 내기도 하고, 휴일 반납도 숱하게 일어났다. 그나마 이름이라도 존재했던 단체협약도 2006년 9월 사측에 의해 일방적으로 해지됐다.

한편 뉴코아, 까르푸가 이랜드그룹으로 합병되면서 이랜드노조, 까르푸노조, 뉴코아노조의 통합 논의도 이루어졌다. 논의 끝에 2006년 12월 이랜드노조와 까르푸노조가 통합해 이랜드일반노조를 창립하고, 유통에 집중하던 이랜드그룹의 사업 방향에 따라 2007년 1월 서비스연맹에 가입한다. 고심 끝에 나온 단위 노조의 결정을 화섬연맹도 공식 논의를 통해 받아들였다. 그 뒤 이랜드일반노조와 뉴코아노조는 '비정규직보호법' 시행 하루 전인 2007년 6월 30일 서울 홈플러스(옛 홈에버) 상암월드 컵점 등 총 20곳의 매장 점거를 시작으로 510일간의 뜨겁지만 처절한 투쟁을 시작한다.

민주노총과 시민사회의 지지와 연대로 커다란 사회적 반향 을 불러일으킨 510일 파업투쟁은 '절반의 성공, 절반의 실패'라 는 명암을 남기며 마무리됐다. 정규직-비정규직 공동투쟁과 민 주노총 지원과 사회적 연대에 힘입어 비정규직의 고용안정 등 핵심 요구는 쟁취했지만 장기 파업으로 인한 고통이 컸고 지도 부와 간부 다수가 해고돼 현장으로 돌아가지 못했기 때문이다. 이후 이랜드일반노조는 이랜드그룹의 홈에버 매각으로 기존 이 랜드노조와 홈플러스노조로 다시 분리된다. 하지만 MBC 라디 오 〈여성시대〉에 편지를 보냈던 비정규직 조합원의 굳은 의지 에 화답했던 이랜드노조의 정신은 계속 이어질 것이다.

"이 땅에 비정규직 노동자가 사라지는 날이 정말 우리나라가 선진국
이 되는 날이라고 생각합니다. 열심히 싸울 것입니다. 비정규직이
라서가 아니라 사람으로서 인간으로서 나 자신의 존엄한 가치를 확
인받을 겁니다. 가진 자의 오만과 만용 앞에서 말입니다.

—MBC 라디오 〈여성시대〉 방송 원고

'리틀 박성수'를 꿈꾸다가 비정규 노동운동가로

이남신, 전 이랜드노조 위원장/현 한국비정규노동센터 공동대표

패션회사여서 디자이너들한테는 이랜드가 최고의 직장이었지요. 그리고 크리스천 기업이잖아요. 술, 담배 하면 승진이 안 되거든요. 교회 다니는 여대생들이 특히 좋아했지요. 근무조건은 굉장히 열악했지만 이미지는 삼성 수준으로 좋았습니다.

저는 거의 유일한 비기독교인이었어요. 1992년에 공채로 입사해서 한 달 동안 신입사원 연수를 받았는데 박성수 이랜드 회장 일상을 보고 감동했습니다. 새벽 4시에 출근해서 오전에 시장 조사하고, 월요일마다 전체 직원들한테 강의를 하거든요. 달변이고 박식합니다. 엄청난 다독가예요.

저는 학생운동 하다가 야학도 하고 현장에 위장취업도 했었는데, 그 문화와 너무 다른 거예요. 건강한 거죠. 술, 담배 안 하고, 시간 잘 지키지. 신세계를 만난 거야. 나는 소심하고 우유부단해서 '혁명운동은 내 길이 아니다' 판단하고 운동판을 떠났잖아요. 그래서 이제 낡은 세계를 멀리하고 '리틀 박성수'를 목표로 이랜드에서 성공하겠다고 결심했죠.

처음 몇 년 동안은 하루 평균 15시간 정도 일했더라고요. '일랜드'인 이랜드에 다니면 모든 사회적인 인간관계가 다 단절돼버린다는 얘기가 있었어요. 아침 7시 전에 출근해요. 새벽같이 나가서 새벽 예배를 시작으로 밤늦게까지 일했죠. 매장 리모델링 같은 것도 인테리어 업체에 맡기지 않고 우리가 직접 공구를 들고 다니면서 했어요.

전라도에 있는 매장 공사다? 맡은 팀이 내려가서 근처에 있는 찜질방, 여관에서 일주일씩 합숙하면서 우리가 다 해냈어요.

그러다가 1993년에 노조가 생긴 거야. 저는 이미 다른 길로 들어섰으니까 관심이 없었죠. 근데 직원들이 대거 가입한 거예요. 다들 불만이 목까지 차올랐을 때였거든요. 이랜드가 이윤도 많이 내고 급성장하고 있는데 급여나 복지가 너무 열악했으니까요. 거의 최저임금 수준이야.

직장 통제도 강했죠. 박성수 회장의 이랜드 스피릿이 18가지가 있거든요. 지금도 기억해요. 하나님 중심, 말씀 중심, 믿음 중심 등등. 그 긴 걸 토씨 하나라도 틀리면 승진 대상에서 떨어져요. 또, 비만이면 안 된다고 허리 사이즈가 30인치인가 넘으면 승진 탈락이에요. 그런 문화였기 때문에 굉장히 불만이 많았죠. 그래도 그렇게 압도적으로 가입할 줄은 몰랐어요. 전 생각 없다가 다들 가입하는 분위기이고 예전 운동을 떠나온 부채감도 들어서 가입했죠.

사실 4년 무단협을 끝내는 1997년 파업이 중요한 파업이었는데, 저는 반대했어요. 조합원이 너무 소수인 거예요. 제가 영업팀장이었는데 사무직은 200명이나 남았을까. 파업도 몇십 명만 한다고 하니 섶을 지고 불에 뛰어드는 격인 거예요. 이건 너무 어리석은 자해 행위라고 반대했지요. 현장을 멈추게 하는 게 파업이지, 참가한 소수만 피해를 입는 게 무슨 파업이냐고요. 그렇게 반대하다가 파업 전날 제가 회심을 합니다. 아무리 지는 싸움 같더라도 나 혼자 살자고 파업을 안 하면 좀 사람이 아닌 것 같은 거예요.

그래서 파업에 동참했죠. 그때는 섬유연맹 전에 섬유추진위만 있었는데 거기랑 지역본부가 많이 도와줬어요. 파업 57일 만에 단협을 쟁취하고, 노조 상근자를 6명 확보했어요. 조합원 수 대비로 굉장히 큰 성과를 거둔 거죠.

2000년 파업 때 노조 규약을 변경해야 한다는 소리에 고심이 되더라고요. 노조에 간접고용 비정규직까지 받아들여서 고용안정을 요구해야 한다는 말이 맞는 것 같으면서도 우리 같은 초짜 노조에서 할 수 있는 투쟁인지 잘 모르겠더라고요. 그래도 연맹과 지역본부를 포함하여 연대했던 많은 동지들의 의견을 모으고 치열한 내부 토론을 거쳐서 규약 변경을 했죠.

그때 '비정규직의 정규직화'를 내걸고 투쟁한 덕에 한통 계약직, KBS 비정규직 해고자 주봉희, 보험모집인노조처럼 비정규직 투쟁하는 동지들을 계속 만나게 된 겁니다. 해고되고 복직이 안 되면서 자연스럽게 비정규 노동운동을 하게 되고, 한국비정규노동센터 소장까지 맡게 됐죠.

화학과 섬유가 만나다

통합연맹 출범

IMF 관리체제 11개월째, 우리 노동자와 근로민중의 삶은 뿌리째 흔들리고 생존의 벼랑 끝에 서 있다. 구조조정이란 허울 아래 진행되고 있는 강제적인 정리해고, 인원 감축 등으로 실업자는 벌써 200여만 명에 이르고 있으며, 현장에서는 자본가들의 일방적인 임금 삭감과 노조 탄압으로 노동조합운동 10년의 성과가 하루아침에 무너질 위기에 처해 있다.

―전국화학·섬유노동자 공동결의대회 결의문, 1998.11.8.

전노협과 민주노총 출범부터 1996~1997년 총파업을 거치며 크게 성장한 노동운동은 IMF 시대를 통과하면서 위기에 봉착한다. 정권과 자본의 구조조정 공세에 제대로 대응하지 못하면서 전체 노조 조직률이 10% 이하까지 떨어졌다. 조직 노동자의 숫자가 중요한 노조운동에서 돌파구가 필요했다.

특히 IMF 이후 벌어지는 정리해고에 대해 대공장은 어느 정도 저지됐지만, 대규모 실업 사태가 벌어지고 있는 중소 사업장에서는 기업 차원의 대응만으로는 해결이 어려웠다. 물론 더 주도면밀해진 자본의 공세 속에 대공장의 고용안정 투쟁도 안

1999년 5월 1일 전국화학·섬유노동자 공동결의대회.

심할 상황은 아니었다.

민주노총 출범부터 계속 지향해온 단위 사업장을 넘어선 산업별노조가 절실해지는 시점에 이르렀다. 연맹에서 산별노조로 간판만 바꿔 단다고 산별노조가 되는 건 아니었다. 그에 걸맞은 조직 규모와 사업 내용이 필요했다. 규모를 키우는 데 중소연맹 간 통합은 불가피했다. 이미 민주노총 산하 금속의 3조직이 통합하고, 서비스산업도 상업과 관광이 통합을 앞두고 있었다.

제조업의 남은 두 연맹인 민주섬유연맹과 민주화학연맹의 조합원 수는 1999년 현재 각 1만 2000여 명과 1만 6000여 명이었다. 조직화 집중 지역도 민주섬유연맹은 조합 사무실이 있는 구미와 울산에, 민주화학연맹은 충북과 광주·전남, 부산·경남, 수도권 등에 치중돼 있었다. 개별 연맹의 조합원 수와 규모만으로는 '규모의 효과'를 기대하기 힘들었다. 민주섬유연맹과 민주

2000년 화섬연맹 출범 통합대의원대회.

화학연맹의 통합이 자연스럽게 추진됐다.

'98 민중대회'에 앞서 전국화학·섬유노동자 공동결의대회를 열어 통합연맹 건설을 위한 첫걸음을 내디딘 뒤, 1999년 화학·섬유통합추진위원회를 구성해 통합을 준비하기 시작했다. 단위 노동자 연합수련회, 공동 간부수련회, 세계노동절 기념 전국화학·섬유노동자결의대회 등 1년의 주요 행사마다 두 연맹이 함께했다. 민주화학연맹 핵심 사업인 현장활동가 양성 교육에 민주섬유연맹 간부들도 참가하고, 울산에선 화학·섬유노동자 체육대회도 개최했다. 그 밖에 공동 소식지도 만들고, 공동 지역 순회간담회도 진행했다.

지역본부별로 투쟁하는 노조에 대해 서로 연대 지원하기도 했다. 울산에선 민주화학연맹 울산지역본부에서 민주섬유연맹 태광산업노조의 투쟁을 적극 지원했다. 그러자 태광산업노조에서 민주화학연맹 송원산업노조의 투쟁에 연대했다. 경북에선 화학의 한일건재노조에서 섬유의 대하합섬노조 투쟁을 지원하고, 섬유의 대하합섬과 한국합섬이 화학의 한일건재노조 투쟁에 함께했다. 경기 지역에서는 화학의 세원화성노조와 섬유의 란토르코리아노조가 서로 연대했고, 서울에서는 화학의 세미산업노조와 섬유의 이랜드노조, 태창노조가 연대했다. 경남에서도 화학의 신호제지노조가 섬유의 고합울산노조를 찾아가 이미 경험했던 워크아웃(기업개선작업) 투쟁 경험을 전하기도 했다.

이렇게 밑에서부터 교류가 계속되자 조합원들도 관심이 깊어가고 두 연맹의 통합을 당연한 과정으로 받아들였다. 수많은 노력 끝에, 드디어 2000년 2월 22일 여의도 굿모닝증권 대강당에서 전국민주화학섬유노동조합연맹 통합대의원대회를 여는 것으로 통합연맹(화섬연맹)이 탄생했다. 전체 94개 노조, 3만1951명의 조합원들이 전국민주화학섬유노동조합연맹에서 새 천년을 열어젖혔다.

화섬산업 구조조정 소용돌이를 거치며

울산과 구미의 구조조정 투쟁

울산에 혁명의 기운을

울산 화섬 3사 연대파업

"위원장이 잡혀간 게 우리 효성의 13년 무쟁의를 뚫는 촉발점이 된
거였어요. 그것도 예상 못했던 일이지만 김대중 대통령이 공권력을
투입할 거라고는 상상도 못해봤어요."

−양수경, 당시 효성 울산공장 조합원

비정규직을 통한 고용 유연화, 도급화, 해외 매각, 공장폐
쇄…… IMF 이후 자본이 무차별로 자행하는 구조조정 앞에 노
동자들은 근로조건의 악화와 고용불안에 휩싸였다. 더불어 일
방적인 희생만 강요당한 채 노동자가 그저 '정리' 대상으로만 치
부되는 것에 분노했다. 구조조정을 두고 자본과 노동 모두 물러
설 수 없는 싸움이 예견됐다.

특히 이미 사양산업의 내리막길을 걷던 화학섬유산업은 양
진영의 격돌이 언제 일어나도 이상하지 않았다. 중국을 비롯한
동남아에서 관련 산업이 급성장하면서 한국의 화섬업체들은 수
출 부진을 겪고 있었다. 1998년 IMF 직후 워크아웃 1호 기업으
로 선정된 고려합섬(고합)을 비롯해 동국무역, 새한, 금강화섬
등 벌써 워크아웃, 화의에 들어간 기업이 많았다. 다른 화섬 자

2001년 울산 화섬 3사 연대투쟁 모습.

4장. 화섬산업 구조조정 소용돌이를 거치며

본들은 발 빠르게 구조조정 작업에 들어갔고, 노동자들도 가만히 당하고만 있을 수 없었다.

2001년 화섬 업체들이 몰려 있는 울산 지역에서 구조조정의 '전초전'이 벌어졌다. 효성, 태광산업대한화섬(태광), 고합 등 세 사업장의 노동자들이 먼저 나섰다.

울산 화섬 3사 연대투쟁은 효성에서부터 시작됐다. 1998년 4개 계열사를 합병해 ㈜효성에 이른 회사는 분사 외주화 등 상시 구조조정이 일상화되고 있었다.[1] 이 과정에서 노조는 철저히 배제됐다. 2001년에도 2월 연신과 직원들의 전환배치 문제와 3~4월 사측의 반노동자적인 내용의 조·반장 교육 실시로 노사가 부딪쳤다. 4월 시작된 임단협 상견례에 연거푸 불참하며 교섭을 해태하던 사측은 노조 간부와 조합원들에게 해고 및 징계를 내렸다.

2000년 11월 민주적인 박현정 집행부가 들어선 이후 사측이 계속 부당노동행위를 해온 터였다. 이런 노조 탄압에 항의하며 효성노조는 5월 5일 "성실 교섭 촉구! 부당징계 철회!"를 요구하며 공장 안 노조 사무실 앞에서 천막농성에 돌입했다. 그런데 사측이 업무방해로 고소한 지 24시간도 지나지 않은 5월 6일 새벽, 경찰이 공장 내로 진입해서 농성장을 침탈해 위원장 박현정을 비롯한 노조 임원 3명을 긴급체포해 구속했다. 박현정의 구속 사유는 "화섬 3사의 연대파업이 예상된다"는 것. 파업을

---

[1] 임영국, 〈화섬업계 구조조정과 화섬노조 연대파업〉,《노동사회》 56호, 2001.7.

도모했다는 이유만으로 구속된 셈이었다.

효성노조는 최만식, 정기애를 공동 직무대행으로 내세운 뒤 빠르게 투쟁 태세를 갖췄다. 경찰의 위원장 구속이 조합원들을 더 뭉치게 만들었다. 당시 노조 조합원이던 양수경은 이렇게 말했다.

"조합원들이 집에 있는 텐트들을 가지고 와서 노동조합 잔디밭에 한 동 두 동 치기 시작했어요. 거기서 기거하면서 출퇴근을 했지요."

매일 지역의 연대자들과 집회를 열었다. 사측의 바리케이드를 넘어와 함께 밤샘 농성을 하는 연대 대오가 계속 늘어났다. 그러자 사측은 용역경비업체 직원들을 공장 정문 등에 배치했다. 낮잡아 부르는 '용역깡패' 수준이 아니었다. 이들은 최루가스총, 고무탄총, 식칼, 독침, 사제권총 등의 살상 무기들을 소지한 채 진짜 깡패처럼 농성자들에게 무차별 폭력을 행사했다. 이에 항의하며 효성 노동자들은 5월 9일 삭발투쟁을 벌였다. 예정보다 많은 60여 명이 삭발을 했고, 그중에는 여성들도 많았다.

"여성들 머리가 길잖아요. 긴 머리가 싹둑 잘려나가는데 섬뜩함 같은 게 있었어요. 바리깡 배터리가 소진될 정도로 사람들이 계속 나와서 릴레이 삭발이 됐죠."(양수경)

곧이어 쟁의행위 찬반투표도 준비했다. 효성은 13년 무쟁의 사업장이었다. 사측은 노조 선거 때마다 민주 집행부 당선을 방해했고, 어렵게 민주 집행부가 들어서면 파업까지 가는 길을 원천봉쇄했다. 설, 추석에도 쉬지 않고 1년 365일 돌아가던 효성 공장이 1년에 한 번은 멈췄다. 바로 노조가 쟁의행위 찬반투표를 하는 총회 날이었다. 당시 조합원이던 서진상은 이렇게 말했다.

"출근시키면 다 찬성 찍으니까 아예 출근을 안 시켰어요. 그래서 그해는 찬반투표 총회를 일주일을 잡았어요. 설마 공장을 일주일 세울까 하고. 그런데 진짜 제대로 안 돌리더라고요."

일주일 내내 사측은 투표를 방해했다. 개별 면담과 부서별 여행 및 교육, 휴게실 문 잠그기, 조·반장들의 투표 감시 등등. 노조가 총회 방해 금지 가처분 신청을 했지만 법원은 이를 기각했다. 더 이상의 투표는 무의미해 효성노조는 투표를 접고 파업을 선택했다.

파업 출정식 날, 용역과 구사대가 효성 언양공장 조합원들의 공장 진입을 막았다. 할 수 없이 이들은 밖에서 연대집회를 한 뒤 상징의식으로 공장 담벼락 밀기를 했다. 그런데 꿈쩍 않을 것 같던 담벼락이 무너지기 시작했다.

"회사가 앞에서 완전히 정문을 막고 있으니까 우리는 옆에 가서 담이라도 무너뜨리는 퍼포먼스를 하자고 쇼처럼 보여준 거였어요. 한두 번 밀다가 안 되면 정리하려고 했는데 이게 확 넘어가더라고요. 그 김에 우루루 들어간 거죠. 우리 노래패는 마이크하고 앰프 같은 거 챙기고 풍물패들은 북 들고 가……그렇게 우리만의 공간을 만들어서 공장 안에서 투쟁을 시작한 거죠."

그 자리에 있던 언양공장 조합원 정해정의 말처럼 얼떨결에 공장 안으로 들어간 700여 명 앞에서 직무대행 최만식과 정기애는 5월 25일 0시를 기해 〈우리는 효성노조의 새 역사를 쓴다〉는 제목의 '총파업 선언문'을 낭독했다. '13년 무쟁의'의 사슬을 끊어내는 순간이었다. 그날부터 열흘간 농성자들은 해방의 공동체를 경험했다.

"용역들하고 대치하고 있어서 긴장은 됐는데 가족들도 들어오고 지역 동지들도 밤에 같이 있으니까 약간 해방구 같은 느낌이었어요. 파업 프로그램을 누가 가르쳐주지 않았는데도 우리가 자발적으로 진행했어요. 누가 시키지 않아도 노래패 나오고, 풍물패는 북 치고, 몸짓패는 율동하고…… 그렇게 밤새도록 문화로 밤을 지새웠지요."(양수경)

물론 평화로운 해방구는 아니었다. 소화기 분말, 최루액을 뿌리면서 쇠파이프, 전자봉 등을 휘두르는 구사대, 용역들과 밀고 밀리는 싸움이 계속됐고, 피 흘리는 부상자들이 속출하는 전쟁터 같은 공포를 견뎌내야 했다. 그러는 동안 경제5단체장을 비롯한 자본은 정치권에 강경 대응을 주문하며 공권력 행사를 강력하게 요구했다. 공장에 갇힌 노동자들은 공권력 투입이 임박해올수록 걱정을 하면서도 '설마 국민의정부가 공권력 투입까지 할까'라는 희망을 품었다. 하지만 부질없는 희망이었다.

6월 5일 새벽 5시 20분경, '울산만 작전'이란 이름으로 공권력이 들이닥쳤다. 30개 중대 3600명의 병력이 동원됐다. 변전실을 점거하고 있던 직무대행 정기애 등 8명은 폭력경찰에 끌려나왔다. 순식간에 저지선이 무너지자 농성자들은 옆 공장인 현대정공 노동자들이 내미는 손을 잡고 담을 넘어 빠져나갔다.

빠져나온 농성자들과 지역의 노동자들은 울산 남구 야음사 거리에 모여 울산시청으로 행진했고, 공업탑 로터리, 울산시청 및 삼산동 현대백화점 등지에서 온종일 거리집회를 벌였다. 도중에 많은 노동자들이 경찰의 토끼몰이식 진압에 부상을 당했다. 특히 효성노조의 한 조합원은 전경 방패에 머리가 찍혀 의식이 없는 상태로 실려가 오랫동안 중환자실에서 치료를 받아야 했다. 거리를 누비던 500여 조합원들은 복산성당으로 들어가 농성에 돌입한 채 6월 8일엔 금속, 화섬, 공공연맹 단위 사업장 노동자 8000여 명과 함께 태화강 둔치에서 울산노동자대회를 열었고, 다음 날인 6월 9일에는 '영남노동자대회'가 열렸다.

한편 40여 미터 높이의 방사과 옥탑에 남아 있던 위원장 직무대행 최만식을 비롯한 지도부 8명은 6월 13일 결국 경찰에 전원 연행·구속되었다. 헬기 2대가 하늘을 나는 가운데 사다리차를 이용해 공포탄을 쏘면서 폭력적으로 진압해오는 경찰을 맨몸의 노동자들이 막아설 방법은 없었다.

박현정의 구속 사유였던 '화섬 3사의 연대파업'은 6월 12일 성사됐다. 고합과 태광노조가 함께 파업에 돌입한 것이다. 태광 대한화섬은 매년 흑자를 기록하는 건실한 화섬업체였다. 그런데도 태광은 3년 전부터 기계정대,[2] 휴업 등을 반복하더니 2001

---

2   기계 가동을 멈추고 정비하는 기간. 화섬이나 석유화학 등 장치산업에서는 주기적으로
    공장 시설 가동을 멈추고 청소나 점검 및 소모품 교체 등의 정비 작업을 한다. 이
    기간에는 비정규직이 투입되곤 한다.

년 5월 11일 탄소섬유 공정 가동 중단에 이어 5월 23일 폴리에스터 공정 휴업 조치로 251명이 갑자기 일손을 놓게 했다. 역시 태광노조와의 협의는 없었다.

오히려 3월 일방적인 반장 교육 실시로 노사가 부딪친 뒤로 사측은 위원장을 비롯한 노조 간부 20명을 업무방해, 폭행 등으로 고소·고발해 10명에게 체포영장이 발부된 상태였다. 사측은 여기서 더 나아가 4월부터 계속된 노조의 임단협 교섭 요구에 한 차례도 응하지 않다가 14.5% 임금 삭감이나 인원 감축 중 하나를 택하라는 식으로 나왔다.

회사 측이 교섭 의지가 없음을 확인한 태광노조는 단순 임단협 투쟁이 아닌 정리해고 싸움임을 간파하고, 6월 12일 전격적으로 파업에 돌입한다. 당시 태광노조 조합원이던 김철민은 이렇게 말했다.

"2001년 3년 전쯤부터 노조 파괴 컨설팅 열풍이 불었습니다. 우리 회사에도 서울대 운동권 출신 등 3명이 와서 작업을 했어요. 먼저 반장협의회를 만들어서 법인카드 쓰라고 하고, 수련회 가서 다물 교육[3] 같은 거 시킨 거죠. 그렇게 반장들하고 조합원들의 갈라치기에 성공했어요. 우리는 '정리해고 구조조정 싸

---

[3]   "다물단은 민족의 통일과 융성을 표방하는 극우민족주의 단체로 '용병구사대'라고
       볼 수 있다. 단위 사업장에 '다물단'이란 이름의 동아리를 만들어 노조원들을 '포섭'
       노조 탈퇴를 유도하는 단체다. …… 다물 교육을 하고 있는 '다물민족연구소'의 전신인
       '현대정치사상연구소'는 지난 87년 9월 전 보안사(현 기무사) 장교 출신 강기준씨의
       주도로 만들어졌으며 '다물민족연구소'의 강사진들도 보안사, 국방 정신교육원
       등의 출신들인 것으로 알려지고 있다."〈두산 '다물단' 전 노조 사무국장 폭행치사〉,
       《미디어오늘》, 1997.11.19.

움은 임금 얼마 올리고, 근로조건 어떻게 바꾸자는 싸움이 아니다, 우리 밥줄이 달려 있으니 여기에 목숨 걸어야 한다'고 선전하고 있는데 저들은 반장들부터 꽉 잡았더라고요."

태광 사측은 오랫동안 치밀하게 정리해고를 준비해왔던 반면, 노조는 그만큼 치밀하지 못했음을 이후에야 깨달았다. 한편 워크아웃 중인 고합 사측 또한 구조조정을 준비 중이었다. 화섬 원사 부문을 중국 현지법인에 매각하고, 이전을 강행하려는 움직임이 보였다.

4월 30일, 고합 사측은 5월 말~7월 말까지 울산공장 19개 라인 중 11개 라인 설비를 고합 청도 유한공사와 인도네시아 현지법인에 매각하겠다고 노조에 일방 통보해왔다. 설비 이전에 따른 구조조정 규모는 조합원 수의 3분의 1에 가까운 규모였다. 노조의 반발에도 사측이 공장 이전을 강행하자 고합노조는 총파업을 준비하던 중 효성의 공권력 투입에 대한 항의와 연대의 뜻으로 일정을 앞당겨 6월 12일 전면파업에 돌입했다. 화섬 3사 공동투쟁이 시작된 것이다.

울산 3사의 연대파업이 벌어지는 내내 노동자들은 결연하게 싸웠다. 경찰 헬리콥터들이 하늘을 선회하면서 공포 분위기를 조성해도, 소방차들이 쏜 소화기 분말이 눈처럼 하늘에서 쏟아져도 노동자들은 움직이지 않았다. 봉고차를 타고 다니며 마이크를 잡고 선동을 하면 울산 시민들이 나와서 환호해주었다. 1980년 광주항쟁 때와 같은 분위기를 느낄 수 있었다. 울산에 혁명의 기운이 감돈다는 말이 돌 정도였다.

통합한 지 갓 1년을 넘긴 화섬연맹은 투쟁을 진두지휘하지는 못했지만 역량을 총동원해 화섬 3사의 투쟁을 지원했다. 효성노조가 파업 전에 천막농성을 할 때부터 연맹 천막을 세우고 위원장 오길성이 농성에 직접 합류했다. 6월 12일 연대파업에 돌입한 후에는 함께 파업에 들어간 경기화학까지 포함해 울산 화섬 4사(효성, 태광, 고합울산, 경기화학) 특위를 설치해 투쟁 사업장 연석회의를 열면서 연대투쟁 방안을 모색했다.

효성 투쟁으로 화섬연맹 울산지역본부 상근간부 2명에게 체포영장이 발부된 뒤로는 7월 19일부터 22일까지 화섬 3사 노조의 상경투쟁과 민주노총 서울집중집회를 추진했다. 또 중앙 상근간부를 파견해서 연맹+민주노총 울산본부+화섬 3사로 기획단을 구성해 투쟁 전술을 논의했다. 8월 23일부터는 정리해고 강행을 예고한 태광 앞에 연맹 천막을 설치하고 농성에 돌입하는 한편, 연맹 주최로 '8·25 결의대회'를 열기도 했다.

울산집중집회를 할 때면 몇백에서 몇천에 이르는 현대자동차와 현대중공업의 오토바이부대들이 가두행진을 하고, 전국에서 모인 대학생들이 복산성당에서 효성 노동자들과 철야농성을 함께하면서 연대는 계속 이어졌지만, 작정하고 달려드는 자본을 이기기는 역부족이었다.

6월 5일 공권력이 들이닥친 뒤 장외투쟁을 이어가던 효성 노동자들은 해고와 징계를 남발하면서 파업 노동자 1인당 50억~270억씩 손해배상·가압류를 청구한 효성 자본 앞에 흔들렸다. 노동자들은 법원 집달관이 집에 들어와 전자제품 등에 빨간

압류 딱지를 붙이는 걸 무기력하게 바라만 봐야 했다.

"생전 듣도 보도 못한 액수가 통장에 찍히더라고요. 저는 마이너스 270억이었어요. 급여 이체하는 은행이 조합원들한테 알리지 않고 각자 주민번호로 된 통장들을 다 막아서 월급도 못 받고, 있던 돈도 못 찾았어요. 거기에 항의해서 조합원들이 10원짜리를 엄청 많이 바꿔서 입금했다가, 다시 줄줄이 10원짜리로 찾으면서 은행을 마비시키는 투쟁도 했죠."(서진상)

이처럼 다양한 방법으로 투쟁했지만, 8월 들어서면서 복귀자들이 많이 늘어났다. 교섭력이 약화하는 상황에서 8월 13일 한종환 직무대행이 직권조인한 합의서 무효 투쟁을 결의했다가, 복귀 후 투쟁을 이어가기 위해 9월 14일 집단 복귀하기에 이른다. 이로써 13년 무쟁의를 끊어냈던 효성노조의 파업은 113일 만에 막을 내렸다. 복귀한 이들을 기다린 건 징계와 해고의 아픔이었다. 해고 42명을 비롯한 300여 명이 징계를 받았다.

한때 섬유연맹을 대표하던 태광노조의 결말은 더 뼈아프다. 노조는 6월 12일 총파업을 선언한 후 공장 안에 농성장을 설치하고 거의 전 조합원이 농성을 시작했지만, 시종일관 '선 조업 후 협상'만 요구하며 강경책으로 일관하던 사측에 끌려갔다. 결국 9월 10일 현장에 복귀했지만 사측은 노조위원장 송교선이 직권조인한 합의안도 지키지 않은 채 412명을 정리해고했고, 1000여 명의 희망퇴직을 단행했다. 두 달 뒤인 11월 25일 민주노총 탈퇴를 공약으로 내건 후보가 위원장 선거에 당선되면서 태광노조는 민주노총을 탈퇴하고야 만다.

고합노조도 이후에 임단협 및 고용안정에 대해 교섭하기로 하고 8월 11일 60일간의 파업을 마치고 현장에 복귀했다. 하지만 2002년 1월 22일 사측은 노조 집행부 4명을 포함해 19명에 대해 정리해고를 통보함으로써 고합의 구조조정은 완료되었다.

울산을 투쟁의 함성으로 가득 채웠던 울산 3사 연대파업은 이처럼 많은 상처를 남긴 채 마무리되었다. 그렇다고 희망이 아예 짓밟힌 건 아니었다. 효성 해고자복직투쟁위원회는 20년 넘도록 여전히 활동하고 있고, 2011년 5월 효성 언양공장에선 민주노조인 '화섬식품노조 효성지회'가 설립됐다. 적은 인원이지만 효성 현장에서 민주노조의 불씨를 되살리기 위한 노력은 계속되고 있다,

113일 파업하면서 깨달은 것

서진상, 전 효성 언양공장 조합원/현 화섬식품노조 울산지부 지부장

효성이 13년 만에 파업을 했거든요. 113일 했는데 다른 노동조합은 한 100년 활동하면서 겪을 일들을 113일 만에 다 겪은 느낌이에요. 구사대, 용역깡패하고 쇠파이프 들고 치고받고 싸운 것도 처음이고, 천막농성 한다고 했다고 지도부가 그날 바로 잡혀가는 일도 드물잖아요. 파업 찬반투표부터 공권력 투입, 장외 농성, 수십 명이 구속되어 있던 울산구치소 정문을 허물고 들어가 개최한 구치소 안에서의 집회, 손배 가압류, 직권조인 무효 투쟁까지도 그렇고요. 짧은

몇 달 동안 이 많은 일을 겪고 마지막에 500명 정도 남아 있었어요. 이들이 평소 의식적으로 단련되거나 학습이 됐던 게 아니라 '위원장을 잡아가다니 너무하네' 이 마음으로 쭉 온 거예요.

효성이 1999년에 민주노총에 가입했다가 2001년에 뺏겼어요. 2년 그거 하자고 죽을 둥 살 둥 민주노총에 가자고 했나. 차라리 민주노총으로 안 갔으면 그런 일 안 생겼을 거 아니냐고 할 수도 있어요. 답이 없는 문제인데, 어느 조직이든 기초가 튼튼하지 않으면 무너질 수밖에 없고, 모래 위에 집 짓는 건 정말 그 순간뿐인 거죠. 조합원들이 의식화되지 않으면 그 조직은 오래 못 간다, 이게 교훈 같아요. 효성만 놓고 봐도 준비되지 않은 파업이었거든요.

복수노조를 만든 이유

정해정, 전 효성 언양공장 조합원/현 화섬식품노조 울산지부 사무국장 겸 효성지회장

참 미안한 게 같이했는데 저만 해고가 안 됐습니다. 제가 두 분보다 회사를 16년 더 댕겼습니다. 가열차게 투쟁했지만, 승리하지 못했고, 그러고 나서 현장이 무너지는 거에 대한 자괴감, 분노 같은 게 참 많았어요. 화섬 3사 투쟁 후에 앞에서 선동하기도 했던 분들이 흔히 말하는 어용으로 변해가는 모습을 보는 게 너무 힘들었어요. 그래서 이걸 멈추지 않으면 안 되겠다는 생각으로 파업 끝나고 10년 만에 제가 복수노조를 만들었습니다. 이거라도 안 하면 나 자신이 너무 힘들어질 것 같아서요.

"한동안 사람들 앞에 서면 눈물이 났어요"

양수경, 전 효성 울산공장 조합원/현 화섬식품노조 울산지부 조직국장

우리가 상황에 내몰려서 파업으로까지 간 거잖아요. 그래도 그 안에서 우리 조합원들은 해방공간을 만들어봤고, 회사에 맞서 끝까지 굴복하지 않았다, 이런 자부심이 있어요.

그와 별개로 트라우마 같은 게 남기도 했지요. 저는 문화패로 파업 대오 앞에서 계속 끝까지 투쟁하자고 선동했었잖아요. 그 뒤에 마이크를 잡거나 사람들 앞에서 이야기를 할 때면 똑같은 머리띠에 모자를 쓰고 조끼를 입은 파업 대오가 눈앞에 쫙 펼쳐져서 손이 덜덜덜 떨리고 눈물이 나는 증상이 굉장히 오래갔어요.

파업 끝나고 애 낳고 어린이집에서 교사로 근무했어요. 어린이날 행사나 학부모 수업할 때도 파업 대오가 계속 어른거려서 앞에서 사회 보면서 막 울었어요. 화섬에 복귀하고서도 처음에 사회 볼 때마다 걱정이 많았죠. 화섬노조 이름을 잘 못 말하겠더라고요, 이제 좀 극복되기는 했어요.

저는 그때 우리 조합원들이 단결해서 끝까지 싸웠던 것이 지금의 저 자신을 있게 만들었다고 생각해요. 제가 화섬식품노조로 다시 올 수 있었던 것도 그때 다하지 못했던 소명이랄까, 그런 마음이었거든요.

"파업 현장에서 첫째 돌잔치를 했어요"

김철민, 전 태광노조 조합원/현 플랜트건설노조 울산지부 교선국장

태광이 화섬에서 거의 대표노조였습니다. 같은 업종 회사들하고 비교해도 임금도 높고 단체협약도 잘돼 있었죠. 우리 노동조합이 투쟁 기풍이 많이 살아 있었어요. 1996년에 파업하고 1997년 노동법 개정투쟁 때도 일부지만 참여했고, 1998년에도 파업을 했으니까요. 2001년 파업할 때까지 항상 파업 참가율이 95%가 넘었어요. 조합원 2400명 중 참가한 인원이 2000명이 넘었으니까요. 그런 투쟁 기풍이 있어서 현장에서 불만이 있으면 대의원들이 취합해 싸워서 바꿔내는 것들이 다른 사업장들보다는 좀 나았던 것 같습니다.

우리는 파업할 때 그냥 집을 지어요. 각 과별로 잔디밭이나 아스팔트 등 어디 남는 자리에 파레트를 밑에 깔고 회사에 있는 목재들 딱딱 올려요. 섬유회사이니까 섬유 포장할 때 쓰는 흔히 '가빠'라고 하는 것들을 써서요. 빨래걸이부터 해서 억수로 잘 만듭니다. 옆에는 식당 자리 만들어서 버너 이만한 것들 들고 와서 솥 걸고요. 파업하면 식대가 엄청나게 나가거든요. 하루에 1억씩 뚝뚝 나가니까 저장돼 있던 돈도 며칠 지나면 다 없어지죠. 결국 파업하는 사람들이 1만원, 2만 원씩 걷어서 최대한 헐은 음식으로 밥에 김치 하나 놓고 시레기국 끓여서 먹죠.

개인적으로는 우리 첫째아들 돌잔치를 거기서 했어요. 감동이더라고. 처음엔 몰랐는데 우리 과원들이 아침부터 막 요리를 하고 있는 거야. 나중에 포터가 한 대 들어오는데 전부 다 막걸리야. 돌잔치하

는데 하객이 2000명인 경우는 저밖에 없을 겁니다.

해고자 생활을 2004년까지 했어요. 제일 아픈 게 그런 것 같아요. 경찰 곤봉이 아픈 것도 아니고 회사 탄압이 아픈 것도 아니고. 나하고 손잡고 가던 사람들이 한 사람 한 사람 떨어져나가는 게 제일 아팠어요. 다 떨어져나가고 마지막까지 60 몇 명 남아 있었는데 대법원까지 지고 나니까 일부가 가압류 때문에 더 이상 못 살겠다고 하더라고요. 나도 통장에 마이너스 49억 9999만 9999원이 찍혔었거든. 대출도 못 받고 아무것도 못하니까 결국 그것 때문에 많이 떨어져나갔죠.

해고자 몇 사람이 회사하고 얘기를 했는데 자기들만 그만두겠다고 하니까 안 받아준대. 해고자 다 모여서 정산해야만 가압류를 풀어주겠다고 했다는 겁니다. 총회를 열었어요. 무기명 투표할까 했더니 한 사람이 울면서 정말 힘들다고 하더라고. 그래서 우리 해체하자, 하고 다 일하러 갔죠. 그걸로 끝이었어요.

집에 쌀이 떨어져가 택시로 가서 10년 넘어 있다가 지금은 플랜트로 왔어요. 플랜트 현장에도 우리 태광에서 나온 사람들이 '천지 삐까리'입디다. 우리 태광이 참 열심히 투쟁하다가 마지막에 한 번 잘못해가지고 '태광', 이 이름도 없고 그래 됐습니다.

세계 최장기 고공농성 기록을 두 번 쓰다

구미의 구조조정 투쟁

2001년 울산의 화섬 노동자들에게 큰 상처를 남겼던 화학섬유 업계 산업 구조조정은 곧 구미로 넘어갔다. 곧이어 구미에 자리 잡은 대하합섬, 한국합섬, 금강화섬 같은 화섬업계 후발 주자들에게도 위기가 찾아왔다.

2003년 10월, 6개월 전만 해도 월 매출 100억이 넘던 금강화섬에서 폐업설이 흘러나왔다. 1975년에 설립돼 주로 화학섬유를 수출하며 성장했던 금강화섬은 과도한 부채로 인해 경영 악화에 이른 적이 있었다. 그랬던 위기를 IMF 이후 2000년 8월 화의절차를 밟아 총 1420억 원에 이르는 채무를 탕감받으면서 이겨낸 터였다. 2003년 1월 화의 졸업 당시 금강화섬의 부채비율은 56%밖에 되지 않았다.

그만큼 국민 세금이 투입된 덕분에 회생했음에도 회사는 그 책임을 다하는 대신 잇속을 챙기는 데만 급급했다. 경영진은 화섬 원료가 상승했다는 이유 등을 들면서 화의 졸업 1년을 갓 넘긴 2004년 3월 25일부로 공장 가동을 일방적으로 중단하고 회사를 파산시키려고 했다. 4월 12일 전체 직원 330명에게 정리해고를 통보했다. 하지만 노조의 반발에 4일 만에 통보는 철

2002년 구미 화섬 3사 공동투쟁.

회했지만, 회사는 공장의 정상 가동은 불가능하고 회사를 팔겠
다는 입장을 굽히지 않았다.

　그로부터 565일간의 공장 사수 투쟁이 이어졌다. 경한인더
스트리가 인수자로 나섰고, 금강화섬노조는 공장 재가동 및 고
용과 노동조합, 단체협약 승계를 요구하며 투쟁을 벌여나갔다.
공장을 점거한 노동자들은 1년 7개월 동안 공장을 떠나지 않았
다. 하지만 노동자들의 투쟁은 2005년 12월 안타깝게 정리되고
만다. 투쟁을 시작할 때 280명이던 조합원 중 마지막까지 공장
에 남은 이는 41명이었다.

　한때 4000명 가까운 노동자들이 밤낮없이 기계를 돌리며
국내 섬유산업을 이끌던 대기업 코오롱도 2004년 구조조정의
칼날을 겨눈다. 코오롱은 당시 1400여 명의 일터였던 구미공장
에 대한 투자는 멈춘 채 구조조정을 하려 했다. 노동자들은 부지

의 절반이 비어버린 공장에서 떠나가는 동료들을 보면서 자신들도 언제 일자리를 잃을지도 모른다는 불안에 떨어야 했다.

코오롱이 구조조정을 택한 건 2003년의 적자 때문이었다. 2002년 472억의 당기순이익을 냈지만, 2003년에는 757억의 당기순손실이 발생했다. 회사는 이 실패를 경영진이 책임지는 대신 노동자에게 전가하는 손쉬운 방법을 택했다. 사측은 폴리에스테르 공장폐쇄와 함께 노조에 임금 삭감과 무급 순환휴무, 무급 순환휴직을 받아들이라고 요구했다. 하지만 2003년엔 파업 같은 노동쟁의가 없었다. 그런데 수백억 당기순이익을 내던 회사가 1년 만에 수백억 당기순손실을 입었다는 건 노동자의 책임이 아니었다. 회사가 해외와 유가증권, 채권 등에 투자해 입은 손실 탓이 컸다. 이에 경영부실의 책임을 떠넘기는 사측에 맞서 코오롱노조는 파업을 택할 수밖에 없었다.

"화학과 섬유가 통합은 했지만, 물리적 결합은 했어도 화학적 결합은 제대로 이루어지지 않은 상황이었어요. 약간 이질감 같은 게 있었는데 코오롱 투쟁에 결합해보니까 그걸 알겠더라고요. 구미로 내려가서 한 달 넘게 조합원들과 같이 먹고 자면서 투쟁을 하니까 얘기가 조금 먹혔습니다."

당시 화섬연맹 조직실장이던 최용숙은 코오롱노조 조합원들과 같이 지내면서 친밀감을 형성했고, 투쟁이 끝날 때까지 함께했다. 조합원 전체 교육을 통해 투쟁의 의미를 공유하고, 대의원들에겐 투쟁 과정에서 일어날 수 있는 경우의 수를 다 들려줬다. 회사의 탄압은 어떻게 진행되고, 정권은 어떻게 나올지 예상

되는 모습들을 가감 없이 전했다.

코오롱노조는 사측의 대응을 예측하면서도 파업을 결심한다. 2004년 6월 22일 사측의 구조조정에 맞서 고용보장을 요구하며 공장을 점거한 채 농성에 들어갔다. 파업이 길어지자 사측은 장철광 노조위원장 등 13명에 대해 해고와 정직 등 징계처분과 함께 업무방해 혐의로 고소까지 하고 다시 15명에 대해 추가 징계를 하겠다고 나섰다.[4] 8월 18일에는 구미공장을 직장폐쇄했다. 파업 64일째인 8월 25일 공권력 투입이 임박해오자 새벽 1시부터 대표자 면담을 한 노사는 잠정 합의안을 도출하기에 이르렀고, 노조 조합원들은 이날 오전 투표를 통해 잠정 합의안을 가결했다. 68%의 찬성률로 조합원들은 파업 정리를 택했다.

기존 해고자를 복직시키지는 못했지만 새로운 해고자 없이 조직을 살린 채 파업을 정리할 수 있었다. 합의안에 따르면 노사는 신규 도입한 5개 공정 중 3개 공정을 구미공장에 유치하고, 폐기라인에 있던 인원을 새 라인에 우선 배치하기로 했다. 이와 함께 파업 중 노사가 진행한 민형사상 고소·고발도 취하하기로 약속했다.

"사양산업이기도 했지만 섬유업종의 자본들이 기본적으로 노조를 인정하지 않으려고 했어요. 과거 한국노총에 있을 때는 자기들 손안에 노조가 있었는데 민주노총으로 전환하고부터는 미운털이 박힌 거죠. 교섭도 잘 안 되고 오로지 노조 깨기가 목

---

4   〈코오롱 구미공장 전격 폐쇄 노사 갈등 치유 불능 상태로〉,《국제섬유뉴스》, 2004.8.23.

표였는데, 화섬연맹이 붙어서 치열하게 싸웠습니다."(최용숙)

곧이어 한국합섬에서 분할·창립한 HK에서 구조조정이 벌어진다. 2005년 말 명예회장이 회삿돈을 임의로 꺼내 써 횡령과 배임 혐의로 법정 구속된 상황이었다. '경영진의 부정부패'로 사회 지탄을 받은 HK가 2006년이 되자마자 현행 4조 3교대를 3조 3교대로 전환하고, 400여 명에 이르는 인력 감축안을 발표했다. 경영진의 부실과 부패의 책임을 노동자에게 전가하는 사측에 맞서 한국합섬HK노조는 2006년 2월부터 정리해고 투쟁을 시작한다. 그리고 6개월간 끈질긴 투쟁을 벌여 정리해고 철회와 공장 정상화를 합의하고야 만다.

하지만 사측이 연료비를 구하지 못해 공장 가동을 못하면서 결국 2007년 5월 28일 한국합섬은 파산하기에 이른다. 노동자들은 이에 굴하지 않았다. 빈 공장을 지키면서 주 채권은행인 산업은행을 향해 회사를 공기업화하라고 요구하며 투쟁을 이어갔다. 2008년, 화섬노조 소속이던 한국합섬HK노조는 금속노조로 산별을 옮겼다. 구조조정이라는 커다란 투쟁에 맞서기 위해 더 큰 연대와 지원이 필요하다는 요청에 화섬노조가 동의해 이루어진 일이었다.

2010년 7월, 질긴 투쟁 끝에 스타플렉스가 인수해 스타케미칼이란 이름으로 재가동했지만, 스타플렉스는 공장 가동 2년도 안 돼 공장 부지와 설비, 기술을 팔아먹고 위장폐업까지 하기에 이른다. 이후 408일이란 당시 최장기 고공농성 기록을 세운끝에 파인텍으로부터 고용승계를 보장받는다. 하지만 스타플렉스가 해고 노동자 고용승계 등을 위해 만든 파인텍이라는 회사는 막상 가보니 기숙사에 가재도구 하나 없고, 수십 년 전 기계에, 직원도 하나 없는 급조된 가짜 공장이었다. 화섬업계 구조조정 아래 놓인 노동자들은 408일을 넘어 426일이라는 세계 최장기 고공농성까지 벌이게 된다.

　　화섬연맹은 단위 노조의 투쟁을 지원하는 한편 화학섬유산업 구조조정과 노동조합 대응 방향 관련 정책 연구, 노동부 간담회, 기자회견, 제조공동화저지화섬노동자결의대회 등을 추진하면서 화학섬유산업 구조조정과 그에 따른 화섬산업의 공동화 문제를 공론화하는 데 힘썼다. 2000년 2만 2100명이던 화섬업계 노동자 수가 2003년엔 1만 7700명으로 줄어 4400명이 일자리를 잃은 상태였다. 이처럼 축소 지향적인 급격한 구조조정으로 화섬산업의 기반마저 무너지고 있었다. 이로 인해 대구·경북 지역 경제에 미치는 악영향도 막대했다.

10년 동안 이어진 코오롱 정리해고 분쇄투쟁

코오롱의 구조조정 투쟁은 2004년 8월 25일 끝난 것이 아니었다. 그날부터 다시 시작이었다. 파업을 끝내는 걸 주저하던 코오롱노조 간부들에게 화섬연맹 간부들이 곧 다시 구조조정이 들어올 것 같으니 다음을 준비해야 한다고 설득했던 말대로 코오롱 자본은 합의서의 잉크가 마르기도 전인 4개월 만에 그룹사 전체 구조조정을 발표했다. 회사는 경영 악화를 이유로 댔지만 속셈은 다른 데 있었다. 당시 코오롱노조 교육부장이던 이상진이 그 속셈을 설명했다.

"우리 회사는 코오롱 그룹의 모기업이어서 돈을 제일 많이 벌잖아요. 그런데 회계가 다 연결돼 있어서 다른 계열사에서 난 적자를 우리가 메우다 보니 회계상으로는 2년 연속 적자가 났어요. 그보다는 회사에선 노동조합이 강성이니까 이참에 손을 보자는 계획이었던 것 같아요. 구미공장만 하면 눈치 보이니까 전사적으로 구조조정을 한다고 했어요. 이웅렬 회장이 직접 언론에 나서기도 했는데 사실 칼날은 구미공장을 향했던 거죠."

노조의 탓이 아님에도 섬유시장의 불황을 감안한 코오롱노조는 조합원 불신임을 각오하고서 사측과 '임금 15% 삭감'과 '강압 없는 명예퇴직'을 합의했다. 하지만 회사는 희망퇴직으로 포장한 '강제퇴직'을 자행했다. 부서별 할당량이 있었는지 부서장들이 개별 면담을 하면서 해고 압박을 가했다. 나중에 블랙리스트 문건에서 밝혀지듯이 '강성 노조원'으로 찍힌 조합원들은 집중 면담 대상이 됐다. 사람들은 '지금 나가면 명퇴금도 주고 비정규직 일자리도 주겠지만 버티면 1원도 없이 바로 정리해고'라는 협박에 강제퇴직을 받아들였고, 바로 하청업체에 출근했다. 하루아침에 비정규직 작업복을 입고 같은 공장에서 일하는 슬픈 장면이 펼쳐졌다. 거기에 만족하지 못한 사측은 먼저 퇴직을 한 노동자들에게 남은 이들을 설득하도록 했다.

"먼저 나간 사람들이 '회사 말 들으면 일자리도 알선해줘. 먼 데도 아니고 바로 공장 안 업체로 가니까 괜찮아'라고 하면서 현장 분위기를 이상하게 몰아가는 겁니다."(이상진)

그렇게 한 달 만에 600명이 희망퇴직에 서명했다. 코오롱 노조는 현장의 어수선한 분위기를 추스르려고 쟁의대책위원회(쟁대위)로 전환해 쟁의행위 찬반투표를 실시했지만 참여율은 극히 낮았다.

"투표소를 설치해놨는데 아무도 투표하러 안 와요. 투표하러 가는 건 다 찬성으로 간주하고 조반장이 아예 투표장에 못 가게 하는 거죠. 상집들이 설득하러 가면 일하다가 딴 데로 도망가고요."(이상진)

계속 위축되는 현장 분위기를 끌어올리고자 쟁대위는 지금껏 너무도 당연했던 행동을 쟁대위 1호 지침으로 내린다. '현장에서 투쟁 조끼 착용하기.' 이상진은 "참담한 일"이었다고 기억하지만 그마저도 조합원들은 용기를 내야 했다. 투쟁 조끼를 입고 일하고 있으면 부서장이 불러서 경고했기 때문이다.

"다 위축되고 나 같은 진짜 앞뒤, 물불 안 가리는 사람만 몇 명 남아서 매일 현장을 돌아다녀요. 근데 이것도 한계에 부딪히죠. 나중에는 대의원회의에 조합원들이 너무 피해를 보니 투쟁 조끼를 벗자는 안건이 발의됩니다. 이건 끝난 겁니다. 이제 깃발 내리자는 겁니다. 근데 생각보다 난리가 안 나요. 노동조합이 조합원들을 구해줄 수 있느냐고 오히려 반문하는 거죠. 대의원이랑 집행부들이 이러니까 위원장이 흔들린 거죠. 조끼를 벗는 지침을 다시 내리는 걸로 끝납니다."(이상진)

초강성으로 싸우던 코오롱노조가 "싸울 사람이 없을" 정도로 하루아침에 변해버렸다. 2차 희망퇴직에는 회사가 예상했던 것보다 더 많은 인원이 서명했다.

현장을 바꾸는 게 너무 재미있어서 노동조합에 빠져들었던 이상진의 즐겁고 행복한 세상이 그렇게 무너졌다. 회사는 2005년 2월 21일, 코오롱 노동자 78명을 정리해고했다. 해고자끼리 코오롱정리해고분쇄투쟁위원회(코오롱정투위)를 만들어 해고자 복직투쟁을 시작했다. "딱 6개월만 싸우고 안 되면 때려치우자"고 했던 투쟁이 해를 여러 번 넘겨 10년이 되어버렸다.

10년의 해고 기간 동안 딱 한 번 복직할 기회가 있었다. 정리해고 5개월 뒤인 2005년 7월, 노조위원장 보궐선거가 있었다. 현장이 완전히 얼어붙은 상황이었는데도 해고자 신분인 최일배가 50.39% 득표로 위원장에 당선됐다. "우리나라 노동운동

역사에서 정리해고자가 집행부에 당선된 경우는 처음"이라며 상급단체인 화섬연맹을 비롯해 민주노총에서도 "기적이 일어났다"며 난리가 났다. '이렇게도 세상이 바뀌는구나' 하며 다들 기쁨에 젖었는데 '삼일천하'였다.

"회사가 선관위를 매수했는지 선관위가 투표와 상관없는 종이가 있었다면서 50%를 갓 넘겼던 투표 결과를 과반이 안 된다고 선언해버렸어요. 그러고선 선관위 핵심인 선관위 간사는 한 달간 휴직을 한 뒤 외국으로 나가버려 찾을 수 없었죠. 노동부에 고소·고발을 해도 조사도 안 됐어요."(이상진)

그사이 회사는 용역들을 150여 명 고용해 해고자들이 회사 정문 안으로 들어가지 못하게 막았다. 거의 매일 현장에 들어가려는 해고자들과 이를 막는 용역들의 싸움이 벌어졌다. 공장 앞 큰 도로는 걸핏하면 싸움으로 뒤엉킨 용역들과 조합원들 때문에 막혔다. 앞으로 갈 수 없는 자동차들은 마구 경적을 울려댔다. 구급차도 하루가 멀다 하고 달려왔다. 부상자들이 계속 실려 갔다. 그렇게 매일 싸움을 이어가던 중 회사 비리에 대한 제보가 들어왔다.

"본사에서 협상을 했는데 회사에서 이걸 언론에 터트리지 않는 조건으로 79명 해고자 중 원하는 사람들은 다 복직을 시켜준다고 했어요. 대신 지은 지 얼마 안 되는 스판텍스 공장을 접고 싶다고 노동조합이 동의를 해달라고 해요. 노조의 동의가 필요했거든요. 집행부 당선된 건 인정도 안 해주면서 그건 또 동의해달라고 하더라고요. 공장을 접으면 거기서 일하는 노동자들

2006년 코오롱 본사 로비 농성투쟁 모습.

은 전환배치하고 또 명퇴도 좀 받아야 했거든요.”

해고자들 사이에서 논쟁이 벌어졌다. “우리도 살아야 되지 않느냐”며 회사 제안을 받아들이자는 사람도 있었지만 대다수는 “정리해고 때문에 해고된 우리가 어떻게 조합원들의 구조조정을 받아들일 수 있느냐”며 반대했다. 결국 제안을 거절하고 회사의 비리를 폭로하는 걸로 방향을 정했다. 언론에 대서특필될 정도로 반향이 컸다. 관련자들은 처벌됐지만 회사에 밉보여 해고자들의 처음이자 유일했던 복직 기회는 날아갔다.

그 뒤로 코오롱 불매운동, 천막농성과 단식투쟁, 철탑과 타워크레인 점거, 과천 코오롱 본사 앞 시위 등을 펼쳤지만 회사하고는 대화조차 이루어지지 않았다. 회장이라도 한 번 만나보자고 해고자 10여 명이 2006년 3월 이웅열 코오롱그룹 회장 자택에 들어갔다가 연행되기도 했다.

"우리는 회장이 우리의 억울한 사정을 모르고 있어서 문제가 해결 안 되는 거라는 순진한 생각을 했던 거예요. 그래서 그동안 일을 정리한 서류를 들고 갔었죠."

회장 집에 들어갔던 뒤로 사측과의 대화는 더 열리지 않았다. 그렇게 10년이 흘렀고, 마지막엔 해고자 78명 중 12명만 남았다. 대리운전을 하며 투쟁을 이어오던 동료가 목숨을 잃는 아픔까지 겪었다. 2014년 12월 27일 과천 코오롱 본사 앞에서 열린 코오롱 정리해고 투쟁 10년 문화제에서 코오롱정투위는 10년간 이어온 정리해고 투쟁의 종료를 선언한다. 복직은 하지 못했지만 코오롱 회장으로부터 직접 사과는 받았다. "10년입니다. 10년을 쉼 없이 싸웠습니다. 힘들다고 내색하지 않았지만 정말 힘들었습니다"로 시작하는 코오롱 정투위의 10년 투쟁 마무리 입장문에는 이런 간절한 바람이 담겨 있다.

"우리는 앞으로 다시는 우리와 같은 억울한 노동자가 나오지 않기를 바랍니다. 강산을 바꿔낸다는 10년 세월을 오로지 길에서 싸워야만 하는 노동자가 다시는 나오지 않기를 바랍니다."

—코오롱정투위 투쟁 마무리 입장문, 2014.12.17.

"불합리한 걸 바꾸는 게 즐거워 노조에 빠졌어요"

이상진, 전 코오롱정투위 위원장/전 민주노총 부위원장

부산이 고향인데 군대 갔다 오니 집에서 하도 눈치 줘서 부산을 떠야겠다는 생각에 시험을 친 거죠. 그렇게 1996년 코오롱에 입사했어요. 구미공단에서 우리가 제일 큰 대기업이고 인원도 5000명 정도로 제일 많았어요. 역사도 되게 오래됐고요. 화섬 사업장 중에서는 임금도 높은 편이었죠. 그만큼 일을 많이 했어요. 휴일이 없었어요. 거기에 연장근무까지 하는 날이면 그냥 기계나 똑같아요. 사람들을 굉장히 피곤하게 만들었죠.

저는 사측보다는 선배들에 대한 불만이 더 많았어요. 회사가 말 잘 듣는 사람은 편한 일만 주는 거예요. 우리는 쎄가 빠지게 일하는데 선배들은 일도 별로 안 하고 커피 자판기 앞에서 놀고만 있으니 좋게 안 보이죠. 제가 일한 곳이 제일 힘든 현장이었거든요. 엄청나게 빠르게 실 감는 기계가 수백 대 돌아가고, 바로 위에선 커다란 롤러들이 굴러가면서 고열을 내뿜는 곳이었죠. 자칫 잘못하면 회전체에 손가락이 잘리고, 건물 몇 층 높이에서 떨어지는 일이 다반사인 곳이었어요. 수많은 기계가 뿜어내는 뿌연 연기, 기름 타는 냄새, 그거 다 맡아가면서 일을 하는데 왜 이 사람들은 여기서만 일을 해야 되나, 의문이 들더라고요. 옆에 자동화부서도 있고, 위층은 일도 좀 편한데……

보니까 입바른 소리 하고, 정말 열심히 일하는 사람들은 다 한직에 있어요. 이해가 안 됐는데 점점 노조도 있고, 대의원도 있다는 걸 알게 됐어요. 대의원 하면 바꿀 수 있겠다 싶어서 출마했죠. 지연, 학연으로 얽힌 곳이라 협박도 받았는데, 더 화가 나서 내일 일을 그만두는 한이 있더라도 무조건 해야겠다는 생각이 들더라고요. 손바닥에 "샤워장 만들겠습니다" 같은 공약을 적어가지고 a, b, c조 다 쫓아다니면서 홍보했어요. 근데 이게 반향을 일으켜 사람들이 억눌려 있던 불만과 분노를 터뜨리면서 표를 다 줘서 제가 압도적인 1등을 한 거죠. 그때부터는 부서장하고 붙고 회사하고 싸우면서 현장에 불합리한 것들을 바꿔가기 시작했어요. 그전까진 사실 공장 별로 다니기 싫었거든요. 너무 힘들어서 다른 일 찾아보려고 하던 차에 대의원이 됐는데 너무 재미있는 거예요. 매일 뭘 바꿀까만 생각했죠.

가장 컸던 건 업무 로테이션을 한 거예요. 다들 가장 큰 불만인데 말 못하고 있던 역린이었죠. 공장이 1층부터 4층까지 있는데 1층이 가장 힘든 곳이고 위로 올라갈수록 일이 편해요. 그걸 바꾼다니까 조합원들은 열광하는 거죠. 기득권만 내 죽인다고 협박 했싸코. 그럴수록 내가 역시 잘하고 있구나 하고 희열을 느꼈죠. 결국 두 달에 한 번씩 1층에서 4층까지 로테이션을 돌기로 했어요. 처음 6개월은 어려움도 많았어요. 나중에 안착하고 나서는 저한테 협박 비스무리하게 했던 형님들이 "니 진짜 잘했다"고 하더라고요. 사람들이 얼마나 고생했는지 아니까 동료의식을 느끼기 시작한 거죠.

그 후로 공장 전체에 소문이 확 나서 제가 억수로 인기가 많았어요. 허허. 업무 로테이션은 공장에 유행처럼 번져서 하나의 시스템으로 도입하는 계기가 됐죠. 바뀌는 거 보면 보람도 있고, 동료들한테 칭

찬도 많이 받았어요. 너무 재미있어서 그때부터 노동조합에 깊숙이

빠진 거죠.

5장

지역과 비정규직을 위한 공동투쟁

2004년 여수공투본

기업의 사회적 책임을 묻다
2004년 여수공투본

전라남도 여수시 삼일동 일대엔 거대한 종합석유화학공업기지가 있다. 여천국가산업단지로 불리다가 행정구역 개편으로 2001년 10월 여수국가산업단지(여수산단)로 이름이 바뀐 공단이다.[1] 단일 규모로는 세계 1위인 석유화학단지이자 산업단지로도 동양 최대 크기이고, 국내에서도 울산산업단지와 함께 가장 크다. 2024년 현재 294개 업체가 입주해 있고, 2022년 기준 2만 4000여 명의 노동자들이 일하고 있다. 이곳에서 국내 정유와 석유화학, 비료 산업의 상당 부분이 생산된다.

산업단지이기 때문에 겪는 어려움들이 있다. 공장들에서 배출하는 유해물질에 무방비로 노출되면서 노동자는 산업재해 위험이 크고, 주민들도 질병 발생률이 높다. 게다가 한번 대규모 폭발 사고가 나면 노동자, 주민 모두 큰 피해를 입는다. 기업의 사회적 책임이 어느 지역보다 크게 요구되는 곳이다.

화섬식품노조는 벌써 20년 전부터 이 문제에 천착했다. 2004년 임단협을 앞두고 여수산단에 있는 화섬연맹 소속 석유

---

1   여수시청 홈페이지, 2024년 9월 15일 접속.

2004년 여수공투본 공동요구 기자회견.

2004년 여수공투본 총파업 출정식.

2004년 여수공투본 전진대회.

화학 사업장 노조들을 묶어서 공동교섭 공동투쟁을 진행하기로 했다. 지역사회발전기금 조성, 비정규직 차별 철폐와 정규직화, 주 5일제 실시를 통한 일자리 창출을 세 가지 공동요구안으로 정했다.

이를 실천할 주체로 '화학섬유연맹 광주전남지부(준) 산하 여수공투본'(여수공투본)을 꾸렸다. LG정유(2005년 GS칼텍스로 사명 변경), 한국바스프, LG화학여수나주, 한화석유, 호남석유, 호성케멕스, 여천NCC, LG석유, KRCC, 삼남석유, 대림플라스틱, 대성산소, 송원물류, 화인케미칼, 대림석유, 금호피앤비, 위스컴, 폴리미래 등 18개 사업장의 노조를 묶었다. 여수공투본을 꾸린 뒤로는 대표자회의, 상집공동수련회, 교섭위원공동수련회를 계속 이어가면서 공동교섭과 공동투쟁의 태세를 갖췄다.

지역사회발전기금 조성은 결코 생색내기용으로 넣은 요구안이 아니었다. "여수산단 주변 주민 암에 걸릴 확률 전국평균보다 27.5% 높다"(한국과학기술연구원, 1996년), "여수산단 주변 주민 1만 명당 23명이 암에 걸릴 위험 있다"(환경부, 2001년), "타 지역보다 암 사망률 12% 높고, 어린이 기관지 과민성 13.7% 더 높다"(전남지역환경기술개발센터, 2003년) 등등 각 기관의 발표에서도 알 수 있듯이 여수산단의 환경이 주변 주민들에게 미치는 악영향은 분명했다. 지역 환경과 주민들을 위해 기업은 당연히 사회적 책무를 다해야 했다.

화섬연맹의 요구처럼 기업들의 매출액 대비 0.01%를 지역발전기금으로 적립한다면 2003년 결산 기준으로 화섬연맹 소속 석유화학 사업장 18개를 합치면 대략 24억 원에 이르는 액수였다. 여수는 각종 질병과 폭발화재가 일어나지만 산재 전문병원도 없는 지역이었다. 산재 노동자들의 치료 지원을 비롯해 직업훈련기금 활용, 독거노인, 소년소녀가장 등 지역 내 빈민층을 위한 지원과 지역사회 발전을 위한 다양한 사업이 가능했다.

특히 실현 가능성이 충분했다. 화섬연맹은 2002년경부터 단체협약에 '사회적 책무' 조항 신설을 요구해왔고, '지역발전기금'을 합의한 노조도 몇몇 있었다. 이미 LG정유 노사는 2002년 3년에 걸쳐 지역사회발전기금 10억 원을 조성하기로 합의해 2004년 당시 마련된 상태였다.

또한 '비정규직의 차별 철폐와 정규직화'도 여수산단의 특수성을 반영한 요구였다. 여수공투본이 활동하던 2004년 6월 18일에도 LG화학 여수공장 사내하청 비정규직 노동자가 작업 도중 사망하는 사고가 일어났다. 이처럼 비정규직은 임금과 처우에서의 차별은 물론 위험한 작업환경에도 정규직보다 훨씬 더 많이 노출돼 있었다. 그런 비정규직의 비율이 여수산단 전체 노동자 중 40%에 달했고, 임금은 정규직의 절반 수준이었다. 이들을 정규직과 차별하지 않고 정규직화하는 건 또 다른 의미에서 기업이 사회적 책임을 다하는 일이었다.

여수공투본은 이를 실현할 방법도 제시했다. 2004년 7월부터 공기업 등과 1000인 이상 사업장에서 시행을 앞두고 있는 주 5일제가 해결의 열쇠였다. 주 5일제를 임금 삭감과 엮으려는 자본과 달리 여수공투본은 '노동조건 저하 없는 주 5일제 실시'와 함께 '5조 3교대제를 통한 고용 창출'을 꺼내들었다. 노동자의 건강권을 지키기 위해서는 유해물질에 노출되는 시간을 절대적으로 줄여야 했고, 이는 노동시간을 줄이는 길이었다. 교대제 전환에 따라 늘어난 일자리에 비정규직을 정규직으로 채용한다면 더없이 좋은 시나리오가 될 터였다.

공동요구안을 탄탄히 갖춘 여수공투본은 5월 10일 여수시청 앞에서 여수공투본 출범 기자회견을 하는 것으로 본격적인 공동투쟁을 시작했다. 곧바로 사업장별 교섭과 공동교섭을 함께하면서 기업들을 압박했다. 하지만 지역사회발전기금 조성 등이 교섭 대상이 아니라며 교섭에 제대로 응하지 않은 기업들이 많자 투쟁의 수위를 높였다.

6월 21일 공단 입구에서 각 노조 대표자들이 철야농성에 돌입하고, 6월 28일부터는 공투본을 쟁의대책위원회로 전환했다. 6월 28일 LG화학여수나주, LG정유, 한국바스프 등 14개 노조가 공동 조정 신청에 들어갔다. 7월 12일부터는 파업을 결의한 6개 노조를 중심으로 간부파업에 돌입하고 여수산단 공단을 행진하는 투쟁을 벌인다. 이런 투쟁의 힘을 모아 드디어 7월 14일엔 여수시청 앞에서 총파업 전야제 및 출정식을 진행했다. 그 자리엔 여수공투본 조합원과 가족들, 여수건설노조 등 5000여 명이 참가해 여수산단이 생긴 이래 가장 많은 노동자와 가족이 결집한 집회가 되었다.

여수공투본이 이렇게 힘을 모으는 동안 여수산단 기업들과 보수언론은 '귀족 노동자가 또 자기 임금 올리는 투쟁을 하고 있다'며 왜곡과 편파보도를 일삼았다. 부정적인 여론 형성과 투쟁 대오에 균열을 내려는 자본의 노력에도 투쟁을 이어간 여수공투본은 크진 않지만 부분적인 성과를 이룰 수 있었다.

지역사회발전기금은 '노력한다' 수준에 그쳤으나 비정규직 문제의 경우 가시적인 성과도 있었다. '도급비 인상 전액을 비정규직 노동자의 실질임금 인상에 적용'하여 상당 부분 임금 인상 효과를 가져왔고, 복리후생 등에도 정규직과의 각종 차별을 철폐했다. 이외에도 충분치는 않지만 수십 명에 이르는 비정규직 노동자들을 정규직으로 전환하기도 했다. 무엇보다도 최초의 지역 연대파업을 통해 투쟁 경험을 확보하고 지역의 사업장 간 결속력을 강화했다. 결과가 아쉽긴 했지만 기업의 사회적 책무를 제기했던 여수공투본의 투쟁은 충분히 의미 있는 시도였다.

'귀족 노조'가 비정규직 위해 투쟁에 나서다

2004년 LG정유노조 파업

2004년 5월 10일 여수공투본 출범을 세상에 알릴 때만 해도 여수산단 18개 노동조합은 똘똘 뭉쳐 있었다. 하지만 공동교섭과 개별교섭이 진행되면서 여러 노조에서 임단협이 속속 타결되었다. 결국 파업에 들어간 건 LG정유, 한국바스프, 삼남석유, 금호피앤비노조뿐이었다. 당시 화섬연맹 광주전남지역본부 본부장이던 임영기는 그때의 아쉬움을 이렇게 토로했다.

"공동투쟁 논의하면서 '최소한 거대 사업장 다섯 군데가 동시에 파업에 들어가야 나머지가 보호받는다, 같이 들어갈 거면 들어가고, 하나라도 안 들어가면 들어가지 말자'고 했어요. 그런데 LG정유만 액셀레이터를 밟고 나머지는 싹 브레이크를 밟아버린 거예요. 그런 상황에서 7월 14일에 5000 집회를 잡아놨어요. 다른 노조들에게 '절대 오늘은 합의하면 안 된다, 합의만 하지 말고 최소한 집회는 나와라'라고 신신당부를 했는데 LG화학이 그날 그냥 합의를 해버린 겁니다. LG정유는 이미 파업에 들어갔는데……"

여수산단에서 두 번째로 큰 노동조합인 LG정유노조는 자본의 집중 공격 대상이 될 게 뻔했다. 게다가 LG정유는 쟁의 중

직권중재안이 나오면 무조건 따라야 하는 필수 공익사업장이기도 했다. 7월 14일 간부파업에 들어간 LG정유노조 집행부에게 화섬연맹 간부들은 전면파업까지는 가지 말자고 말렸다. 하지만 7월 13일 쟁의조정 종료 후 5일간 직권중재회부 유예결정을 정유사 최초로 받은 LG정유노조로서는 이 기회를 놓칠 수 없었다.

'직권중재사업장'이라는 멍에 앞에 매년 파업 전 단계에서 임단투를 마무리해야 했던 LG정유노조였다. 회사는 이를 이용해서 줄곧 현장을 쥐고 흔들며 노조 조직력을 제압해왔었다. 단 5일이라도 합법 파업을 하며 사측에 노조의 존재감을 내보일 수 있는 절호의 기회를 포기할 수는 없었다. 게다가 여수공투본 공동요구안을 두고 2004년 임단투를 해오는 과정에서 보여준 사측의 불성실한 모습에도 크게 실망한 상황이었다. 노조는 여수공투본의 공동요구안의 관철을 위해 투쟁에 나서기로 결정한다.

최종교섭이 결렬된 7월 18일, LG정유노조는 전면파업에 돌입했다. 파업에 들어가면서도 노조는 작업 중지 시 안전상의 위험이 예상되는 핵심 부서에 대해서는 최소 인원이 계속 작업하게 했다. 그런데 사측의 반격이 매서웠다. 미리 준비하고 있었다는 듯 7월 18일 당일 바로 공권력 행사를 요청한 사측은 다음 날 직권중재위에 회부하더니 노조가 안전 조치를 시행 중인 부서를 포함해 전체 공장 가동을 전면 중지해버렸다. 이때 중증유분해시설(RFCC)의 주 전원을 차단해서 LG정유 여수공장 위 하늘이 시커먼 매연으로 뒤덮여 한동안 숨을 쉬지 못할 정도로 엄청난 대기오염을 유발하기도 했다. 막대한 생산 피해를 감수할 정도로 사측은 거침이 없었다.

경찰은 곧바로 7월 20일 새벽에 병력을 투입하겠다고 통보해왔다. 임영기를 비롯한 여수공투본에 결합해 있던 많은 활동가들이 "현장을 지켜야 한다"고 조언했지만 LG정유노조는 산개를 결정한다. 2년 전 발전노조가 산개 투쟁으로 37일간 파업을 이어갔던 경험을 따랐던 것이다. 7월 20일 5시 30분, LG정유노조 조합원들은 여수공장을 빠져나와 전국으로 흩어졌다. 그로부터 1시간 뒤인 6시 30분, 경찰 병력이 여수공장에 진입했지만 파업 대오는 그곳에 없었다.

7월 21일 노조 지도부는 서울에서 거점농성에 돌입하고, 여수공장 앞에서는 경찰의 공권력 투입을 규탄하는 집회가 열렸다. 전국에서 모인 4000여 명의 참가자들은 LG정유노조의 투쟁을 지지하는 발언을 이어갔다. 7월 23일 직권중재가 결정되고, 회사는 7월 24일 공장 정상 가동을 선언하며 파업 참가자들에게 1차 공장 복귀 명령을 내린다. 8월 6일까지 복귀하지 않을 시 대량 해고와 신규 인원을 채용하겠다는 계획도 함께 발표했다.

그런 가운데 산개 투쟁을 하던 조합원들이 강원도에서 독버섯을 잘못 먹어서 한 명이 큰 수술을 해야 할 상황이 발생했다. 파업 지도부는 술렁이는 파업 대오를 7월 29일 광주 조선대로 집결시켰다. 기다렸다는 듯이 회사는 파업 참가자 가족들에게 연락해 해고 대상자임을 알렸다. 조선대로 가족들이 몰려와 복귀를 종용하는 가운데 이라크 과격 테러단체에 희생당한 고 김선일씨 동영상을 패러디한 '참수 퍼포먼스'가 알려지면서 노조는 걷잡을 수 없는 비난에 휩싸였다.

"조선대에서 저랑 노조 간부들 몇 명이 같이 얘기했어요. '인자는 접어야 된다. 그리고 회사로 들어가자. 회사가 준비를 안 하고 있을 때 싹 들어가버려야 회사가 손을 못 댄다'라고요. 여기 있는 조합원 수만큼 관광버스를 불러서 지금 들어가불자고 했더니 분명 그런다고 했어요. 그런데 다음 날 서울로 가야된다고 가더라고요."(임영기)

8월 4일 밤 조선대를 나온 파업 대오는 8월 5일 서울 단국대로 들어가 농성을 이어가려고 했다. 하지만 나빠진 여론과 복귀자들이 늘면서 LG정유노조는 사측이 복귀 시한으로 못 박았던 8월 6일 조건 없이 복귀하겠다고 발표하고야 만다. 다음 날 복귀한 조합원들을 기다리고 있던 건 해고 23명 포함 647명의 징계, 구속 6명, 31억 원의 손해배상·가압류, 엄청난 인권침해를 동반한 노조 탄압 프로그램이었다.

개별적으로 면담에 불려간 조합원들은 '회사 시설 불법점거, 파업 참가에 반성하고 이후 회사의 지시 및 인사명령에 복종한다'는 서약서에 서명해야만 했다. 이건 가소로운 수준이었다. 호출당해 면담을 가면 몇 시간씩 대기만 하다가 돌려보내지기도 하고, 오후에 면담을 시작해 새벽까지 이어진 경우도 있었다. 팀장이 '다시'를 외치며 퇴짜 놓는 반성문과 경위서를 팀장의 마음에 들 때까지 30~50장씩 다시 쓴 조합원도 있는가 하면, 팀장 앞에서 가위로 노조 조끼를 잘라야만 했던 조합원들도 있었다.

이런 LG정유의 인권유린을 두고만 볼 수 없던 여수 지역과 전국의 101개 시민사회단체, 종교계·문화예술계가 LG정유 인권 탄압 범시민대책위원회(LG범대위)를 출범해 조합원에 대한 인권 탄압 중지를 요구하는 한편 전국적으로 LG정유(GS칼텍스) 불매운동을 벌이기도 했다.

노조 설립 37년 만에 첫 파업을 했던 LG정유 노동자들의 투쟁은 큰 상처를 남기고 끝이 났지만, 지역과 비정규직 문제를 '내 문제'로 받아들였던 고임금 노동자의 투쟁이라서 값진 것이었다.[2]

---

2 〈고임금 노동자의 투쟁이라서 값진 것이다〉,《노동건강연대》, 2004년 가을호.

6장

작지만
강한 노조들

2000~2003년 투쟁

똘똘 뭉친 투쟁에 회사가 백기 들다

한국안전유리노조(현 한국세큐리트지회)

현대, 대우, 기아 등 국내에서 생산하는 자동차의 창 유리 절반 이상은 인천에 있는 한국안전유리에서 만들어졌다. 날로 성장하는 자동차산업에 발맞춰 한국안전유리도 안정된 성장을 이어갔다. 노사관계도 평온하기만 했다. 인천공장에 있던 한국노총 소속 노동조합은 유니언 숍이었지만 조합비를 떼는 것 외에는 별다른 활동을 하지 않았다. 평온을 가장한 노사협조주의를 깨뜨릴 움직임이 익산에서 시작됐다.

인천공장만으로 생산량을 맞추기 힘들어지자 한국안전유리는 대우자동차 군산공장 건설에 맞춰 1994년 익산공장을 건설했다. 새 공장에 많은 젊은 직원들이 입사하면서 익산공장 안에서 민주노조를 조직하려는 움직임이 일어났다. 2년 가까운 준비를 거쳐 1997년 4월 한국안전유리노동조합 익산지부가 들어서고, 신환섭이 초대 지부장을 맡았다. 한국안전유리노조 익산지부는 민주노총 전북본부에 참관노조로 들어가면서 '민주노조'라는 지향을 분명히 했다. 그리고 바로 IMF를 맞으면서 민주노조가 무엇인지를 보여야 하는 숙제를 부여받았다.

"IMF여도 자동차는 팔리니까 1997년에도 우리 회사는 잘

2000년 한국안전유리노조 구조조정 분쇄 파업투쟁.

나갔습니다. 그런데 사회적인 분위기를 타고 회사에서 정리해
고팀을 만들었어요. 혁신팀이라고 맨 풀이나 뽑고 청소나 시키
다가 나중에는 자르려는 팀이죠. 사실 익산공장 같은 경우는
1994년에 이제 막 군대 갔다 온 사람들을 뽑은 거라 혁신팀에
갈 사람들이 없었어요. 죄 인천공장 조합원들이지. 그래도 나중
엔 익산이 당한다, 그러니 싸워야 한다고 조합원들을 설득했습
니다.”

'인천 다음은 익산 차례'라는 신환섭의 설득이 먹혀들어 익
산공장은 98% 이상이 파업에 찬성했는데, 오히려 인천공장 찬
성률이 30%를 조금 넘는 수준이었다. 두 곳을 합하니 다행히
50%를 갓 넘겨 파업에 들어갈 수 있었다. 그마저도 인천공장 위
원장과 집행부는 파업 중 사퇴해버리고 말지만 익산지부가 투
쟁을 이끌어 결국 승리한다.

1998년 7월, 회사가 프랑스 자본에 넘어가면서 회사 이름이 한국세큐리트로 바뀌었다. (노조도 한국세큐리트노동조합이 됐다.) 회사는 이를 핑계로 경영이 어렵다며 1999년 1월, 매년 1월 1일이면 오르던 호봉을 지급하지 않으려고 했다. 익산지부가 중심이 돼 인천, 부산, 군산 등 각 지역에 있는 공장들을 모아 한국안전유리계열사협의회를 만들어 연대투쟁을 조직했다. 한국노총 소속으로 투쟁도 한 번 해보지 않았던 사람들이 서울로 상경해 명동 본사 앞에서 집회도 하고 계열사 사장단과 간담회도 하면서 그룹 안에 투쟁의 기풍을 만들어갔다.

사측 입장에선 익산지부가 눈엣가시 같을 수밖에 없는 상황, 빌미를 잡아서 1999년 11월 지부장 신환섭과 부지부장 양인석을 해고한다. 그러고선 중앙노동위 판결이 날 때까지 해고자도 조합 사무실 출입이 가능한데도 사측은 이들의 출입을 막아섰다.

"출근을 하는데 본사고 어디 할 것 없이 관리직들이 다 내려와서 정문을 막고 있는 겁니다. 이때만 해도 전화 한 통화만 돌리면 금속이고 농민회고 다 달려올 때니까 지역에서 달려왔죠. 조직력이 좋았으니까 간부들 시켜서 안에서 일하고 있던 조합원들 다 빼라고 하고요. 앞에서는 연대 온 사람들이 밀고 뒤에서는 조합원들이 미니까 회사 관리자들이 가운데에 끼어서 역공을 당한 거죠. 치고받고 난리 나서 그날 조합원들이 다 퇴근해버렸어요."(신환섭)

이후 교대조까지 조퇴가 이어지면서 자연스럽게 라인이 서고 파업이 돼버렸다. 노조를 손볼 기회라고 생각한 회사는 익산 지역 여관을 몇 채 통째로 빌려 관리직들을 묵게 하면서 현장에 내보냈다. 그러면서 회사는 불법파업이라며 조합원들을 징계하기 시작했다. 핵심 간부 5명의 해고를 비롯해서 전체 조합원 200여 명 중 150명 이상이 정직 등의 징계를 받았다. 현장에는 용역경비들도 배치했다. 매일 현장 진입 투쟁으로 용역들과 부딪치면서 2년 가까이 싸웠다. 이 과정에서 조합원 모두 손해배상 청구를 당하기도 했지만 모두 함께 버티면서 사측의 분열 책동을 이겨냈다. 결국 회사가 백기를 들었다. 2003년경 그동안의 징계를 모두 무효화하고 파업 기간 중 임금도 일부 지급하는 것으로 합의하면서 투쟁이 마무리된다.

"마지막에 공장을 완전히 세워버리고 나니까 회사도 더 이상 할 방법이 없다고 생각한 거죠. 2년을 싸웠는데도 무너지지 않고 더 독하게 나오니까 나중에는 모두 합의를 한 겁니다."

신환섭을 비롯한 익산지부 조합원들은 확신이 있었다. 노조가 이길 거라는 확신. 익산공장은 신규 설비가 깔린 10년도 안 된 공장이어서 함부로 폐쇄하지 못한다는 판단도 있었지만, 안 되면 다 함께 회사를 떠난다는, 마지막의 마지막까지 생각하며 싸우는 그들을 회사가 꺾을 수는 없을 거라는 확신 말이다. 그 확신으로 2년 가까이 월급을 받지 못하는 생활고를 이겨낼 수 있었고, 함께 승리할 수 있었다.

"노조를 하려면 배움, 공부가 중요해요"

신환섭, 전 한국세큐리트노조 익산지부장/현 화섬식품노조 위원장

원래는 음료 영업을 했어요. 사회 이슈에 관심이 전혀 없어서 음료수 팔러 대학 캠퍼스에 갈 때마다 데모하는 대학생들 보고 엄청 욕하고 그랬죠. 그러다가 익산공장 와서 한 선배를 만난 뒤로 운명이 바뀐 겁니다. 그땐 관리자들이 툭하면 "얌마, 다니기 싫으면 관둬"라고 했어요. 아니, 뭘 하려고 회사에 들어왔는데 만날 뭘 하지 말라고 하나. 이건 아니다 싶더라고.

2년쯤 준비해서 노동조합을 만들고선 집에를 안 가고 조합원 가정방문을 했어요. 조합원들이 어떻게 생활하는지 알아야 유대관계를 쌓을 수 있다고 판단한 거죠. 그때 신혼인 조합원들이 많았는데 지부장 왔다고 아내분들도 같이 술 한잔하면서 노동조합에 대한 이해를 높였죠. 그게 힘이 돼서 나중에 싸울 때 가족대책위 만들어서 우리 여성 동지들이 엄청나게 잘 싸웠죠.

처음엔 노동조합은 다른 건 다 필요 없고 중요한 건 의리라고 생각했어요. 그래서 그렇게 투쟁해도 오래 간 거고…… 우리는 막 숨어서 학습하고 긴장감 속에서 노동조합을 만들고 그랬잖아요. 언제든 노조를 만들 수 있는 지금하고 정서적으로 많이 다르지. 그런데 노동조합이라는 게 만들기는 쉬워도 지켜내는 게 쉽지 않잖아요. 준비되지 않은 대표들이 이해타산만 따지면 노동조합으로서 오래 못 갑니다. 그래서 지금 노조를 시작하는 사람들은 배움, 공부가 중요하다고 말하고 싶어요. 이러면 꼰대가 되려나.

'부당노동행위의 천국'에서 벌인 투쟁

고하켐노조

"멀쩡한 회사였는데 노동조합 깨려고 모든 돈을 쏟아부어서 결국은
부도나버렸잖아요."
— 장종수, 전 고하켐노조 위원장

노조 혐오가 한 기업의 운명까지 바꿔놓을 수 있음을 보여
준 사례가 전북 익산 2공단에 있던 삼광고하켐이다. 타이어 원
자재와 세제 원료인 계면활성제, 윤활유, 고무 등 화학제품을 생
산하던 고하켐은 1999년부터 연평균 270억 원에서 300억 원의
매출을 올리던 중소기업이었다.[1]

건실하던 중소기업이 노사관까지 건전한 건 아니었다.
2001년 3월 고하켐노동조합이 들어서자 사측은 노조와 협상하
는 대신 노조를 파괴하는 데만 혈안이 되었다. 말 그대로 '부당
노동행위의 천국'이 펼쳐졌다.[2] 노조가 설립되자마자 사측은 비
조합원들에게만 상여금을 지급하고, 연차 사용·투쟁가 제창 등
갖은 이유를 붙여 조합원 10명을 해고했다. 전주지방노동위원

---

1   〈고하켐 노조 파괴 문서 폭로돼〉, 《평화와인권》, 2003.2.22.
2   김학태, 〈부당노동행위 천국 '고하켐'〉, 《매일노동뉴스》, 2002.7.15.

2003년 고하켐 부당노동행위 규탄 결의대회.

회로부터 부당노동행위 판정을 받고 전원 복직시켜야 했던 사측은 이번엔 수십억에 달하는 공장을 5000만 원에 임대하면서 4개의 법인으로 분사해 조합원 전원을 정리해고했다. 이 과정에서 분사된 회사들에 고하켐의 주요 임원진이 위장으로 사업자를 등록한 사실이 드러나 회사 대표가 부당노동행위로 구속되기까지 했다. 그 뒤 간신히 협상의 장이 열려 10월에 단체협약을 체결하고 해고자들도 전원 복직됐다.

하지만 회사는 변하지 않았다. 바로 11월에 분사된 회사를 통합하면서 조합원들이 많은 부서만 폐지해 다시 조합원 8명이 정리해고되었다. 이 역시 지노위로부터 부당해고·부당노동행위 판정을 받았다. 그런데도 회사는 2002년에도 신입사원이 노조에 가입하면 바로 해고하고, 노조 간부에게 별다른 사유도 없이 손해배상 청구와 가압류를 거는 등 노조 탄압을 이어갔다. 또

2002년 7월 노동부가 특별근로감독을 시행해 23건의 위반 사항을 적발했음에도 회사는 시정 조치도 없이 버티기만 했다.

회사가 분사를 비롯해 갖은 방법을 동원해 노조 탄압을 했던 이유가 밝혀졌다. 2003년 2월, 고하켐노조가 입수한 노무관리계획서(안)에 그 답이 있었다. 2002년 8월 작성된 것으로 보이는 이 문서는 "중장기적으로는 회사 발전에 사사건건 걸림돌이 될 수 있는 '노동조합을 무력화 내지 해산'하는 데 그 목적이 있음"이라고 작성 목적을 밝히고 있다.[3] 또한 이 목적을 달성하기 위한 방법까지 구체적으로 나열하고 있었다. ▲ 강성 조합원을 특별 분리하여 문제점을 축적하고 합법적인 징계로 한 사람씩 해고 ▲ 노동쟁의에 대한 정면 돌파로 기물 파괴 및 폭력 행위를 유도, 파멸시킴 ▲ 조합원이 집중된 부서 아웃소싱, 도급 대처 등등. 이와 함께 직원들에 대한 인물 동향을 분석하고 특별관리 대상을 분류한 내용도 포함되어 있었다.

더 심각한 건 노무관리계획서(안)에 '회사와 직접적 관계가 있는 노동부, 시청, 경찰서, 환경부 등을 정기적 활동을 통해 협조체제로 확립할 것'이라는 문구가 있었는데 시청, 소방서, 노동부 등에 뇌물을 제공한 기안서까지 발견됐다는 사실이었다. 그런데도 사측은 '노조가 회사를 음해하고 전복시키려는 음모이니 동요하지 말라'는 내용의 가정통신문을 대표이사 명의로 전 직원에게 발송하면서 오히려 노동조합 사무실을 폐쇄하겠다는

---

3   양대웅, 〈고하켐 노조, "사측, 관계기관에 뇌물 상납"〉, 《오마이뉴스》, 2003.2.17.

적반하장의 태도를 취했다.[4]

꽉 막힌 노사관계를 뚫어내고 2003년 임단협을 체결하기 위해 노조는 회사 정문 앞에서 4월 7일부터 천막농성에 돌입했다. 농성을 이어가던 4월 30일 새벽, 농성 천막 앞에서 '차량 테러'가 발생했다. 사측의 관리부장 등 직원 3명이 노조가 설치한 현수막을 철거하고 있다가 이를 발견한 조합 간부를 차로 들이받고 도망간 것이다. 다시 돌아와 농성 천막을 묶어놓은 끈을 끊던 이들은 소란스런 소리에 천막에서 나온 전 고하켐노조 위원장 장종수에게 그 모습을 들키자 다시 그를 차로 들이받으려고 했다. 무서워서 피하던 장종수는 얼떨결에 차량 보닛에 올라탔고 이들은 그를 매단 채 차를 좌우로 흔들면서 2킬로미터가량 끌고 가다가 떨어뜨리고 도주했다.

이에 조합원들은 민주노총 익산시지부, 화섬연맹 전북본부와 함께 고하켐 사무실을 점거하고 항의농성에 들어갔다. 결국 사측이 5월 7일 사장의 공개 사과와 재발 방지 약속, 사건 관계자 3명에 대한 사직 처리 등에 합의하면서 이 사건은 일단락됐다.

하지만 고하켐은 노조 파괴 컨설팅, 용역경비 배치 등에 많은 비용을 허비하고 경영보다는 노조 파괴 작업에 매진하면서 결국 부도가 났고 폐업에 이르고야 만다. 20여 년 이어온 기업이 무너지는 건 한순간이었다. 기업의 운명보다 더 안타까운 건

---

4   남춘호 외, 《민주노총 전북본부 20년사》, 흐름출판사, 470쪽.

그로써 생계의 터전을 잃어야 했던 노동자들의 운명이었다.

차량 테러까지 자행했던 사측에 맞서

장종수, 전 고하켐노조 위원장/현 화섬식품노조 전북지부장

처음엔 노동조합도 없었어요. 노조를 만든 계기가 한 여직원 때문이었습니다. 스물한 살인가 경리를 보던 여직원이 현장에 와서 울면서 유인물을 뿌리고 다녔어요. 상무가 밤마다 전화해서 성희롱하는 내용이 쭉 적혀 있는 거예요. 사무실 직원들은 아무도 도와주지 않으니 현장분들이 좀 도와달라고요. 괜히 나서면 나선 사람만 다칠 것 같아서 노동조합을 만들어서 공동으로 대응하면 괜찮겠다는 생각으로 노동조합을 만들었습니다.

그 건으로 싸우고 있는데 그 여직원의 아버지가 회사와 합의해서 여직원이 사표를 내고 떠나버린 겁니다. 붕 떠버린 상황인데 그만둘 수도 없던 게 그 과정에서 조합원들이 다 해고가 됐어요. 조합원이 31명이었는데 저는 연차를 썼다고 해고되고 누구는 투쟁가를 불렀다고 해고됐죠. 같이 투쟁가를 불렀는데 해고가 안 된 사람도 있어서 왜 그러냐고 물었더니 목소리가 큰 놈만 해고를 시켰답니다. 지노위에서 이기고 사장이 구속까지 돼서 10개월여 만에 다 복직이 됐죠.

차량 테러 때는 지회장 임기 마치고 평조합원이었어요. 연대 온 지역 동지들이 천막으로 나오라고 해서 밤에 나갔는데 천막을 걷던

경리부장인가가 차를 몰고 와서 돌진을 해요. 가만히 서 있으면 차에 부딪힐 것 같아서 본네트를 잡게 된 건데 그 상태로 매달고 가다가 옹벽에 차를 팍 때리면서 제가 떨어져버린 거죠.

영화 같은 데 보면 차에 매달려서 막 액션하고 그러잖아요. 그건 매달려보지 않은 새끼들이 쓴 거야. 그럴 여유가 없어요. 속도에 대한 느낌도 없어. 그때 차 몰았던 놈들은 차를 천천히 몰았다고 하는데 나는 죽을 것만 같았어요. 근데 거기서 어떻게 액션을 해요?

정신없이 매달렸던 거라 차에 대한 트라우마는 없는데 사람 눈 마주치는 걸 잘 못해요. 왜냐하면 매달렸을 때 운전하던 놈이 웃으면서 자꾸 내 눈을 쳐다보고 있었거든요. 그래서 그 뒤로 사람들이 눈동자를 좀 오래 쳐다보고 그러면 기가 죽어서 눈을 자꾸 피하게 돼요.

스위스까지 가서 들은 승전보

한국네슬레의 원정투쟁

"우리 한국네슬레 조합원들은 스위스 국민들이 네슬레에 대해 좋은 이미지를 가지고 있는 것처럼, 지난 1979년부터 네슬레에 다니는 것을 긍지와 자부심을 갖고 다녔습니다. 그리고 한국에서는 스위스가 박애와 평화를 사랑하고, 남을 존중할 줄 아는 아름다운 나라로 알려져 있습니다. 우리는 이것이 모두 사실이라는 것을 확인하고 돌아가고 싶습니다."

―네슬레노조 스위스 원정투쟁단 선전물

네슬레는 세계 85개국에 500개가 넘는 공장을 거느린 다국적기업으로, 주 생산품인 네스퀵, 세레락 이유식, 네스카페, 돌체구스토 등은 한국 소비자들에게도 친숙하다. 한국에선 스위스 자본이 100% 투자한 한국네슬레가 청주공장에서 생산하며 영업을 하고 있었다.

1988년 한국네슬레노동조합이 생긴 이래 딱 한 번 파업했을 정도로 별 부딪침 없이 이어온 한국네슬레의 노사관계가 큰 갈등을 빚은 건 2003년이었다. 4월 22일 시작된 임금협상 과정에서 사측이 갑자기 '조제분유사업 철수'와 '(주)농심과 위탁판매계약 체결'을 거론했다. 이는 해당 부서 노동자들의 고용과 연

2003년 한국네슬레노조 스위스 원정투쟁.

관된 중요한 문제여서 노조는 사측에 근로조건 변경에 대한 교
섭을 제안했다. 교섭을 해태·거부하던 사측은 노조가 지방노동
위원회에 조정을 신청하자 갑자기 영업 부문 직원 44명에 대해
배치전환을 강행했다. 부서가 폐쇄되면 조제분유사업부 7명도
정리해고될 위험이 있었다. 논의할 사항도 많은데 사측은 다시
전 직원을 대상으로 일방적 희망퇴직제를 실시했다. 교섭 해태

는 '노동조합 및 노동관계조정법' 위반이자 부서 폐지·외주화와 관련해 노조와 협의하지 않은 건 기존 단체협약을 위반하는 사항이었다.

노조는 계속 대화를 시도했지만 사측이 교섭을 거부해 7월 7일 경고파업에 이어 7월 11일부터 전면파업에 돌입했다. 사측은 그 뒤로도 문제 해결보다는 언론 인터뷰에서 "청주공장 철수 검토"를 흘리면서 8월 25일 서울사무소 폐쇄에 이어 9월 4일엔 청주공장과 물류창고·영업지역본부 등에 대해 직장폐쇄까지 단행했다. 9월 9일엔 497명 전 조합원에게 가정통신문을 발송해서 '단결권 행사(파업)를 포기하지 않으면 영구적 공장폐쇄를 할 수밖에 없다'고 밝혀 조합원들을 불안하게 만들었다.

천막농성, 기자회견, 집회 등 실력행사를 해도 사측이 꿈쩍을 하지 않자 한국네슬레노조는 다국적기업답게 국제연대를 떠올렸다. 네슬레 유럽종업원평의회(EWC)에 한국에서의 노사 갈등 상황을 알렸고, 9월 5일 EWC는 네슬레 사측과의 회의 자리에서 한국네슬레가 노조의 단결권 행사를 방해하며 심각한 비윤리적 행위를 하고 있는 문제를 안건으로 상정하여 항의했다.

노조는 스위스에 있는 국제식품연합노련(IUF)과 국제화학에너지광산일반노련(ICEM)과도 긴밀하게 교류해 한국네슬레의 경제협력개발기구(OECD) 다국적기업 가이드라인 위반에 대해 네슬레 본사가 있는 스위스 현지 OECD 연락사무소에 제소했다. 스위스도 해당되는 OECD 다국적기업 가이드라인은 다국적기업 사업장에서 고용조건 관련 노사 갈등을 빚을 때 기업이 노조의 단결권 행사를 방해할 목적으로, 해당국에서 사업장의 전부 또는 일부를 이전하겠다고 위협하지 못하도록 규정하고 있다. 그런데 한국네슬레 경영진은 협상은 외면한 채 언론 등에 "한국 시장에서 철수" "청주공장 철수 검토 지시" 같은 발언을 여러 차례 하면서 파업 노동자들에게 심대한 압력을 주는 것은 물론, 행정 당국을 압박해 경영진 편에 서서 개입하도록 영향을 미쳤던 것이다. IUF 등 유럽 노동단체들은 이를 근거로 네슬레 본사에 항의했다.

한국네슬레노조는 화섬연맹, 민주노총 충북본부와 함께 7명의 원정투쟁단도 꾸려서 11월 17일 스위스로 날아갔다. 네슬레 본사 앞에서 선전물을 나눠주면서 항의시위를 벌였다. 기자회견을 통해 네슬레가 퍼뜨린 노조에 대한 왜곡된 정보에 대해서도 바로잡았다. 또, 스위스 정부 OECD 연락담당관도 만났다. 그는 한국네슬레의 OECD 다국적기업 가이드라인 위반 제소건에 대해 타당성이 있다고 판단하고 1단계인 조사작업을 마무리했다고 밝혔다.

IUF를 통해 네슬레 본사와도 면담을 했다. 언론에도 소개되는 등 다각도에서 압박을 받으면서 네슬레 본사도 부담스러워하는 모습이었다. 원정투쟁단의 노력이 통했는지 이들이 스위스에 있던 11월 28일 한국에서 협상이 타결됐다는 소식이 들려왔다. 파업을 시작한 지 145일 만이었다. 미리 잡혔던 IUF 사무총장과의 간담회는 원정투쟁단의 지원 요청 자리가 아닌 타결 상황을 공유하는 자리가 되었다. 합의 사항을 들은 IUF 사무총장은 매우 놀라면서 어떤 힘으로 쟁취했는지를 묻기까지 했다. 열흘간의 고생이 싹 잊히는 순간이었다.

고생이라고 했지만 교민들의 큰 관심과 지원이 있어서 원정투쟁단은 외롭지 않고 많은 힘을 받았다. 13시간의 긴 비행에 지쳤을 원정투쟁단을 저녁 식사에 초대해준 교민, 통역에 어려움을 겪을 때 통역비를 대준 익명의 독지가, 전기밥솥을 가져다주고 부지런히 밑반찬을 나른 교민까지 많은 사람의 도움이 있었다. 덕분에 승리의 기쁨을 안고 한국으로 돌아올 수 있었다. 비록 삭발한 투쟁단원 때문에 공항에서 수속을 마치는 과정이 오래 걸리긴 했지만……

7장

산별노조 건설, 한 지붕 두 가족의 어색한 공존

2004년 화섬노조 건설 후

몇 번의 연기 뒤 산별노조 건설

선배 노동자들의 불굴의 투쟁으로 이어온 자랑스런 민주노조운동의 역사 위에 이제 화학섬유 노동자들이 산별노조로 새로운 도약을 위한 희망찬 단결의 터전을 열어간다.

우리 화학섬유 노동자는 뜨거운 동지애로 굳게 뭉쳐 모진 탄압과 시련을 이겨왔다. 온갖 차별과 억압에 맞서 투쟁해온 화학섬유 노동자는 기업의 벽을 허물고 규모와 지역, 직종의 벽을 넘어 화학섬유 노동자들의 새로운 단결과 투쟁의 구심인 화학섬유노동조합을 힘차게 세운다.

우리는 화학섬유노동조합의 깃발을 높이 들고 고용안정과 노동조건 개선을 실현하고 사회개혁의 실현과 노동자 정치세력화를 쟁취해나가기 위해 힘차게 투쟁해나갈 것이다. 나아가 이 땅 모든 노동자와 민중, 그리고 진보 세력과 굳건히 연대하여 차별과 억압이 없는 평등한 세상과 통일조국 건설을 위해 앞장서 투쟁할 것을 선언한다. —전국화학섬유식품산업노동조합 선언, 2004.10.29

민주노총은 1995년 11월 11일 창립하면서 민주노총이 지향하는 20가지의 기본과제를 제시했다.[1] 그중 여섯 번째가 "우리는 산업별 공동교섭, 공동투쟁 체제를 확립하고 산업별 노동조합을 건설한다"는 산업별노동조합(산별노조)의 건설이다. 산별노조는 직종과 기업을 초월하여 같은 산업에 종사하는 노동자들은 모두 가입할 수 있는 노동조합을 말한다. 해고자나 해당 산업에 종사했던 실업자, 취업 대기자도 노조에 가입해 단결할 수 있다. 각 공장의 벽을 허무는 노동조합이 바로 산별노조라 할 수 있다. 벽은 허물면 허물수록 좋아서 민주노총도 창립 때부터 대산별을 지향했다.

기본과제를 제시하면서 민주노총은 기업별노조의 한계도 같이 언급했다. "기업별노동조합은 전체 노동조합운동의 조직력과 투쟁력, 재정력을 분산시키고, 노동자의식의 발전을 저해하며, 중소영세업체, 비정규직 노동자의 조직화와 공동교섭 공동투쟁, 통일교섭 통일투쟁을 통한 노동조건의 동질성 확보를 가로막는다." 산별노조가 이런 한계를 넘어설 수 있다는 의미이기도 하다.

그러하기에 화섬연맹 역시 2000년 2월 22일 출범 때부터 연맹은 화학섬유 산별노조 건설의 과도기로 존재한다는 사실을 분명히 밝혔다. 통합연맹 출범 당시 산별노조 건설 시기를 2005년으로 제시했지만, 그 시기를 앞당길 필요가 있다는 2000년 사업 평가가 있었다. 그에 근거해 2001년 2월 정기대의원대회에서 사업계획을 통해 산별노조 건설 시기를 2003년 2월로 수정했다. 이후 착실하게 산별노조 건설의 로드맵을 밟아갔다.

---

1   민주노총 홈페이지(www.nodong.org) 소개-기본과제 메뉴에 기록돼 있다.

기업의 벽을 넘어 가자! 화학섬유산별노조
화학섬유연맹 산별학교
2002. 8. 29~30 / 대전동구청소년수련관 전국민주화학섬유노동조합연맹

전국민주화학섬유노동조합연맹

2002년 연맹 산별학교.

2001년 10월 '화학섬유 산별노조 건설 추진위원회'(산별추진위)를 구성하고 각 지역본부에서 1인씩 선임해서 산별추진위원으로 결합하게 했다. 2002년 산별추진위는 산별준비위원회(산별준비위)로 전환하면서 본격으로 산별노조 출범 준비에 들어갔다. 지역별로 간담회를 진행하는 한편 산별 강사단 훈련과 연맹 산별학교를 진행했고, 국내외 산별노조 사례에 대해서도 공부했다.

1년 넘게 산별노조에 대해 교육하고 선전했지만 전체 조합원들에게까지 산별노조의 필요성을 공유하기엔 짧은 시간이었다. 애초 목표로 했던 2003년 2월까지 산별노조 건설이 힘든 것 아니냐는 의견들이 나오면서 2002년 11월 22일 하반기 임시대의원대회에서 산별노조 건설 시기를 다음과 같이 결정한다. "2003년 1월 말까지 연맹 조합원 3분의 2 이상이 산별노조로 조직 전환할 때 2003년 2월 정기대의원대회에서 건설한다. 연맹 조합원 3분의 2 이상이 산별노조로 조직 전환하지 못하였을 때는 2003년 2월 정기대의원대회에서 산별노조 건설 시기를 재논의한다."

이에 따라 2003년 정기대의원대회까지 산하 노동조합들에서는 부지런히 산별노조 조직 전환 투표를 준비했다. 하지만 2003년 2월 정기대의원대회까지 산별 전환을 결의한 조직은 23개 노조 2023명에 불과해 다시 2003년 이내로 산별노조 건설 시기가 조정된다.

화섬연맹 산하 조직들은 2003년을 다시 산별노조 건설 준비에 매진하면서 보냈다. 연맹 집행부는 5월 15일부터 6월 2일까지 대전·충남을 시작으로 울산 지역까지 집중 지역 순회간담회를 개최했다. 그런데도 산별 전환을 결의한 노조의 수가 많지 않자 산별준비위는 회의를 통해 2004년 2월로 산별 창립을 연기하고, 2월도 힘들다고 판단되면 10월에 건설하는 것으로 결정한다. 2004년 상반기엔 산별전담팀을 구성해 여수공투본을 거점 삼아 주요 대공장과 지역을 돌면서 산별 전환을 독려했다. 여전히 산별로 전환한 조직이 많지는 않았지만 더 이상 일정을 미룰 수는 없어서 산별노조 창립일을 확정한다.

드디어 2004년 10월 29일, 민주노총 대전본부 강당에서 창립발기인 64명이 모인 가운데 전국화학섬유산업노동조합(화섬노조) 창립대회와 기념식이 열렸다. 지난 4년여 동안 지지부진하지만 치열하게 산별노조 건설과 관련한 논쟁과 토론을 벌인 끝에 이루어낸 성과였다. 창립을 선언하면서 참가자들은 함께 "민주노조 강화의 원동력 화학섬유산업노조 창립 만세!" "세상을 바꾸는 힘, 화학섬유산업 노동자 만만세!"를 외쳤다.

화섬연맹 전체 131개 노조 2만 9896명 중 전체 66개 노조 6535명이 산별노조로 조직 형태를 변경해 화섬노조의 첫걸음을 함께했다. 2004년 12월 8일 열린 화섬노조의 첫 번째 대의원대회에서 초대 위원장 배강욱, 수석부위원장 곽승우, 사무처장 안우헌이 선출됐다.

아직 숙제는 남아 있었다. 화섬연맹에서 화섬노조로 전환한 노조는 전체 노조의 54%, 조합원의 33% 수준이었다. 당시 15개 노조 2962명이 산별을 유보하고, 화섬연맹 중 49개 노조 1만 8334명이 산별을 미결의한 상태였다. 특히 미전환 노조 중 조합원 1000명 이상인 대공장 노조가 차지하는 비중이 40%가 넘었다. 이들을 '산별'이라는 하나의 울타리로 묶을 묘안이 필요했다.

의심 앞에는 실체를 보여주는 것만큼 좋은 게 없다. 산별교섭 산별투쟁의 상이 무엇인지를 묻는 미전환 노조들 앞에 모범의 상을 보여줄 필요가 있었다. 화섬노조 2기 2년 차인 2006년 산별교섭 방침을 대각선교섭으로 정하고 부경지부를 전략지부로 선정한 뒤 지부집단교섭을 추진했다. 동일법인 다수지회 대표교섭권을 해당 지부 임원 1인에게 위임하는 방식이었다. 부경지부에선 거의 모든 사업장이 대각선교섭을 진행했다. 밑에서부터 기업별노조의 벽을 넘어 산별교섭의 첫 단계인 대각선교섭의 틀을 확보할 수 있었다. 전북지부와 울산지부(준)에서도 비슷한 시기 지역 노사간담회를 진행했지만 가시적인 성과는 부경지부에서 나타났다.

부경지부는 많은 노력 끝에 지부 공동의제인 조합발전기금 분담금 지급, 사내식당 우리 농산물 이용, 지부집단교섭 적극 참가 등에 대해 완전하진 않지만 일정한 합의안을 이끌어낼 수 있었다. 이처럼 부경지부의 지부집단교섭은 그동안 지회교섭에 머물러 있던 화섬노조의 한계를 넘어섰다. 산별교섭체계의 완성인 중앙교섭으로 나아가기 위한 발판을 마련해준 의미 있는 실험이었다. 지부집단교섭의 첫 시도로서 지역의 집단교섭 틀을 마련했고, 사측 교섭위원을 집단교섭의 장으로 나오게 한 것 또한 하나의 성과였다.

하지만 사측을 견인하기 위한 본조 차원의 지원과 투쟁을 배치하지 못했던 점은 이후 보완해야 지점으로 평가됐다. 또, 지부집단교섭 의제가 조합원의 요구를 반영하여 아래로부터 만들어지는 과정이었다기보다는 간부 중심의 사고에 기반했다는 한계도 있었다. 좀 더 정교한, 산별노조에 걸맞은 조직력과 교섭력, 투쟁성이 요구됐다. '연맹'에서 '노조'로 이름만 바꾼 산별노조가 아닌 다른 차원으로 조직의 변신을 꾀해야 할지도 몰랐다. 민주노총 창립 때부터 거론됐던 '대산별'이 현재 문제를 해결하는 하나의 열쇠가 될 수도 있을 터였다.

제조산별로의 모색

섬유산업 구조조정은 많은 것을 바꿔놓았다. 2001년 울산의 태광, 효성 노동자 1000여 명이 현장 밖으로 내몰렸다. 2004년 대하합섬, 금강화섬이 문을 닫았고, 한국합섬 역시 2006년 법정관리에 들어가더니 2007년 끝내 파산했다. 2005년 정리해고를 당한 코오롱 노동자들은 기약 없는 복직투쟁 중이었다. 모두 섬유산업 구조조정 과정에서 비롯된 일이었다.[2]

2000년 3만이 넘던 화섬연맹 조합원이 화섬 구조조정을 거치면서 2만 4000명으로 줄어들었다. 섬유산업에 이어 석유화학산업도 몇 년 안에 산업 구조조정이 불거질 거란 예측이 심심찮게 나오는 상황이었다. 섬유산업에서 경험했듯이 산업 구조조정은 철저히 노동이 배제된 채 폭압적으로 진행돼 그 과정에서 극심한 고용불안을 야기했다. 또한 노동조합 조직의 존폐 문제로까지 이어졌다.

일자리가 위협당하는 현실에 맞서는 노동의 대응력을 갖출 필요가 있었다. 산업 노동 정책의 대안을 마련하는 한편 투쟁 전선에 노동자를 튼튼히 묶기 위해 화섬도 산별노조운동을 시작

---

2   임영국, 〈제조산별로 가는 희망, '함께 가면 길이 된다'〉, 《노동과세계》, 2007.5.3.

했다. 하지만 2007년에 이르기까지 화섬노조의 현실은 미약하기만 했다. 산별노조를 세운 지 4년 차에 이르렀지만 여전히 조직 규모는 화섬연맹의 3분의 1에 머물러 있었다. 연맹 2만 4000 조합원 중 화섬노조로 전환한 조합원은 6000여 명에 불과했다. 미전환 사업장이 모두 화섬노조로 전환하더라도 2만 4000명밖에 되지 않은 조직으로 과연 산별노조다운 교섭과 투쟁이 가능하겠느냐는 점도 의문이었다.

이런 문제의식에서 화섬연맹 설립 때부터 제조산별의 건설이 고려됐고, 2005년부터는 화섬연맹과 화섬노조 모두 주요 사업 방침으로 제조산별 건설 방향을 분명히 했다. 단순히 조직 규모 때문만은 아니었다. 산업 구조조정과 산업 공동화로 인한 고용의 문제는 화섬 업종에만 국한되지 않고 제조업 전반에 걸쳐 있는 문제였다. 그 내용이나 해결 방안 역시 별반 차이가 없었다. 또한 산업 구조조정에 저항하는 투쟁과 비정규 노동자들이 노동기본권을 쟁취하기 위한 투쟁들이 갈수록 더 장기화되고 그 사업장 수도 늘어나는 상황에서 이들을 지지하고 지원해줄 큰 조직이 필요한 것도 사실이었다.

이제 지향을 좀 더 분명히 할 필요가 있었다. 화섬노조는 2006년 12월 12일 대의원대회에서 2007년 10월 제조산별을 건설하기로 결의했다. 특히 금호타이어 등 대공장들이 의지를 보였다. 화섬연맹 중앙위에서도 2007년 10월 '연맹 해산 제조산별 완성'을 결의했다.

제조산별노조 건설은 꼭 화섬노조에게만 필요한 건 아니었다. 금속노조도 충분히 조직의 전망으로 고민해봄직한 길이었다. 실제로 2004년 10월 29일 화섬노조 창립대회에 축하객으로 참석한 당시 금속노조 위원장 김창한은 "제조업 산별 건설을 위해 다 같이 노력하자"고 인사말을 했다. 화섬연맹·화섬노조는 2006년 9월 하순《매일노동뉴스》와 노동사회연구소 기관지에 〈금속 동지들에게 제조산별노조 건설을 제안한다〉는 글을 게재하면서 제조산별노조 건설 문제를 공론화했다.

하지만 15만으로 거듭나고 있는 금속노조에서 제조산별 건설을 추동해내는 건 만만치 않은 일이었다. 또한 온전하지는 않지만 연맹은 연맹대로, 노조는 노조대로 굴러가고 있는 현실에서 두 조직의 속도계를 멈추는 것도 매우 힘든 일이었다. 이처럼 어려운 여건이긴 했지만 화섬 처지에선 언제까지고 연맹과 노조가 한 지붕 두 가족처럼 지낼 수는 없었다. 결단이 필요했고, 2007년 화섬은 연맹과 노조의 어색한 공존을 끊어낼 결심을 한다.

연맹 해산안에 먹혀버린 제조산별 건설

평화시장을 잠시 떠나 있던 청년 전태일은 다시 평화시장으로 돌아갈 결심을 하며 이렇게 말했다. "나를 버리고, 나를 죽이고 가마." 그가 떠났던 여공들 곁을 다시는 떠나지 않기 위해 그는 자신을 버리겠다고 말했다. 결단은 모든 걸 버리는 데서 시작한다는 걸 그가 가르쳐주었다. 화섬연맹 또한 결단을 내렸다. 더 큰 조직으로 거듭나기 위해 화섬연맹이란 이름부터 버리기로 했다.

화섬연맹은 2007년 연맹 해산을 위해 2006년 한 해 동안 미전환 노조를 동시에 산별노조로 전환하는 작업을 핵심 사업으로 벌인다. 산별 전환 완수를 위한 전략위원회를 가동하고 300인 이상 미전환 사업장을 대상으로 간담회, 대표자 수련회 등을 개최했다. 하지만 참여율은 매우 낮았다. 행사를 하면 60여 개에 이르는 대상 사업장 중 10개 내외 단위들만 참여해 산별노조 전환에 큰 의지가 없는 현장의 분위기를 드러냈다.

아예 화섬연맹 임원과 집행부서장들이 짐을 싸들고 전국을 돌면서 사람들을 만났다. 5월부터 7월에 걸쳐 목포, 광주, 울산, 군산, 대산, 여수 등 단위 현장을 순회하면서 간담회를 열었다. 산별 전환 사업 관련 단위 노조들의 고민을 듣고 추진계획을 알

2007년 제조산별 건설 임단투 승리 화섬노조 결의대회.

렸다.

6월 민주노총 차원의 산별 전환 동시 투표 방침에 따라 금속과 화섬도 산별 전환 총투표를 실시했다. 금속은 미전환 사업장 52개 중 13개 사업장 8만 7000여 명이 산별 전환을 가결한 반면, 화섬은 3개 노조 전체 331명만 산별 전환을 택했다. 상반기 금속 대공장의 대대적인 산별 전환에 힘입어 화섬연맹도 10월 하순에 미전환 노조의 동시 산별 전환 투표를 다시 추진할 것을 9월 22일 임시대의원대회에서 결의한다.

우선 미전환 노조 다수가 남아 있는 여수공투본에서부터 산별 전환을 추진했다. 미결의 10개 사업장이 함께 10월 30일부터 11월 1일까지 산별 전환 동시투표를 진행하기로 했지만 무산됐다. 임단협 파업투쟁 중 산별 전환을 결의하고 투표를 유일하게 진행했던 여천NCC노조마저 부결되었다. 미결의 사업장의 동시투표와 연동해서 나머지 여수공투본 소속 산별 유보 사업장들도 산별 전환을 추진하려고 했으나 동시투표가 무산되면서 다시 불투명해졌다.

2006년 산별노조 전환 사업은 좌초됐고, 화섬연맹 집행 간부들은 다시 짐을 쌌다. 11월 말부터 12월 중순 무렵까지 40여 개 사업장의 대표자 및 간부들을 만나 2007년 산별노조 사업 방향에 대한 의견을 수렴했다. 면담한 대표자와 간부들은 산별노조 사업의 내용과 상을 좀 더 구체화해줄 것을 주문했다.

현장의 의견을 받아들여 화섬연맹은 2007년 사업 목표를 미전환 노조의 산별 전환 재추진과 제조산별노조 건설로 잡았다. 연맹은 제조산별노조 건설을 금속노조에 공식 제안하는 한편 미전환 노조의 산별 전환과 유보 사업장의 산별 결합을 제조산별노조 건설과 연계해 추진하기로 했다. 이를 위해 하반기 산별 전환 집중 사업 방침을 설정한다.

① 산별 미전환 사업장 전체의 산별 전환 사업을 추진하여 화학섬유연맹 차원의 산별 전환 사업을 마무리하고 2008년 제조산별노조로 조직적 계승을 준비한다.
② 미전환 사업장은 하반기에 산별 전환 투표를 동시에 진행하며 최소한 화섬과 금속노조가 통합하는 시점에 결합하도록 하고 이 시점에 연맹도 조직적 해산하는 것을 결의한다.
③ 연맹과 화섬노조는 2008년 상반기를 목표로 금속노조와의 통합을 추진하며 조직 내적 혼란을 최소화하고 조직적 통일

2007년 금속·화학섬유 노동안전보건위원회 공동수련회.

집중성을 높여낸다.

10월 29일부터 11월 2일까지 미전환 사업장 전체가 동시에 산별 전환 투표를 추진하기로 한다. 투표 방침은 '제조산별노조로 전환'이었고, 연맹과 노조 중앙 역량을 주요 지역 및 단사별로 나눠서 전진 배치했다. 화섬노조는 이미 2007년 10월까지 제조산별을 추진한다고 결정을 해놓은 상태였다.

제조산별 건설로 나아가기 위한 화섬·금속 통합을 도모하는 사업들도 추진했다. 5월 화섬, 금속 전체 임원 상견례를 시작으로 두 차례 실무 논의를 거친 후, 화섬 간부들이 금속노조 임원회의에 참가해 제조산별 건설과 통합에 대한 제안 설명을 했다. 중앙 사무처끼리 단합대회도 하고, 부서별 공동사업도 추진했다. 노동안전보건 담당자들은 공동수련회도 갔다. 이처럼 중앙 상근자들끼리는 통합에 대한 공감대를 조금씩 형성해갔다.

하지만 단위 노조들까지 화섬과 금속의 통합에 대해 공유하지는 못했다. 금속은 내부 의결 단위에서 공식적인 논의를 거치지도 못해 통합 경로와 상을 구체화하기도 어려웠다. 그런 분위기를 감지한 화섬 미전환 사업장들은 다시금 제조산별에 대한 회의적인 태도를 보였다.

연맹과 노조의 임원들은 9월 13일 임시대의원대회에서 제조산별 건설과 그에 따른 연맹 조직 해산안을 상정하기로 했다. 이런 배수진을 치고, 또다시 지역 순회간담회를 실시한다. 그나마 연맹 내 가장 큰 사업장인 금호타이어가 임단협과 연계해서 6월 14~15일 산별노조 전환 찬반투표를 실시해 72.9%의 찬성으로 산별 전환을 가결한 점에 큰 힘을 얻었다. 여천NCC노조도 8월 20~21일 실시한 산별 전환 투표에서 74.4%의 찬성을 얻어 가결됐다. 이로써 화섬연맹 전체 조합원의 41.7%가 산별 전환에 성공한 셈이었다.

임원들은 7월 20일 울산, 7월 24일 전북, 7월 25일 수도권, 8월 8일 부산·경남과 대구·경북, 8월 17일 충북, 8월 23일 대전·충남, 8월 24일 광주·전남 등 7~8월을 온통 쏟아부어 전국을 돌면서 9월 13일 임시대대에서 제조산별 건설 안건이 통과되도록 힘썼다. 간담회에서는 단위 사업장들의 고민을 듣고 화섬연맹과 노조의 현실을 허심탄회하게 전했다.

간담회에 참여한 대표자들은 임시대의원대회 이후 유보 사업장은 어떻게 되는지, 금속은 화섬과 일정이 다른데 대책은 있는지, 산별 건설 이후 상근자 문제는 어떻게 할지, 지역 금속 단위들과는 관계 설정이 어떻게 되는지, 연맹 해산까지 꼭 해야 하는지 등 제조산별 건설에 따른 문제들을 날카롭게 질문했다.

연맹 간부들은 매달 내는 민주노총 의무금도 밀리고, 사무처 임금도 계속 체불되고 있는 심각한 연맹의 재정 상태를 고백했다. 꼭 재정 때문이 아니더라도 산업 구조조정이 계속될 때마다 조합원 수가 줄어들고, 이에 따라 벼랑 끝에 선 화섬의 활로를 찾기 위한 선택이 제조산별이라고 답했다. 또한 15만 금속과 2만 화섬이 일대일로 통합하기는 어려울 것이라며 모든 기득권을 포기한 채 통합에 임할 거라고도 전했다. 수도권 순회간담회에서 연맹 사무처장 임영국은 이렇게 말했다.

"여러 번의 산별 전환 결의가 있었지만 잘 안 지켜졌습니다. 실망과 불신이 클 것입니다. 이번에는 해산 결의를 정확히 하고 결의 후에 청산위원회를 바로 가동하려고 합니다. 마지막 기회라 생각하고 믿어주십시오. 운동의 대의와 미래를 생각해도 이번이 마지막이라고 하소연하고 싶습니다."

지난 4년여간의 산별 전환 논의에 마침표를 찍겠다고 한 2007년 9월 13일이 다가왔다. 구미 HK 2공장 회의실에 전국에서 온 화섬연맹 대의원들이 모여 앉았다. 임시대의원대회를 개회하고 참가 대의원들 사이에서 열띤 토론이 이어진 가운데 제1호 의안인 '연맹 해산 결의 및 제조산별 건설 하반기 집중 사업 건'에 대해 표결할 시간이 다가왔다.

토론이 제조산별 건설보다는 연맹 해산에 초점이 맞춰져 걱정이 되긴 했지만 중앙을 믿고 따라와주지 않을까 하는 믿음으로 연맹 집행부는 투표 결과를 기다렸다. 전체 대의원 245명 중 192명이 투표한 가운데 찬성 127명(66.14%), 반대 64명, 무효 1명으로 개표됐다. 필요했던 투표 인원의 3분의 2는 128명. 1표 차로 조직 해산안은 부결되었다. 결과에 대한 책임을 지고 바로 그 자리에서 연맹 위원장과 수석부위원장, 사무처장은 동반 사퇴했다. 조직 해산안이 부결된 직후 상당수 대의원이 퇴장한 가운데 정식품 노조위원장인 이영섭이 비상대책위원장, 연맹 광주전남지역본부 조직국장인 서정호가 집행위원장을 맡은 비상대책위원회가 구성됐다.

"수도권 쪽에는 코카콜라, (충북에는) 정식품, 네슬레. 산별 전환 투표는 다 완성돼 있는 상태인데, 가는 시점을 대의원대회에서 연기하고 있던 상태인데, 2007년인가 2008년 대의원대회에서 안이 어떻게 올라왔냐면 '무조건 다 전환한다', 안 되는 데는 어떻게 할 거냐, '빼버리고 간다' 이렇게 폭력적으로 안이 나온 거다. 3분의 2 이상이 여전히 가입이 안 돼 있는데 그렇게 하고 간다고 하니까 극약 처방이라고 해도 이건 현실적으로 화섬에 소속돼 있는 노조들이 민주노총까지도 포기할 수 있는 상황이 되는 거라 이건 아니다, 상태를 봐가면서 결정해야 한다, 이렇게 하는 건 아니지 않냐, 이렇게 대의원대회에서 부딪치다가 대의원대회 최종 표결에서 1표 차이로 산별 강제 전환이 부결됐다. 그러니까 위원장 사태하고 비대위를 내가 맡은 거다."(이영섭 구술)[3]

화섬연맹 중앙은 이후 조직 진로를 결정하는 중요한 논의가 부결된 것에 대한 평가로 ① 금속과 논의가 충분하지 못한 상태에서 급하게 추진된 점 ② 조직 해산 논쟁이 과도하게 부각되어 조직 갈등을 불러일으킨 점 ③ 안건 상정 자체에 대해 반대 의견이 다수 존재함에도 중앙이 강압적으로 추진하는 모양을 띤 점 등을 지적하며 결과적으로 무리한 추진이었음을 인정했다. 많은 아쉬움을 남기면서 사활을 걸었던 제조산별 건설도 표류된 채 화섬연맹과 화섬노조는 암흑의 시대로 넘어간다.

"가족 같은 화섬을 떠난 건 아쉬워요"

임영기, 전 금호타이어노조 위원장/전 화섬연맹 위원장

1991년에 금호타이어에 입사했거든요. 서른한 살로 동기들보다 보통 5~6살 많은 상태였어요. 가장으로서 평범하게 살려고 일을 열심히 하던 중 1994년 임단협을 하다가 파업이 났습니다. 공장 문을 걸어 잠그는 옥쇄파업을 했는데 이틀 만에 우리 과 대의원과 노조 조사통계부장이라는 상무집행위원이 도망을 간 거예요. 우리 과만 무주공산이 된 거죠. 누군가는 앞에서 뭔가를 해야 되는데 어쩌다 보니 제가 나가게 됐습니다.

"고마, 우리 집에 가지 말자. 한 명씩 한 명씩 가면 나중에 서로 얼굴 보기 진짜 괴롭다. 갈려면 싹 가불고 아니면 좀 이따가 한꺼번에 다

---

3   양돌규, 《정식품노동조합 30년사》, 한내, 2022. 150쪽.

같이 나가자."

우리 과 사람들한테 이렇게 얘기하면서 데리고 있었는데 공권력이 들어와서 뭣도 못하고 강 건너고 산 넘어서 호남대로 도망가는 처지가 됐어요. 그다음에 복귀를 했는데 회사가 조합원들을 분리해서 교육을 보내더라고요. 속리산 유스호스텔, 지리산 구례, 경기도 안성 등등.

우리는 안성에 있는 한국표준협회 인재개발원이란 데로 갔는데 5박 6일이나 있었어요. 가니까 강당에 모여서 뭘 외우라고 줘요. 다물 교육 같은 건데 살아가는 수칙 뭐 그런 걸 나이가 50 가까운 형님들이 어떻게 외우겠어요? 우리는 승진하고 싶어서 온 것도 아니고 못하겠다고 버텼죠. 또, 사장한테 편지를 쓰라고 하더니 한 사람씩 나와서 읽으라고 해요. 4일짼가 저보고 읽으래서 나가서 읽었어요. "사장님, 당신은 잘 주무셨습니까? 나는 천 길 낭떠러지를 랜턴도 없이 갔다가 왔습니다"라고 했죠. 전날 독도법인가 한다고 지도 하나 주고선 한밤에 산을 넘어오라고 했거든요. 죽을 뻔했어요. 이어서 "평상시에 회사가 업무 지시하던 것처럼 조합원으로서 조합의 지침에 따랐을 뿐입니다, 도대체 뭘 잘못했는지 모르겠습니다"라고 읽으니까 형님들이 "너 돌아가면 대의원 해라" 그러더라고요. 그렇게 5박 6일을 보내고 돌아와서는 다시 착실한 가장으로 돌아가려고 했는데 진짜로 형님들이 "너, 대의원 해라"고 해서 대의원을 했죠.

그때 94년 파업을 추스르기 위한 집행부가 만들어지고 제가 조직부장이 됐습니다. 파업을 수습하는 과정이어서 조합원들 사이에서 파업한 사람, 안 한 사람, 일찍 복귀한 사람, 나중에 복귀한 사람 사이에서 갈등이 엄청 심했습니다. 그러던 중에 민주노총에 가입하는 찬반투표를 했죠. 그래도 찬성이 80% 후반으로 높게 나왔던 걸로 기억해요. 그렇게 화학노협 집행부들을 접하고 제가 노동운동이란 데에 실질적으로 발을 들이게 됐죠. 그때 노협 국장님들이 올 때마다 공부하라고 자료를 플로피 디스크에 담아 오셨는데 그 디스크를 지금도 가지고 있어요.

보궐선거로 2001년 금호타이어노조 위원장이 됐습니다. 조합원들한테 딱, 하루만 합법 파업을 하면 조합원 사이 갈등을 풀 수 있다고 나를 뽑아달라고 해서 당선된 거였어요. 정말로 2001년에 부분파업 1주일인가 하고 총파업 하루 만에 임금 교섭을 타결했습니다.

화섬위원장 되고서는 전국을 두 번 돌면서 GS칼텍스 해고자들하고 불매운동 한 게 기억이 많이 나네요. 지금도 차가 서는 한이 있어도 GS칼텍스에는 안 들어갑니다.

금호타이어가 금속으로 간 건 좀 아쉬워요. 원래 현장은 자동차연맹 시절부터 자동차회사 노조들과 묶이길 희망하는 분위기이긴 했지만 금속은 화섬처럼 가족 같은 분위기는 아니거든요.

위기 속에도
계속된 투쟁

2007~2011년 투쟁

스웨덴·스위스까지 날아간 노동자들

테트라팩 원정투쟁

화섬연맹 해산안 부결로 다시 또 화섬연맹·화섬노조가 공존하는 상황이 됐다. 아니, 조직 내부는 더 큰 내홍을 겪고 있었다. 연맹 내 가장 큰 조직인 금호타이어노조는 금속노조로 가버린 채 남은 노조들끼리 화섬노조로 전환한 사업장과 연맹에 남은 사업들로 갈등을 빚었다. 그렇지만 이런 상황에서도 투쟁은 계속됐다. 자본은 노동조합의 내부 사정 같은 걸 봐주지 않았다. 여전히 전국 곳곳에서 교섭과 투쟁이 벌어졌고, 한국테트라팩도 그중 한 곳이었다.

우유 팩과 같은 식품·음료 포장용기를 생산하는 테트라팩은 스웨덴에 본사를 둔 다국적기업이었다. 경기도 여주에 자리잡은 테트라팩 한국 공장은 1998년 설립돼 20년째 계속 흑자를 내던 곳이었다. 그런데 테트라팩노조와 사측이 2006년 임금협상을 하는 도중인 6월 29일 8차 교섭에서 당시 타히르 하페즈 공장장은 갑자기 "여주공장은 문을 닫을 것"이라고 말한다. 이후 조합원들에게 경고장을 남발하고 많은 부당 인사를 자행하던 사측은 양보 각서를 노조에 제시하며 2006년 12월 말까지 이를 수용하지 않으면 공장을 철수하겠다고 통보했다.

테트라팩 노동자, 스웨덴·스위스 원정투쟁 출발 기자회견.

양보 각서는 거의 백지 투항 문서와 같았다. ▲ 무쟁의 장기
평화선언 ▲ 일상 활동 중 단체행동 금지 ▲ 임금, 복지 등 모든
교섭권 박탈 ▲ 다른 회사 노동쟁의 참여 금지 ▲ 노조 전임제 폐
지 등 20개에 이르는 조항들은 거의 노동조합을 해산하라는 요
구와 같았다. 회사는 대외적으로는 공장폐쇄 이유를 "생산성이
떨어지는 등 경영상의 이유"라고 했지만 노사 교섭회의에서는
"노조 때문"이라고 분명히 밝혔다.

테트라팩노조가 양보 각서를 거부하자 사측은 2007년 3월
8일 갑작스레 공장 철수 방침을 발표하고, 바로 다음 날 생산을
전면 중단시켰다. 그러고선 3월 21일 퇴직위로금 신청 관련 공
고를 내더니 전체 100여 명의 직원 중 22명이 퇴직위로금을 신
청하지 않자 4월 10일 해고예고를 통보했다. 남은 22명의 테트
라팩노조 조합원들은 중고버스를 구입해 4월 19일부터 전국을

돌면서 테트라팩 국내 주요 거래처들을 방문하여 테트라팩 한국 공장 재가동 촉구 공문을 보내달라고 요청했다. 그런 노력이 무색하게 사측은 5월 9일 해고 통보를 하고, 일방적으로 공장을 폐쇄했다. 사측이 공장 철수 방침을 밝힌 지 단 두 달 만에 벌어진 일들이었다.

해고자들은 테트라팩을 OECD 다국적기업 가이드라인의 '제3장 정보공개' 항 위반 혐의로 산업통상자원부에 제소했다. 스웨덴대사관 앞에서 집회를 하기도 했지만 사측은 꿈쩍도 하지 않았다. 더 이상 해결책을 찾지 못한 노조는 7명의 원정투쟁단을 꾸려 2007년 8월 22일 스웨덴 테트라팩 본사와 스위스에 있는 테트라 라발그룹 본사를 항의 방문하기 위해 비행기에 몸을 실었다. 당시 화섬연맹 부위원장으로 원정투쟁단과 함께했던 이상진이 스웨덴으로 떠난 배경을 전했다.

"노동운동에서 가장 힘든 영역이 공장을 버리고 떠나는 회사와 맞선 싸움입니다. 다 털고 간다는데 뭘 어찌할 방법이 없어요. 고용승계도 힘들고, 위로금을 받는 정도죠. 갑갑한 상황이었는데 테트라팩 해고자들이 공장폐쇄가 진짜 본사의 전략에 따른 결정인지 확인하고 싶다고 그래요. 그럼 확인해보자 하고 원정투쟁을 갔죠."

먼저 스웨덴 테트라팩 본사를 찾은 데 이어 9월 9일 스위스로 넘어온 원정투쟁단은 제네바와 로잔을 오가며 본사와 면담을 추진했다. 라발그룹 본사와 1킬로미터쯤 떨어진 로잔의 밀라노 공원 안에 농성 텐트를 친 뒤 이상진과 테트라팩노조 위원장

정장훈이 9월 26일부터 무기한 단식농성에 들어갔다.

"말도 안 통하는 곳에서 맨땅에 헤딩하는 거였죠. 다행히 국제민주연대 소속 활동가 한 명이 결합해서 통역과 스위스와 스웨덴 노동단체들을 연결하는 역할을 해줬어요. 단식하고부터는 지역 언론에서도 관심을 보였고요. 유럽은 정서상 자기 몸을 해하는 단식투쟁 같은 걸 용납 못하더라고요. 한국 문화를 설명하니까 이해하면서 그때부터는 지역 활동가들이 물이나 옷도 갖다주고 도움을 많이 줬어요. 의사가 와서 매일 건강 체크도 하고요."

스위스 산업자원부에 해당하는 정부 부처 관계자와도 농성장에서 만났다. 그는 상황을 듣더니 회사 관계자와 만나게 해줬다. 라발그룹 부회장이 단식농성장을 찾아오기도 했다. 시민들은 거리에서 나눠주는 선전물을 보면서 세계 10대 기업으로 인정받는 테트라팩이 다른 나라 노동자들에게 가하는 탄압에 경악스러워했다. 서명판에 줄이어 서명을 하기도 했다.

그렇게 35일간 단식투쟁을 하면서 원정투쟁단은 테트라팩 경영진과 몇 차례 면담을 했다. 하지만 사측은 "한국 공장폐쇄는 아시아-태평양 시장 재편 과정에서 이루어진 조치여서 공장 재가동은 불가"하다는 입장만 되풀이했다. 결국 비자 만료 기간인 3개월이 다 되자 큰 성과 없이 원정투쟁단은 한국으로 돌아와야만 했다.

테트라팩 원정투쟁단은 돌아왔지만 스위스에선 원정투쟁단의 견결한 투쟁 모습에 감동한 현지 노동자들이 앞으로 원정투쟁을 올 노동자들을 지원하기 위한 단체를 설립했다. 테트라팩 사장까지 만나 테트라팩 본사의 정확한 입장을 전해 들은 작은 성과도 있었다. 또, 스위스와 일본에서도 공장 통폐합이 있었지만 두 나라에서는 회사 측이 공장폐쇄 이전에 노조와 충분히 협의하고, 직원들에게 1년 정도 재취업할 시간을 줬다는 사실도 알게 됐다. 폐업을 예고한 지 20일 만에 해고 통보를 한 한국과는 전혀 다른 모습이었다.

테트라팩 사측의 이중적인 모습까지 알게 됐지만, 문을 닫은 공장이 다시 열리기를 하염없이 기다리기엔 해고자들의 생계 문제가 심각했다. 스웨덴 원정투쟁 뒤 22명의 해고자 중 11명이 노조를 떠나갔다. 남은 11명 중 7명도 생계를 위해 자리를 비워야 했다. 위원장 정장훈은 버스를 몰기 위해 대형면허까지 새로 땄지만 투쟁 시작할 때 투쟁 시작할 때 샀던 중고버스를 남은 4명이 타는 날이 많아졌다.

그렇게 투쟁을 이어가던 중 해고자들은 회사가 1년 넘게 폐업 신고를 하지 않았다는 사실을 알게 됐다. 이들이 해고된 이유가 '폐업 예정' 때문이었는데 정작 회사는 폐업하지 않았던 것이다. 그러고선 회사는 중국과 싱가포르 공장에서 만든 음료 팩을 수입해 판매하고 있었다. 이 문제를 제기하며 투쟁을 이어갔지만 임금도 못 받는 해고자가 자본을 이기기란 쉽지 않았다. 결국 노동자들은 투쟁을 마무리했고 여주공장은 2016년 매트리스업체인 씰리코리아에 인수됐다. 2024년 현재에도 취업 사이트에는 테트라팩코리아의 채용 공고가 올라오고 있다.

닮은꼴이었던 두 노조의 싸움

한솔홈데코와 동양실리콘지회의 투쟁

위기 속에서도 조직 사업으로 바쁜 지역들도 있었다. 전북 지역이 특히 그러했다. 전북 익산에선 5일 차이로 두 노동조합이 결성되었다. 2007년 9월 12일과 9월 17일 각각 창립한 화섬노조 한솔홈데코지회와 동양실리콘지회였다. 나무마루 가공업체인 한솔홈데코는 5년 동안 임금이 동결된 데다가 2005년 아산공장에 이어 2007년 익산공장 매각설이 돌았다. 전체 노조 가입 대상자 107명 중 105명이 가입했다. 한편 실리콘 제조업체인 동양실리콘은 2000년대 초반부터 여름 휴가비와 가족수당 등 복리후생비가 줄더니 모기업인 동양제철화학의 임금 인상률과도 차등을 두어 10% 정도이던 임금격차가 10년 사이에 30~40% 이상 벌어졌다. 익산공장 직원 86명 중 51명이 조합에 가입했다.

각기 노동조합을 설립한 이유는 달랐지만 두 지회는 닮은 점이 많았다. 무엇보다 '무노조 경영' 방침을 고수한 범삼성 계열인 한솔홈데코와 당시 한국경영자총협회(경총) 회장인 이수영이 대표이사로 있던 동양제철화학의 계열사인 동양실리콘은 노동조합을 대하는 모습만큼은 똑같았다.

한솔홈데코 민주노조 사수투쟁 1000일 승리 결의대회.
리본 묶기와 사진전.

2008년 동양실리콘노조 파업 출정식.

닮은꼴이었던 두 노조의 싸움　　　**181**

2008년 한솔홈데코-동양실리콘 반짝 문화제.

한솔홈데코 사측은 한솔그룹 전 계열사 중 유일하게 민주
노총 소속인 한솔홈데코지회의 교섭 요구는 철저히 해태하면서
조합원들에게 경고장을 남발했다. 조합원들이 점심시간에 족구
를 하니까 사업장 내 체육 활동을 일절 금하면서 족구를 한 조합
원들에게 무더기로 경고장을 발부하고, 출퇴근 때 투쟁 조끼를
입었다고 경고를 하기도 했다. 그렇게 막무가내로 내린 경고가
누적되면 조합원들을 징계하는 작업이 이어졌다. 회사 징계를
하나라도 받으면 6개월 동안 진급이나 승급할 수 없도록 취업규
칙까지 바뀌었다. 나중에는 호봉제까지 폐지해 진급하지 못하
면 월급이 오르지 않았다.

"우리가 징계위원회라고 하니까 회사가 상벌위원회로 이
름을 바꾸더라고요. 그래서 갔더니 공장장, 팀장들 다 모여 있는
데서 '피고 한철호는~' 이러면서 완전 죄인 취급을 하더군요."

조합원 대다수가 지회장 한철호와 똑같은 경험을 했다. 회사는 노동조합 설립 이후 사내 곳곳에, 심지어는 탈의실에까지 감시카메라를 설치했다. 용역경비들을 대폭 늘려 출퇴근하는 차량의 검문 검색을 하며 트렁크를 뒤지고 몸을 수색하는 등 조합원들을 범죄자 취급하기도 했다. 그러던 중 2008년 2월 지회장을 비롯한 지회 주요 임원과 전체 조합원의 50%가 근무하는 설비·보전팀만 외주화를 추진하고 이들 44명을 총무과로 전환 배치했다.

동양실리콘 사측은 초반에는 단체교섭에도 나오고 노조 사무실도 제공했다. 비록 복합기를 제외한 사무 집기들도 없고, 컨테이너 두 동을 연결한 사무실이었지만 말이다. 하지만 그나마 진행되던 교섭도 2008년 1월 새 대표이사가 부임한 뒤로는 그동안 합의한 20여 개 단체협상안마저도 원점에서 재검토하겠다고 하면서 난항을 겪었다.

이와 같은 노사관계를 풀기 위해 두 지회는 천막농성을 시작으로 단체행동에 들어갔다.

"전북이 함께 투쟁하는 분위기가 있었어요. 전북에 투쟁 사업장이 생기면 천막을 두 개씩 쳐요. 하나는 투쟁 사업장 천막, 다른 하나는 지역 연대자들 천막. 그러고선 다른 사업장들이 순번을 정해서 천막을 지키러 갔어요. 당번인데 일이 있어서 못 가면 다른 순번과 바꿔서라도 천막을 비우는 일은 없게 했습니다. 이건 완전히 기풍이거든요."

당시 화섬노조 전북지부 지부장 신환섭의 말처럼 전북 지역 노동조합들은 자기 일처럼 두 지회의 투쟁에 결합했다. 그 힘을 받은 한솔홈데코지회 조합원들은 10년 넘게 하던 업무에서 하루아침에 밀려난 전환배치에 반발하며 3월 5일 천막농성을 시작했고, 3월 6일과 7일, 13일 등 세 차례에 걸쳐 하루 4시간 부분파업을 벌였다. 그러자 회사는 14일 바로 직장폐쇄에 들어갔다. 조합원들의 공장 출입도 막았다.

동양실리콘지회도 노조 인정과 성실 교섭을 촉구하며 천막농성과 함께 3월 6~7일 전면파업을 벌인 뒤 8~18일까지 부분파업을 이어갔다. 이에 회사도 한솔홈데코처럼 3월 19일 직장폐쇄를 단행했다. 사측은 단체협약이 체결될 때까지 부분적으로 직장폐쇄를 한다고 밝혔지만 이후 한 달이 넘도록 지회의 교섭 요구에 응하지 않았다. 그러면서 본사에서 내려온 사무직, 영업직들로 익산공장을 돌렸다.

두 지회는 상경투쟁도 함께했다. 4월 21일 서울로 같이 올라왔다. 동양실리콘지회는 서울 중구 소공동 동양제철화학 본사 앞에서, 한솔홈데코지회는 서울 강남구 역삼동 한솔그룹 본사 앞에서 매일 직장폐쇄 철회를 요구하는 1인시위를 벌여나갔다. 6월 13일 투쟁 100일 문화제도 같이 열어 서로에게 힘이 돼주었다.

시민들과 함께하기 위해 동양실리콘지회 조합원들은 집회에서 '따이따이' 차력 쇼도 하고, 공연팀을 꾸려 난타 공연을 하기도 했다. 즐겁게 투쟁했지만 긴 투쟁에 장사 없다고, 조합원들의 생계 문제에 부딪힌 동양실리콘지회는 9월 1일 자로 파업을

8장. 위기 속에도 계속된 투쟁

철회하고 업무에 복귀하겠다는 의사를 회사에 전했다. 그런데도 직장폐쇄를 풀지 않던 회사는 지회가 직장폐쇄 철회 가처분 신청을 내고 심리가 잡히고 나서야 9월 18일 직장폐쇄를 철회했다. 파업 196일, 직장폐쇄 183일 만이었다.

회사는 여기서 만족하지 않았다. 조합원 36명을 바로 복귀시키지 않고 개별 면담을 하면서 노조 탈퇴 회유와 함께 공장을 폐업할 거라는 협박도 했다. 회사는 2009년 3월 말 공장 휴업에 들어가고, 4월 13일 임시주주총회에서 폐업을 결정했다.[1] 이는 노동조합을 말살하기 위한 폐업 결의라며 지회는 부당노동행위 및 부당해고 구제 신청을 제기했고 전북지방노동위원회도 5월 29일 이를 전부 인정했지만 위장폐업은 착착 진행돼갔다.

"투쟁이 오래가니까 공장 운동장에 파도 심고, 물고기 잡다가 매운탕 끓이면서 '나는 자연인이다'같이 재밌게는 지냈어요. 그래도 사람들 생계 문제가 있잖아요. 나중에는 회사에서 한국노총으로 가면 다 해주겠다는 제안을 해와요. 그래서 제가 여러분 의식은 민주노총이 아니라 민주노총 할아버지 위에 있다는 거 아니까 다 들어준다고 하니 일단 한국노총에 간 다음에 생각해보자고 했어요. 경총 회장 그룹이어서 도저히 안 될 것 같더라고요. 근데 이 친구들이 총회를 하더니 안 가는 걸로 결정을 해요. 만약에 이렇게 탄압한다고 한국노총으로 가버리면 이제 익산에선 민주노총 노조가 못 생길거라면서요."(신환섭)

---

1   남춘호 외, 《민주노총 전북본부 20년사》, 흐름출판사, 486쪽.

결국 회사는 8월 3일 사업자등록증을 말소했다. 모기업인 OCI(동양제철화학에서 변경된 사명)에 헐값에 매각된 동양실리콘은 2010년부터 OCI의 단열재 생산 공장으로 재가동되기 시작했다. 노동조합을 없애버리려는 위장폐업이라고 했던 동양실리콘 지회의 주장이 폐업 6개월여 만에 확인된 셈이다. 자본이 꼼수를 부리는 사이 동양실리콘 노동자들은 분한 마음을 안고 다른 살길을 찾아 떠나야 했다.

한솔홈데코의 직장폐쇄는 동양실리콘보다 3개월여 더 지속됐다. 역시 한솔홈데코지회가 법원에 공격적 직장폐쇄의 정당성을 묻는 소를 제기하고 나서야 회사가 다음 날인 2008년 12월 12일 직장폐쇄를 철회하겠다는 공문을 보내왔다. 회사는 조합원 44명을 바로 복귀시키지 않고 폴리텍대학으로 출근하게 해 교육 및 면담을 진행했다. 이 중에는 '유답(You-答) 교육'도 있었다.

"이름 그대로 답이 있는 교육이었죠. 문맥상 노동조합은 답이 없는 조직이라는 답이."(한철호)

교육이 끝난 뒤로도 지회 간부들은 현장으로 바로 돌아가지 못했다. 회사가 영업직으로 발령을 내 강원도 원주, 전남 여수, 대구 등 연고도 없는 곳으로 전직을 보냈다. 그들은 2년이 넘도록 여관방과 찜질방을 전전하며 영업을 해야 했다. 전문 영업인이 아닌 이들이었기에 한 달 영업을 해야 매출은 100만 원 정도밖에 나오지 않았다. 그러면서 회사는 이들의 월급과 숙박비, 통신비 등으로 월 300~400만 원씩을 썼다. 노동조합을 고사시키기 위한 투자였을지도 모르겠다.

"징계받으면 6개월 동안 진급을 못하니까 임금이 멈춰버려요. 생산직은 휴일·연장수당이라도 있는데 영업은 8시간만 하잖아요. 제 기억으로 세금 떼니까 120만 원 나오더라고요. 그 월급으로 2009년부터 2011년까지 버텼죠."

한철호같이 독한 마음으로 버틴 이도 있지만 버티지 못하고 사표를 내고 떠난 간부도 있었다. 그렇게 노동조합을 인정하지 않는 회사와 힘든 싸움을 하며 3년을 보내는 사이 설비·보전부서 매각에 대한 부당해고 소송의 패소가 대법원에서 확정된다. 36명의 정리해고도 돌이킬 수 없게 됐다. 해고자들이 복직투쟁을 그만두는 조건으로 영업직으로 외지를 떠돌던 조합원들이 익산공장으로 돌아올 수 있었다. 한철호를 비롯한 간부 3명은 이마저도 바로 돌아오지 못하고 한솔홈데코의 하청공장으로 발령을 받아 용인, 청원, 포천으로 흩어졌다. 다시 여관방을 잡고 말도 안 통하는 이주노동자들 사이에 섞여 고된 노동을 해야 했다.

다시 익산공장으로 돌아왔지만 2011년 7월 사업(장) 단위 복수노조가 시행되면서 한솔홈데코에서 민주노조 활동은 더욱 힘들어졌다. 한솔홈데코지회보다 조합원 수가 몇 명 더 많은 주식회사한솔홈데코노동조합이 들어섰기 때문이다. 교섭 대표노조가 된 이 노조는 서류상에만 존재하는지 노조 사무실도 없고 노조 전임자도 없었다. 그러니 교섭권도 없는 한솔홈데코지회에 노조 사무실과 전임자의 타임오프가 주어질 리 만무하다. 아무 힘도 없는 식물노조 신세가 됐다. 9년이나 지회장을 했지만, 교섭은 단 한 번 해본 한철호가 노동조합의 대표로 사측과 대등하게 교섭 테이블에 앉는 날이 올 수 있을까. 2008년 3월부터 2011년 6월까지 1207일 동안 최장기 천막농성을 지켜온 한솔홈데코지회 노동자들은 그날을 현실로 만들기 위해 오늘도 현장을 다지고 있다.

"지금 목표는 정년퇴직이에요"

한철호, 한솔홈데코지회장

1997년 계열사 공채로 입사했습니다. 당시에 한솔은 삼성을 능가하는 회사였어요. 제가 입사했을 때는 상여금이 300%였는데 그 전해는 1300%였거든요. 1997년에 이미 4조 3교대가 정착돼 있고 복리후생도 잘돼 있었습니다. 자녀와 직원 대학등록금도 다 주고 가족 의료비도 50%까지 지급했으니까요.

IMF로 제가 있던 제재 공장이 문을 닫는 상황이 와서 MDF 검사라인으로 갔어요. 오퍼레이터였는데 8시간 동안 제품을 생산하다가 불량이 나면 휴게시간에 쉴 수가 없어요. 언제 호출당할지 몰라서요. 기숙사에 있다가도 불량 났다고 하면 불려 나가서 부서장한테 엄청 깨지고 재발 방지 반성문 쓰게 하면서 잠을 못 자게 하는 거예요.

제일 큰 건 빈번한 화재였지요. 기숙사에 있는 사람들이 소방대원이에요. 화재 나서 사이렌이 울리면 기숙사에 있던 사람들이 바로 현장으로 투입돼요. 소방서에서 출동해서 와도 폭발 위험이 있으니까 못 덤벼요. 지금은 그렇게 안 하는데 그 시절에는 싫어도 시키니까 한 거죠.

한번은 진짜 불이 크게 났어요. 옆에서 뻥뻥 터지고 하니까 그때 반장이던 우리 쟁의부장이 조합원한테 "니가 끌 불이 아니야. 대피해"라고 말했다고 해고됐어요.

우리가 만지는 게 포르말린이에요. 발암물질이잖아요. 포르말린 가스가 올라오면 눈도 못 떠요. 군대 화생방 훈련하고 똑같아요. 그런데 예전엔 방독면 같은 이런 보호장비를 잘 안 줬어요. 한 조가 8명쯤 됐는데 일회용 방진마스크도 한 조에 딱 하나만 주고 그랬어요.

매각 때문에 노동조합을 만들기는 했지만 원래 노동조합의 필요성을 느끼고 있었어요. 화재 같은 일할 때의 어려움도 있었고, 고등학교 졸업하고 열아홉 어린 나이로 들어온 직원들이 많다 보니까 강압적인 상사의 지시나 성추행 문제들도 있고 그랬거든요.

그래도 2007년 9월 18일 지회 세우고 100일 동안 하루도 안 빠지고 매일 저녁 조합원들이 다 같이 모여서 교육하고 노동가 배우고 그랬어요. 한솔홈데코가 현장에서 탄압을 엄청 해서 대책 세운다고요.

우리가 천막농성을 1207일 하면서 한솔 계열사들 있는 곳으로 원정투쟁을 엄청 많이 갔어요. 오크밸리도 가고 춘천에 있는 한솔전자도 가고, 한솔케미칼 장항공장, 대전공장 다 갔는데 제일 기억에 남는 데가 진천하고 오크밸리예요. 진천은 선발대가 먼저 가서 집회 장소랑 천막을 어디에 칠지 물색해뒀는데 본대가 가니까 그새 화단으로 만들어놨더라고요. 간신히 천막을 쳤더니 그 앞에 커다란 인분을 세 덩어리 갖다 놨어요. 똥파리들이 날아와서 사람이 살 수 없게요. 인근 농민들이 계속 와서 민원 넣고……

그런 우여곡절도 있었지만 고마운 사람들도 많이 만났어요. 문막에 갔을 때는 만도기계노조 사무장이 집을 통으로 내줬어요. 거기서 먹고 자고 청소하면서 출퇴근하며 투쟁을 했지요. 진천에선 농민회 회장님이 또 방을 내주시고요. 회사 안에 천막 쳤다가 회사가 가처분 신청을 해서 회사 밖으로 옮겼을 때는 옆에 있는 한국세큐리트 동지들이 전기 주고 지역 도움 많이 받았죠.

우리도 36명이 해고되고 소송에서 다 두드려 맞고 나름 처절하게 싸웠는데 화섬에서 일어난 이런 조그만 사업장의 투쟁은 잘 부각이 안 되더라고요. 지금 목표는 정년퇴직이에요. 지금까지 한솔홈데코에서 정년퇴직하는 사람이 없었거든요. 명예스럽게 퇴직하도록 놔두지 않고 어떻게든 쫓아내요. 나이가 좀 차면 우리가 겪은 것처럼 연고지 없는 곳에 다 영업으로 보내버렸어요. 그럼 다들 포기하는 거죠. 현장에 내려갔다가 다시 잠깐 지회장을 한 적이 있는데 그때 조합원 한 명이 뇌졸중으로 쓰러지셨어요. 그때도 교섭권이 없었고 회사는 안 된다고 했는데도 취업규칙 다 뒤져서 그 양반 병원비 타내고 현장 복직까지 시켰거든요. 그 양반 정년퇴직시키는 게 목표입니다.

"해고되고 다시 노동조합을 만들었습니다"

두창훈, 전 한솔홈데코지회 조직부장/현 EMK승경지회장

한솔홈데코가 거의 첫 직장이나 마찬가지죠. 군대 제대하고 1994년 7월 18일에 들어왔죠. 대기업이어서 한솔 다닌다고 하면 결혼도 후딱후딱 하던 때였어요. 아산공장에서 6개월 정도 일하다가 1995년에 익산공장이 지어질 때 여기로 왔습니다. 보일러 담당이었고요. 그때는 대부분 기숙사 생활을 했어요. 있다가 불나면 불 끄러 다녔죠. 지금은 그렇게 안 하는데 그 시절에는 죽으려고 환장했어요. 위험한 줄 알면서도 끌 수밖에 없는 거야. 까라면 까는 거죠.

다른 데는 조직적으로 미리부터 준비한다는데 저희 같은 경우는 한 번에 들고일어났어요. 교대근무 끝난 저랑 몇 명한테 노동조합에 가봐라 해서 우리는 용기 있게 (민주노총) 익산시지부로 갔죠. 그때는 몇 명 있어야 노동조합이 설립되는지도 몰랐어요. 지회장, 사무장, 회계감사 3명만 있으면 어쨌든 설립은 된다고 해서 바로 다음 날 익산시지부에서 총회를 열고 설립을 했죠. 처음에 105명이 가입했는데 총회에 90명 가까이 모였습니다. 그날부터 해서 거의 100일 동안 하루도 안 빠지고 교육을 했어요.

보일러는 보전부서여서 공무과 외주화하면서 같이 해고됐지요. 대법원까지 판결 난 뒤엔 해고자들이 더 이상 할 게 없다, 다른 동지들한테 더 이상 피해 주면 안 되겠다고 해서 부당 전직된 조합원들 익산공장으로 되돌리는 조건으로 2011년에 복직투쟁을 접었습니다. 그러고선 지금 있는 폐기물업체인 EMK승경에 2012년 5월 8일에

입사했습니다. 워크넷에 채용 공고가 올라왔기에 원서 집어넣고 잤는데 바로 아침에 전화 와서 면접을 오래요. 오후에 사무실에 갔더니 이건 뭐 강원도 군대 막사보다 못한 곳이에요. 솔직히 다니고 싶은 생각도 없어서 월급을 세게 불렀죠. 보일러 쪽 자격증은 다 가지고 있어서 원서만 넣으면 찾는 데가 많았거든요. 근데 월급을 맞춰주겠다고 바로 내일부터 출근할 수 없느냐고 물어요. 알고 봤더니 워낙 근무조건이 안 좋아서 사람들이 계속 그만두는 곳이었던 겁니다. 말은 3조 2교대인데 사람들이 맨날 그만두니까 한 달에 27일, 28일을 근무해야 돼요.

노조는 입사하고 6년쯤 지났을 때 만들었어요. 사실 한솔에서 아픔도 있었으니까 쉽지 않은 결정이었죠. 근데 한철호 지회장하고 계속 만나왔는데 지회장이 "해고자 36명 중 어디 가서 노동조합 다시 한다는 사람이 한 명도 없느냐"고 하기도 하고 신환섭 위원장님이 "기둘려" 하더니 오셔서 일대일 과외도 해주셔서 결심하게 된 거죠. 또, 현장이 너무 안 좋았거든요. 소각장을 직접 청소하는 일이어서 일은 어마어마하게 힘든데 임금도 최저임금이고 그랬으니까요. 그러니까 직원들도 호응이 좋았죠. 노조 만든 지 6년 됐는데 지금은 좋아졌어요. 4조 2교대 근무하고 월급도 많이 올랐고요. 예전에는 사람들이 맨날 나갔는데 노조 만들고 나서는 그만두는 사람이 거의 없어요. 직원들도 죄 40~50대였는데 지금은 20대들도 들어오니까요. 이게 노동조합의 힘 아닌가 싶습니다.

회사의 교묘한 탄압에 굴하지 않다

아데카코리아지회의 투쟁

"권위적인 회사 문화를 바꾸고 싶었습니다."

2011년 일본계 다국적기업인 아데카코리아에서 노동조합이 결성된 이유는 임금도, 노동조건도 아니었다. 1991년 전북 완주에 공장이 설립될 당시 공장장으로 부임해 20년째 아데카코리아 현장을 장악하고 있던 한 전무의 "박정희보다 더한 독재 때문"이었다. 화섬노조 아데카코리아지회 사무장 김정남에겐 "그 사람 존재 자체가 공포의 대상" 같았다. 그 사람과 마주치면 숨이 멎는 듯한 느낌이 들었다. 아데카코리아지회 지회장 박현철은 회사 분위기를 군대에 비교했다.

"그 사람이 말하면 군대에서 사단장이 밤에 '저 산 다 밀어' 하면 미는 시늉이라도 하는 것처럼 조직이 그렇게 움직이고 있었습니다. 너무 권위적이고 권력에 심취해 있었죠. 관리자들도 그 모습을 그대로 답습해 현장에서 일하는 사람들을 아무것도 아닌 취급을 대놓고 했습니다. 쉬다가도 관리자가 손가락만 까닥하면 나가야 하고, 무조건 자기네가 하는 말이 법인 듯 분위기를 정말 바꾸고 싶었습니다."

박현철과 같은 마음인 사람이 많았다. 현장직 55명 중 46명

2012년 아데카코리아 규탄 일본대사관 앞 기자회견.

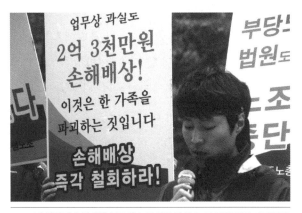
2014년 살인적 손해배상 청구와 노동인권 말살, 노조 탄압 규탄 기자회견.

이 아데카코리아지회에 가입했다. 21세기 직장이 이럴 수는 없다는 생각에 노조를 만들었는데 회사의 대응 역시 21세기에 어울리지 않았다. 7월 4일 노조를 설립하자 보름도 안 돼 정문, 식당, 사무실 등 직원들이 많이 모일 수 있는 곳에 약 20여 대의 CCTV를 설치했다. 물론 사생활 침해에 대한 직원들의 동의를 구하지도 않았다.

　　노동조합을 인정하려는 태도는 전혀 보이지 않았다. 단체협약을 맺기 위해 교섭을 요구하면 사측은 교섭 시간, 교섭 장소, 교섭 인원 등을 핑계 삼아 교섭을 미루기만 했다. 산별노조인 화섬노조 임원들이 교섭을 하기 위해 회사에 들어오는 것도 막았다. 교섭을 요구한 지 두 달이 넘도록 상견례조차 열리지 못했다. 노조가 이례적으로 사측의 요구대로 교섭 시간은 근무시간 외로, 교섭 장소는 회사가 아닌 제3의 장소에서 하는 걸 수용하겠다고 해도 교섭 연기 공문만 보내왔다.

　　회사의 꿍꿍이는 몇 달 뒤인 2012년 2월 신입사원 교육에서 확인할 수 있었다. 공장이 커지던 시점이긴 했지만, 이를 감안해도 노조가 만들어진 이후 갑자기 회사가 신입사원들을 뽑기 시작했다. 그러더니 교섭을 계속 해태해오던 사측 임원과 전무가 신입사원들을 모아놓은 자리에서 공개적으로 민주노총과 노동조합을 비방하는 발언들을 했다.

　　"산별노조라는 것은 민주노총이라는 것은 정치집단이야. 그 사람들의 목적은 …… 자기네들의 정치활동을 하는 데 들어가는 비용, 그담에 응원, 이게 필요한 거야."

　　"가입은 아무 때나 할 수 있어, 단 탈퇴는 못해. 탈퇴를 하면 여러분들은 바로 죽음이야."

　　플라스틱 첨가제를 만드는 아데카코리아는 삼성에도 납품한다. 회사 전무는 삼성에 계속 납품하기 위해서라도 노조와 함께 갈 수 없다고 말했다.

"에버랜드에서 4명이 삼성 복수노조 만들었다가 4명을 다 해고시켰어! 어떻게 하는지 알아? 4명 일대일로 다 달라붙어 가지고 15분 단위로 체크하는 거야. …… 삼성은 조직이 그래. …… 우리 회사도 그런 회사와 손을 잡고 가니까, 우리 회사도 그렇게 가자는 거야."

이날 발언들은 법원으로부터 부당노동행위로 인정받아 회사는 벌금 700만 원을 내야 했다. 이런 전근대적인 노사관계 인식에도 전무는 한 달여 뒤 전경련 등 경제 4단체가 주최한 제39회 상공의날 시상식에서 대통령상을 받았다. 노동자들은 더욱 분노했다. 아데카코리아지회는 노동자의 단결권 행사를 방해하고 있는 전무의 발언과 다국적기업 아데카코리아 사측의 교섭 해태에 대해 OECD 다국적기업 가이드라인 위반으로 지식경제부에 제소하는 것으로 그 책임을 물었다.

신입사원들 앞에서 전무는 "법이 정한 테두리 내에서 회사도 그 사람들에게 안 해줄 거야. …… 앞으로 여러분들은 제도 개선이 많이 되고 혜택이 많이 갈 거야. 근데 저 사람들은 혜택이 안 가! 왜? 평가에서 벌써 떨어지잖아! 평가가 나오질 않아요"라고 말했다. 실제로 아데카코리아 사측이 어떻게 교묘하게 노동조합을 탄압하고 있는지를 알리는 발언이었다.

회사는 노동조합이 설립되고 20일도 안 된 7월 22일 일방적으로 취업규칙을 변경했다. 금지 사항은 6개, 징계 사유는 13개 조항이 추가됐다. 복무규율을 크게 강화하는 내용이었다. 교섭을 요구하는 노동조합이 있음에도 사측은 조합원들은 빼고 직원들 개별로 취업규칙 변경에 대한 동의를 받았다. 그것도 관리자가 보는 앞에서 직원들은 서명을 해야 했다. 거의 강요나 다름없는 동의였다. 취업규칙이 바뀌자마자 조합원들은 무더기로 징계를 받았다. '규칙의 준수' '성실의무' '조퇴 및 사용 외출' '업무 지시 불응' '근무지 이탈' '상사 모욕' 등등. 각종 징계 사유에 따라 조합원 대다수가 징계위원회에 참석해야 했다.

사측은 회사 사정으로 교섭을 연기한다는 날, 조합원 7명에 대한 징계위원회를 반나절 이상 열기도 했다. 그 회사 사정이란 조합원 징계위원회였던 것이다. 노동조합이 회사 식당에 있는 게시판에 선전물을 붙였다고 지회장, 사무장, 선전부장이 함께 징계 조치를 당했다. 계속된 사측의 교섭 해태로 전북지방노동위원회 노동쟁의 조정 신청을 내고, 단체교섭의 근로자대표 중 1인인 사무장이 조정위원회에 참석하자 회사는 허락 없는 외출이라면서 다시 징계 처분을 내리기도 했다.

회사의 진짜 속셈은 징계 남발에 있지 않았다. 사무장 포함 조합원 4명이 이력서 학력 사항에 대졸을 고졸로 허위 기재했다는 이유로 징계해고를 당하자 아데카코리아지회는 2012년 5월 천막농성을 시작한다. 바로 다음 달인 6월 과장급 관리자들이 주축이 된 주식회사아데카코리아노동조합이 설립되고, 아데카코리아는 복수노조 사업장이 된다. 그러고선 11개월 동안 교섭을 딱 한 번 했던 아데카코리아지회는 대표 교섭노조 지위를 잃는다. 인사평가를 하는 과장들이 가입해 있으니 신입사원들은 상대측 노조를 자연스럽게 따라갔다.

"복수노조 창구 단일화 제도를 악용하는 거죠. 교섭을 실제로 하는지도 몰라요. 그냥 취업규칙 그대로 해요. 상대 노조도 노조 사무실이고 타임오프고 아무것도 없어요. 문서로만 존재하는 거죠. 우리가 뭔가 문제 제기하거나 노동조합 이름으로 공문을 보내면 회사가 회신 안 해요. 과반수 노조인 그 노조가 공문을 보내죠. 사측이 나서는 게 아니라 서류상으로도 노노 싸움을 하게 하는 겁니다."(박현철, 김정남)

5월에 시작한 천막농성을 정직자들 징계가 모두 풀린 12월에 접고 현장에 들어가서도 투쟁은 계속됐다. 징계뿐만 아니라 회사는 업무로도 조합원들을 괴롭혔기 때문이다. 부서 이동을 당하지 않은 조합원이 없었다. 한 조를 책임지는 A급 반장 조합원이 8시간 동안 청소만 하는 일로 전환배치되기도 했다.

경제적인 압박도 컸다. 복수노조가 생긴 뒤 사측은 상대측 노조와 합의해 감봉 이상 징계를 받으면 성과급 지급 대상에서 제외하는 걸로 취업규칙을 바꿨다. 징계받지 않은 사람을 찾기가 힘든 아데카코리아지회 조합원들을 정조준했다고 볼 수 있다. 서너 달 치 월급을 한꺼번에 받는 기회가 사라진 셈이다.

"아데카코리아지회는 노조 만들 때도 평균연령이 서른 정도로 조합원들 나이가 어렸어요. 그 젊은 청춘들에겐 기본급 인상보다 꽁돈으로 천만 원 넘게 들어오는 게 엄청난 유혹이잖아요. 그것 때문에 투쟁 과정이나 이후에 탈퇴한 사람들도 많아요. 조합원하고 비조합원하고 너무 차별을 두니까요. 회사가 '손해 보기 싫으면 너 탈퇴해' 이 얘기를 에둘러서 하는 거죠."

화섬노조 전북지부 조직국장 정선영의 말처럼 경제적인 차별도 결코 무시할 수 없다. 게다가 징계를 받으면 다음 해 임금 인상분도 받지 못해 이중으로 피해를 받는다. 이런 불이익은 지금도 계속되고 있다. 지회의 한 간부는 여태껏 암묵적으로 용인됐던 업무상 실수로 발생한 사고에 대해서 회사로부터 2억여 원이 넘는 손해배상 청구소송까지 당했다. 전무의 "법이 정한 테두리 내에서"라는 말에는 이렇게 무서운 의미가 숨어 있었다.

복수노조 사업장에서 소수 노조로서 아데카코리아지회는 오늘도 고군분투 중이다. 여전히 어려운 조건이지만 조금씩 직원들과 관계를 만들어가고 있다. 몇 년 전만 해도 신입사원이 지회장이나 사무장과 담배만 같이 피워도 사무실에 불려갔지만 이제는 많이 눈치 안 보고 대화를 하게 됐다. 소수 노조여도 아데카코리아지회가 현장에 필요한 걸 요구하면 회사는 안 들어줄 수 없는 분위기가 됐다. 2012년부터 성과급을 받아본 적 없던 지회장 박현철이 2023년 10년 만에 처음으로 성과급을 받은 것도 고무적이다. 아데카코리아 현장을 억압적인 분위기로 만들어왔던 전무도 2023년 퇴직했다.

"예전에는 암울한 분위기가 지배했다면 지금은 조금씩 직원들이 꿈틀대는 게 느껴집니다. 노동조합 하면서 힘든 것도 많았지만 내 삶이 뭔가 발전하는 것 같고, 제 딸한테 좀 더 자부심이 생기는 삶이 돼서 좋습니다."(김정남)

캄캄한 터널을 거쳐온 아데카코리아지회는 이제 빛으로 나아가고 있다.

9장

고난의 시기에 남은 흑역사

2007~2009년 화섬의 위기

연맹 공중분해를 막기 위해 택한 길

조직에 위기가 닥쳤다. 2007년 9월 13일 화섬연맹 임시대의원대회에서 연맹 해산을 전제로 한 산별 전환 집중사업계획안이 1표 차로 부결된 후 파행이 거듭된다. 비상대책위원회(비대위)가 꾸려졌지만 산별 전환하지 않은 노조들은 11월 22일 미전환 대표자 수련회를 개최하여 독자 행보에 나선다. 이날 수련회에 참가한 15개여 단위 노조 대표자와 중앙과 지역본부 간부 등 25명은 '임원 보궐선거 보이콧'과 '연맹 의무금 지역본부로 납부' '연맹 중앙 사업 중단' 등을 결정한다. 게다가 연맹과 별도로 '미전환대표자협의체'를 구성하기로 한다.

이런 움직임 속에 12월 6일 연맹 보궐선거가 치러진다. 코오롱 해고자 신분이던 이상진은 테트라팩 원정투쟁으로 스위스에 있을 때 연맹 위원장을 맡아달라는 제안을 받았다.

"진흙탕 같은 데서 욕만 먹어야 되는 자리인데 내가 왜 하나. 못한다고 그랬어요. 코오롱 해고자들도 앞이 뻔하다고 절대 안 된다고 했고요."

한국에 돌아왔는데도 위원장 후보가 없는 상황. 결국 이상진이 맡기로 하고 단독 입후보해 당선됐다. 이상진 집행부는 출범하자마자 전국을 돌았다. 연맹 중앙에 불신이 큰 단위 사업장들을 만나려고 했다. 그런데 중앙의 면담이나 간담회 요청도 거부 당하고 어렵게 자리를 만들어도 오지 않는 경우가 태반이었다.

"연맹 위원장에 당선됐는데도 연맹 의무금을 안 내고 보이 콧하던 노조는 저를 연맹 위원장으로 인정도 안 했어요. 사업장 앞에 찾아가서 전화를 해도 안 받고, 문전박대당한 사업장도 많 아요. 내가 무슨 죄를 지은 것도 아닌데 이런 말도 안 되는 일들 을 겪나 싶어서 진짜 여러 번 때려치우려고 했어요. 위원장 사퇴 서를 품에 넣고 다녔어요. 너무너무 힘든 시간이었죠."(이상진)

새 집행부가 구성된 후로도 미전환대표자협의체의 독자 행보는 계속돼 2008년 3월 18일 '연맹 재건을 위한 대표자협 의회'(연대협)를 결성했다. 이날은 화섬연맹 정기대의원대회 날 이기도 했다. 연맹 안에 연맹과 같은 수준의 별도 조직을 만든 것으로 연맹 공식 체계를 부정하는 행위였다. 충북과 대전·충 남, 광주·전남 등 3개 지역본부에서 집단으로 연맹 의무금 납부 를 거부하고, 연맹 중앙위원회나 대의원대회 같은 의무 행사에 도 참가하지 않았다. 연대협은 화섬연맹에 ▲ 화학섬유노조는 2007년 중앙위원회 결정에 따라 오는 2월까지 금속노조에 가 입할 것 ▲ 화섬노조는 하나의 단위 노조이니 화섬연맹에 중앙 위원과 대의원 수를 줄일 것 ▲ 화섬연맹 내 소규모 지역본부를 통합·축소해 재정과 지도 집행력을 강화할 것 등을 요구했다.[1]

이러한 요구에 대해 화섬연맹 중앙위원회에서 논의했

---

1   양돌규,《정식품노동조합 30년사》, 한내, 2022, 151쪽.

고, 지도부의 조직 정상화를 위한 의지를 담은 위원장 호소문(2008.1.21.)에 답을 담았다. 주요 내용은 ① 임기 안에 준비 안 된 연맹 해산안을 다시 부치지 않겠다 ② 산별 전환은 중단 없이 계속해서 가져가야 할 사업 과제이다 ③ 문제 해결을 위해 반발하는 사업장과 지역 간담회 등을 추진해 대화하겠으니 만나자 ④ 규약 개정이 필요한 사항은 의결 단위 토론을 거쳐 논의하겠다 등이었다. 호소문대로 연맹 지도부는 연대협 소속 단위들과 소통하기 위해 계속 노력했지만 대화가 제대로 이루어지지는 못했다.

6개월이 넘도록 파행이 이어지는 동안 연맹 사업에 충실히 결합하는 조직들에서 불만이 터져 나왔다. 충북과 대전충남지역본부는 대표자회의도 제대로 안 되고 본부 활동 자체가 유실되어가고 있었다. 해당 지역에서 연대협에 속하지 않은 단위 노조들은 소외당했다. 전남의 여수 지역도 연맹 사업에 제대로 참여하는 조직이 왕따를 당하는 분위기가 조성됐다. 화섬노조 지회 사업장은 지역본부 성원에서 제외되기도 했다. 이에 충실히 결합하는 조직들에서는 소수만 남더라도 지역 사업이나 회의를 제대로 할 수 있는 조건을 만들어달라는 강력한 요구들이 올라왔다.

화섬연맹도 장기 파행 과정에서 시급히 벗어날 필요를 느꼈다. 연맹 사업들은 좀처럼 하지도 못한 채 내부 조직 갈등 해소에만 매달리니 파행의 악순환만 반복될 뿐이었다. 조직 규율과 체계를 바로잡고 사업 중심으로 가야 한다고 판단했다. 화섬연맹은 2008년 5월 21일 임시대의원대회를 열고 정당한 사유 없이 연맹 의무금을 6개월 이상 미납하고 연맹 사업에 참여하지 않는 가맹 조직들은 제명하기로 결정한다. 유예기간으로 한 달을 뒀다.

임시대대를 기준으로 의무금을 6개월 이상 미납한 가맹 조직은 수도권 3개, 광주·전남 7개, 대전·충남 4개, 충북 2개 등 16개였다. 조합원 수만 2700명에 달해 한 달 뒤 그대로 제명이 결정될 경우 민주노총 사상 유례없는 제명 조치가 될 터였다. 가장 큰 조직이던 금호타이어노조가 금속노조로 빠져나가 그러잖아도 규모가 축소된 화섬연맹으로서는 큰 결심이었다. 하지만 연맹은 조직이 분열되는 것보다는 작더라도 뭉쳐서 가는 길을 택했다.

몇 개 노조는 유예기간 막바지에 미납 의무금을 일부 납부해 제명 사태를 피했다. 유예 조치를 취하지 않아 6월 21일 제명된 곳은 충북 지역 정식품과 한국네슬레, 대전·충남 지역 롯데대산유화, 아세아산업개발과 서울의류업 노조 등 5개 조직이었다. 하지만 막판에 의무금을 납부했던 조직들도 입장을 전향적으로 바꾸겠다는 의지가 있었던 건 아니었다. 이들 조직은 다시 연맹 의무금을 납부하지 않고 연맹 사업에도 여전히 비협조적인 태도를 고수했다.

연맹은 다시 2008년 11월 26일 대의원대회에서 연맹 사업과 조직적 결합을 거부하고 의무금을 장기 미납한 조직에 대해 제명 결정을 내렸다. 이때도 한 달 유예기간을 뒀지만 유예 조치를 한 조직은 없었다. 그렇게 12월 26일 제명된 조직은 수도권본부 코카콜라음료북부, 광주·전남 금호피앤비, 대림석유화학, 대성산업가스, 삼남석유화학, 위스컴, kpx화인케미칼, 한화석유화학, 호남석유화학, 호성케멕스, SY탱크터미널 등과 대전·충남 대륙화학, 바이엘크롭사이언스, 씨텍, 유니레버코리아와 울산 대한스위스화학 노조 등 16개 조직이었다. 두 번의 제명 결정에 따라 21개 조직 4071명이 화섬연맹을 떠났다. 이와 별개로 대전·충남의 서해파워, 충북의 재성진흥과 한국냉장 등 3개 조직 266명도 연맹을 탈퇴했다. 이로써 화섬연맹은 전체 조합원 중 4분의 1 가까이를 떠나보내야 했다. 연맹이 공중분해되지 않기 위해 택한 고육지책이었지만 뼈아픈 결정이었다.

조직 파행으로 화섬은 고난의 시기를 겪게 되었다. 수천 명 제명으로 재정 압박이 가중되자 중앙이 지급하던 지역 사무처의 임금을 해당 지역본부가 책임지도록 했다. 조직이 몇 개 남지 않아 정상적인 운영이 어려워진 충북본부와 대전충남본부는 통합 운영하면서 조직 정상화를 꾀했다.

제명된 사업장들은 독자 조직을 꾸리며 다른 길을 모색했다. 충북과 대전·충남 제명 사업장을 중심으로 26개 노조가 모여 2009년 1월 16일 '전국화학산업노조연합'(화학연합)을 구성해 창립대회를 치렀다. 전 연맹 대전충남본부 조직국장과 전 연맹 충북본부 조직국장이 부의장과 사무처장을 맡아 연맹이 채용한 상근자들이 반대편에 선 모양새가 됐다. 여수 지역 제명 사업장도 2008년 12월 지역노조건설추진위를 만들어 2009년 1월 화학산업광주전남지역노조연합(준)으로 전환한 이후 2009년 5월 18일 화학산업광주전남지역노조연합을 출범하기에 이른다.

비록 이 조직들과 헤어졌지만 화섬연맹·화섬노조 임원과 간부들은 완전한 이별은 아니기를 희망했다. 화섬연맹·화섬노조를 더 크고 튼튼히 만든다면 분명 다시 만날 수 있을 거라고 확신했다. 그래서 소모적인 논쟁보다는 실력 키우기를 택했다. 현장에 좀 더 밀착해 조직 사업을 열성적으로 펼쳐냈다. 더 자주, 더 많은 노동자를 만나면서 조직을 확대해갔다.

그러자 암흑의 시대가 점점 걷히고 빛이 보이기 시작했다. 묵묵히 현장을 다지자 헤어진 조직들과도 다시 만날 수 있었다. 물론 그건 많은 고통의 시간이 흐른 뒤의 일이었다. 이탈했던 조직 대부분은 다시 화섬으로 돌아왔다. 줄잡아 10년 넘게 걸렸지만, 비 온 뒤에 땅은 더 굳어지는 법이다. 민주노총 내에서 조직 갈등을 겪은 사례들이 무수히 많지만, 다시 돌아와 하나로 굳어지는 경우는 어쩌면 유일할 것이다. 이 또한 고난의 시기를 보낸 화섬의 자부심이다.

흑역사를 딛고 출범한 화섬노조 3기

화섬연맹이 조직 파행을 겪는 동안 화섬노조 역시 힘든 시기를 거쳐나갔다. 2008년 9월 31일 화섬노조 2기의 임기 마무리를 앞두고 8월 21일과 9월 2일 3기 임원 선거 공고를 두 차례 냈지만 출마한 후보자가 없었다. 결국 10월 16일 임시대의원대회에서 노조 중앙위원들로 꾸린 비상대책위원회 체제로 가기로 결정한다.

화섬노조라는 배를 이끌 선장을 찾기에도 바쁜 이때, 노조는 황당한 일을 겪는다. 전 화섬노조 2기 수석부위원장이 10월 27일 코리아나호텔에서 민주노총 탈퇴 1인 기자회견을 연 것이다. 그는 "오랜 시간 민주노총 조합원으로, 민주노동당 당원으로 투쟁해왔지만 이제 이들과 함께 세상을 바꾸는 것은 불가능해 민주노총과 민주노동당을 떠난다"고 했지만, 관련 보도자료가 대표적인 우익단체인 '뉴라이트전국연합' 명의로 배포됐다는 점에서 진정성이 의심됐다.

그 뒤 기자회견을 한 수석부위원장이 뉴라이트전국연합의 노동 조직으로 알려진 뉴라이트신노동연합에서 활동하는 걸로 확인됐다. 뉴라이트신노동연합의 상임대표인 고 권영목은 민주노총 초대 사무총장을 지냈지만 이후 보수로 돌아섰다. 2009년

3월《민주노총 충격 보고서》를 발간해 노동진영에서 '변절자'로 낙인찍힌 인물이었다. 게다가 그가 기자회견을 하던 즈음은 뉴라이트신노동연합이 민주노총 탈퇴를 조직적으로 기획하고 있다는 소문이 들려오던 때였다.

실제로도 화섬노조 영진약품지회와 NCC지회가 그의 기자회견 넉 달여 뒤인 2009년 2월 26일과 3월 19일 각각 노사화합선언을 하면서 민주노총을 탈퇴한다. 민주노총을 탈퇴하기 전 영진약품지회 전 간부들이 기자회견을 한 수석부위원장을 비롯한 뉴라이트신노동연합 쪽 관계자들과 여러 차례 만난 것으로 확인됐다. 영진약품 노사화합선언식에도 뉴라이트 계열 인사들이 참석한 걸로 알려졌다. 영진약품지회 간부들 역시 뉴라이트신노동연합과 만났다는 이야기들이 전해졌지만 당시 지회 간부들은 이런 의혹을 극구 부인했다.

하지만 10년이 지난 2020년 당시 두 지회의 민주노총 탈퇴는 국정원의 공작이었음이 밝혀졌다. 《한겨레21》(2020.5.25.)은 〈"민주노총 탈퇴 안 하면 인센티브 없다" 국정원의 공작〉 기사를 통해 2009년부터 2011년까지 국정원이 개입해 민주노총을 탈퇴한 노조가 21곳에 이른다는 사실을 폭로했다. 21곳 중에는 화섬노조 영진약품지회와 NCC지회도 포함돼 있었다.

《한겨레21》이 입수한 국정원의 '노조 파괴 공작 의혹' 내부 감찰 자료인 '수사 참고 자료'에는 영진약품지회 사례가 구체적으로 언급되고 있다. 국정원 문서에는 "국정원 국익정보국이 노사 대표를 접촉해 영진약품에 부과된 탈세 추징금 85억 원 납부 시한을 연기하는 것을 조건으로 민주노총 탈퇴를 설득"하고, "국정원이 당시 국세청 차장을 접촉해 납부 시한을 연장했다"고 적혀 있었다고 한다. 이 탈퇴 과정에 전 화섬노조 수석부위원장이 활동한 뉴라이트신노동연합에서 이름을 바꾼 민주노동개혁연대가 개입했고, 국정원이 이 단체에 활동비를 지급했다고도 기록돼 있었다고 한다. 자신의 영달을 위해 노동운동 경력을 훈장처럼 써먹는 쏠쏠함이 화섬노조의 흑역사로 남았다.

보수진영의 준동 등 안팎으로 시끄럽던 상황에서 화섬노조의 구심점이 필요했다. 흔들리는 산별의 중심을 잡기에는 비대위로는 부족하다는 생각이 커가던 중 화섬연맹 전북지역본부장 신환섭이 결심한다.

"그때 전북이 투쟁 사업장들도 많고 활성화되고 있었습니다. 동양실리콘, 한솔홈데코 싸우고 있고 LG생명과학, 대림 같은 대기업들에서 산별노조가 만들어지고 있었고요. 투쟁 사업장 입장에선 힘으로 몰고 가는 것도 필요한데 노조 중앙에 위원장이 없으면 산별노조로서 제 기능을 못하는 거잖습니까. 그러면 투쟁 사업장이 제일 힘들고 갑갑한 거죠. 그러던 차에 중앙 사무처 간부가 와서 이러다간 화섬이 없어질 것 같다고 하고, 전북에서도 저한테 올라가야 하지 않겠냐고 했어요. 그럼 내가 위원장을 해야겠다고 자임하고 서울로 올라오는 KTX 첫차를 탔습니다."

드디어 세 달여의 비대위 체제를 마감하고 2009년 1월 17일 위원장 신환섭, 수석부위원장 최영길, 사무처장 이동익이 팀을 이룬 화섬노조 3기가 출범한다. 신환섭은 화섬노조 위원장이 된 뒤 산별 사업장들로부터 "자존심도 없이 산별 위원장이 연맹 밑으로 들어가느냐"는 항의를 받으면서도 화섬연맹 수석부위원장을 함께 맡는다. 연맹에 남아 있는 사업장들을 빨리 규합해야 한다는 생각에 화섬연맹 위원장 이상진과 한 몸처럼 움직였다.

"햇빛 하나도 안 드는 반지하방 숙소에서 생활하면서 엄청 바쁘게 살았습니다. 그때 화섬 차가 마티즈였는데 그 작은 차를 타고 이상진 위원장이랑 같이 하루에 천 킬로씩 돌아다니고 그랬어요. 새벽에 출발하면 지역에 저녁 늦게 도착해요. 차에서 내리려면 다리가 안 펴질 정도로 현장을 다녔죠. 그때는 빨리 조직을 정상화해야 한다는 생각 때문에 피곤한 줄도 몰랐습니다."(신환섭)

신환섭과 이상진이 전국의 화섬연맹과 화섬노조 현장을 누비는 사이 화섬 조직은 분열의 조짐이 조금씩 옅어져갔다.

10장

기본을 지키며
이겨낸 노조의 위기

일상 교육, 조직 활동과 투쟁

옥장판까지 등장한 체육대회

앞이 보이지 않을 땐 기본으로 돌아가라고 했다. 화섬연맹은 조직의 4분의 1이 이탈하고, 화섬노조도 비대위를 갓 벗어나 어수선한 상황이었다. 양 조직은 울타리 안에 있는 가맹 조직들을 다독이는 일부터 시작했다. 부지런히 조합원들을 만났고 이들을 묶어낼 행사들도 많이 기획했다. 그중 체육대회는 민주화학연맹 시절부터 이어온 화섬의 자랑거리 중 하나였다. 《화학연맹신문》 8호(1998.11.18.)에 실린 첫 체육대회 기사는 이러했다.

'몸도 튼튼 투쟁도 확실히'
화학연맹 조합원들이 맑고 푸른 가을하늘 아래서 마음껏 뛰고 부대끼면서 고용안정 쟁취와 연맹 강화의 한목소리를 내며 무등벌을 자주빛으로 수놓았다.
작년 3월 연맹 창립 이후 전국에서 모인 500여 명의 조합원들이 자주색 모자를 쓰고 참가한 가운데 10월 25일 오전 10시부터 하루 동안 처음으로 열린 '화학연맹 강화와 고용안정 쟁취를 위한 제1회 화학연맹 체육대회'가 만들어낸 바로 그 작품.
이날 체육대회는 수도권, 중부권, 호남권, 영남권 등 4팀으로 나뉘어 축구, 배구, 족구, 줄다리기, 이어달리기 대항전 형식으로 진행되

2017년 화섬노조 체육대회.

었으며 중간에 전체가 참여하는 OX게임을 하였다.

1시부터 진행된 개회식에서 오길성 연맹 위원장은 대회사를 통해 "이번 체육대회를 계기로 IMF체제에서 어렵게 싸워왔던 상반기 투쟁을 결산하고 서로 어울려 하나가 되어 고용안정 투쟁과 산별노조 건설을 위해 힘차게 나가자"고 힘주어 말했다. ……

이번 체육대회에서 가장 색다른 점이자 참가자들의 관심을 한곳에 모은 것은 바로 행운권 추첨. 주최 측에서 경품을 사서 내놓은 다른 행사에서와 달리 체육대회 경품을 가맹 노조에서 생산하는 제품으로 해당 노동조합에서 직접 내놓은 것이다. 금호타이어에서는 타이어 10개, LG화학에서 화장품·생활용품 세트, 두산유리에서 파카글라스 선물세트, 고려화학과 현대페인트에서 각각 10통, 한국네슬레와 동서식품에서 커피 선물세트, 미진화학에서 아이스박스와 김치통 등 모두 15개 노조에서 30여 종류의 상품을 내놓았다.

한편, 연맹 첫 체육대회의 종합우승기는 족구와 줄다리기에서 우승한 영남권으로 돌아갔으며 호남권은 배구와 이어달리기에서 우승했지만 축구 결승전에서 지는 바람에 아깝게 2등에 그쳤다.

규모가 작은 연맹이어서 가능한 체육대회였다. 덕분에 가족 같은 분위기의 연맹을 유지할 수 있었다. 광주 무등벌에서 열렸던 첫 번째 체육대회에 이어 1999년 체육대회는 구미 공단운동장에서 연맹 통합을 앞두고 민주섬유연맹과 같이 주최했다. 2000년엔 대전 충남대 농대 운동장 등 매번 개최 지역을 달리했고, 500~800명의 연맹 소속 조합원·가족들이 모여 운동을 겨루면서 하루를 즐겼다. 처음 구기종목 중심으로 펼쳐진 체육대회는 조합원 가족들의 참여가 많아지면서 야구윷놀이, 제기차기, 훌라후프 돌리기처럼 남녀노소가 같이 즐길 수 있는 종목들도 추가됐다. 줄다리기를 하다가 줄이 두 번이나 끊어진 일 등 조합원들에게 즐거운 기억으로 남아 있는 행사였다.

특히 조합원들은 체육대회 하면 다양한 경품을 떠올린다. 많은 업종이 소속된 조직답게 단위 사업장들이 직접 내놓은 경품의 종류도 다채로웠다. 신흥 코렉스 자전거, 고합의 이불, 효성 정수기, 신호제지 복사용지, 영진구론산, 카스맥주, LG정유 주유권 등 어느 행사에서도 보기 드문 경품들이 쏟아졌다. 레이디가구가 10자 장롱을 턱 내놓은 적도 있다. 고려화학노조가 옥장판을 들고 왔을 때는 무거운 옥장판을 누가 갖고 갈지 걱정들이 많았다. 다행히 개최지인 구미에 있는 대하합섬이 당첨돼 무거워 끙끙거리면서도 기뻐하며 들고 갔다는 뒷말이 들려왔다.

어수선한 분위기에서 출범한 화섬노조 3기 집행부는 화섬노조 설립 이후 지역 지부별 체육대회로 축소됐던 체육대회를 화섬노조·화섬연맹 통합 체육대회로 추진했다. 2009년 체육대회는 화섬노조 창립기념일을 5일 앞둔 10월 24일, 노조·연맹 조합원과 가족 250여 명이 모인 가운데 대전 가오초등학교에서 진행했다. 운동 종목보다는 유격발야구, 보호막피구, 양파링 릴레이, 신발 날리기 같은 어린이·가족 종목을 더 많이 넣어서 온 가족이 즐기는 행사로 만들었다. 침체됐던 조직의 분위기를 한껏 끌어올리는 데 큰 역할을 했다. 체육대회는 2009년 이후 코로나19가 오기 직전인 2018년까지 거의 매년 열리며 다시 화섬의 중요한 행사로 자리매김했다.

조직이 확대된 만큼 최근엔 경품의 종류가 달라졌다. 도축장인 한국냉장 노동자들이 돼지고기 수십 근을 들고 온 적도 있다. 그런데 돼지고기보다 더 인기 있던 경품은 따로 있었다. 천하제일사료 조합원들이 내놓은 개와 고양이 사료였다. 코로나19로 맥이 끊겼던 화섬노조 조합원·가족 체육대회는 앞으로 어떤 다채로운 행사로 진화할까? 또 어떤 경품들이 조합원들을 설레게 할지 벌써부터 궁금하다.

조합원들을 결속시키는 일상 활동

고종식, 전 동서산업노조(현 이누스진주지회) 위원장, 전 민주화학연맹 회계감사

화학연맹 감사 시절에 연맹 차원에서 체육대회를 만들자고 제가 제안했어요. 진주에서도 버스 한 대 대절해서 갔죠. 전국에 있는 사업장들이 다 모여서 각 사에서 만든 제품들을 가져왔던 게 참 기억에 많이 남습니다. 우리는 비데를 냈었죠. 음식을 해먹기도 했어요. 단사별로 냄비 걸고 육개장 끓이고 풀무원 두부 엄청 풀어서 두부김치 내놓고요.

단사에서 단결력을 높이기 위한 활동으로는 매주 수요일마다 남강초등학교에서 족구대회를 열었어요. 간부들이 욕봤죠. 맨날 막걸리 받아오고 안주 사들고 온다고…… 또 교섭을 하고 나면요. 무조건 천막 들고 하천으로 갑니다. 투망 던져서 고기 잡아 튀김 해 먹고, 회로 먹고요. 5월 5일 어린이날 되면 남강변에 천막 치고 가족들 오게 해서 행사하고요. 그런 것들이 조합원들을 결속시키는 데 도움이 되지 않았나 싶습니다.

조합원과 간부 사이의 끈끈한 정

이상갑, 전 신흥타이어노조(현 신흥지회) 위원장, 전 화섬연맹 부위원장

화섬연맹에서 하는 체육대회를 모델로 삼아서 부경지역본부에서도 매년 임단투 전진대회를 가족한마당 형태로 하고 있습니다. 벌

써 20년 넘게 계속되고 있어요.

예전엔 지역에서 노조들 간 교류가 많았어요. 지금은 우리 조합원이나 조합 간부들이 누가 동서산업 지회장인지 몰라요. 20년 전만 해도 간부들이 지나가면 "동서산업 후생복지부장 가네" "신호제지 조직부장이잖아" 하고 조합원들이 다 알았죠.

연대하는 일정이 굉장히 많았습니다. 민주노총에서 총파업 지침을 계속 내리니까 우리는 예비군처럼 동원되곤 했어요. 조합원들하고 핵심 간부들하고 같이 있을 수밖에 없어서 끈끈한 정 같은 게 생겼죠.

노동조합의 힘을 키우는 방법

간부역량강화교육

조직의 힘은 사람에게서 나온다. 간부 역량 강화만큼 노동조합의 힘을 키우는 방법도 없다. 화섬은 민주화학연맹 초창기 때부터 교육에 힘을 써왔다. 해외 노동단체의 지원을 받아 2박 3일씩 집체교육을 했던 현장활동가 양성과정은 초기 연맹의 틀을 잡고, IMF를 시작으로 화섬업계 구조조정에 맞서 싸울 때도 물러서지 않을 힘의 원천이 되었다.

1997년부터 2001년까지 계속됐던 현장활동가 양성교육은 이후 화섬연맹 차원으로 진행했지만 산별노조가 뜬 2004년 이후 중단됐다. 산별노조 전환 논쟁으로 내부 갈등이 불거지던 2007년 화섬 노조와 연맹 집행부는 교육으로 내부 혼란을 극복하고자 나선다. 현장활동가 양성과정은 '간부역량강화교육'이란 이름으로 부활해 화섬의 일상 활동을 정상화하는 계기가 됐다. 8개 지역본부 및 지부에서 총 8차에 걸쳐 1박 2일씩 진행한 2007년 간부역량강화교육에는 연맹과 노조 총 60개 단위 사업장에서 167명이 참여했다.

간부역량강화교육을 통해 중앙과 지역, 현장이 함께 사업을 조직하는 경험을 되살렸다. 연맹 사업장과 노조 사업장 간부

2009년 간부역량강화교육(호남권).

들이 함께 참여함으로써 서로에 대한 이해를 높이고 산별노조 건설의 필요성에 공감하는 계기가 되기도 했다. 민주노총 교육원과 공동사업으로 진행하면서 총연맹이 '간부의무과정'을 정형화하는 데도 기여했다. 참가자들도 교육평가서에 "현장 활동을 강화하기 위해 이런 교육이 꼭 필요하다" "발표력 훈련이 도움이 많이 됐다" "내가 교육의 주체가 되는 새로운 경험과 토론과 발표에 너나없이 참여함으로써 자신감을 얻었다" 등으로 답변하면서 좋은 평가를 내렸다. 그래서 이런 성과를 이어가고자 2008년에도 간부역량강화사업을 계획했지만 연맹 교육 담당자의 부재와 조직의 파행으로 사업이 집행되지 못했다.

화섬노조 3기는 2009년 1월 출범하자마자 이 사업부터 추진했다. 3월부터 전체 4차 과정으로 이루어진 간부역량강화교육을 실시했다. 1차 과정인 노동법실무교육에는 총 42개 사업장 110명, 2차 과정인 기업 재무회계 분석과 민사소송 실무 교육에는 총 46개 사업장 100명, 3차 과정인 기업의 사회적책임(CSR)과 노동조합 교육에는 총 34개 사업장 103명, 4차 과정인 간부 리더십 훈련과 실무 민원 접수 및 정보공개 청구 교육에는 총 31개 사업장 94명이 참가했다. 모두 1박 2일 숙박 교육이었다. 3월 말부터 9월 중순까지 노조와 연맹 교육선전실이 모두 달려들어 마무리할 수 있었던 초대형 기획 교육 사업이었다. 덕분에 연맹과 노조가 그간 조직 내 갈등으로 흐트러졌던 모습에서 벗어나 내부 단결과 신뢰를 회복할 수 있게 되었다.

이후 간부역량강화교육은 매년 빠지지 않고 화섬연맹·화섬노조의 중요한 사업으로 자리 잡았다. 2011년에는 복수노조 시행 관련 교육과 함께 한창 주목받던 MBTI를 통한 팀워크 향상 프로그램 훈련 등을 교육하고, 2012년에는 노조가 두 배로 강해지는 소모임 활동론, 조직·교육 활동 시 현장에서 활용 가능한 도구 및 기법 같은 간부의 실무 역량을 강화하는 교육도 시도했다. 2014년에는 초급과 고급교육으로 나눠 신규 노조나 신임 간부들과 기존 간부들에 따라 맞춤 교육을 진행했다. 2017년부터는 간부역량강화교육 중 아예 신임간부학교를 따로 마련해 노동조합 활동을 처음 시작하는 간부들에게 길잡이 역할을 하고 있다.

이처럼 간부역량강화교육은 해마다 업그레이드되면서 화섬 조직이 변화에 끌려가지 않고 변화를 이끌어가는 산별노조로 부상하는 데 커다란 무기가 되어왔다.

성수동을 가득 메워 승리를 이끌다

K2코리아 정리해고 투쟁

투쟁만큼 노동조합의 현재를 가늠하기 좋은 잣대도 없다. 투쟁을 통해 조직의 강점도 파악하고 한계도 살필 수 있다. 화섬노조에겐 2012년 3월부터 8월까지 벌인 K2코리아 정리해고 투쟁이 침체기에서 회복되고 있음을 느낀 바로미터 같은 투쟁이었다. 대부분 중년인 여성 노동자들이 날벼락처럼 맞은 정리해고 통보를 화섬노조는 지역과 함께 싸우면서 승리를 일궜다. 또한 2번의 전국집중집회를 성사시키면서 자신감을 얻었다. 그때 이야기를 《케이투코리아 정리해고(구조조정) 노동현안 백서》(성동근로자복지센터, 2012)에 실린 화섬노조 임영국 사무처장의 〈'고용우수기업'에서 정리해고된 사람들이 노동조합을 만들다!〉를 재구성해 싣는다.

> "당신들 부모, 때론 사돈에 육촌, 팔촌 돌아보십시오. 다 사무직에만 근무합니까? 생산직에 다니는 사람은 없는지. 당신들 부모도 옛날에 당신들 키울 때, 우리처럼 이런 생산직에서 분명히 일해서 키웠을 것입니다. 다들 내 가족, 내 자식을 위해서, 어렵고 힘들어도 대우가 불공평해도 참고 견디며 일했을 것입니다. 생산직 사람도 사람

2012년 K2코리아 승리 화섬 2차 집중집회.

이라는 것을 잊지 마십시오!"

—지은옥, K2코리아지회 조합원의 집회 발언문 중

십수 년을 신발만 만들던 노동자들에게 '정리해고' 통보는 말 그대로 충격이었다. 3월 8일, 말로만 듣던 문자 통보를 받아 든 93명의 신발 노동자들은 혼란스러웠다. "우리가 대체 뭘 잘 못했기에", 서로 얼굴만 쳐다보며 불안해하던 그들이 의견을 모아 연락한 곳은 노동조합이었다. 이틀 뒤인 10일 화섬노조와 동네민주노총(서울동부지구협)을 만났다. 화섬노조와 동네민주노총은 바로 공동대책위원회를 구성해 지원 태세를 갖췄고, 14일 화섬노조 K2코리아지회를 설립했다.

회사는 인도네시아에 큰 공장을 만들었으니 성수동 본사의 신발사업부는 이제 필요 없다며 정리해고의 이유를 들었다. 5월 말에 신발사업부를 폐쇄할 것이니 알아서들 희망퇴직하라고 덧붙였다. 위로금은 '1개월 이상' '직원 대표와 협의 후 결정'.

억울하다 못해 분노가 치밀었다. 회사가 잘나가도 너무 잘나가는 게 문제였다. 정년도 많이 남지 않은 오십 줄의 노동자들은 회사의 '급성장 덕에' 일자리를 잃게 된 것이다. 정리해고를 단행한 K2코리아는 아웃도어 국내 3위 업체로 10년 사이에 매출이 15배 늘고 순이익만 해도 45배 이상 급성장하며 승승장구해온 기업이었다. 정리해고를 통보받은 신발사업부 노동자들의 인건비는 매출액의 1%도 안 되는데 무슨 '긴박한 경영상의 이유'가 있단 말인가. 바로 지난해에 오너 가족이 주주 배당금으로 100억을 챙겨간 사실을 알게 되자 노동자들의 의구심은 다시 분노로 옮아갔다.

정리해고 노동자들의 말문을 막은 압권은 정리해고 통보 불과 두 달 전에 회사가 고용노동부가 선정한 '고용우수 100대 기업'에 뽑혀 대통령상을 받았다는 사실이었다. 지난해 74명을 신규 채용했다는 명분이었다. 그랬던 기업이 상을 받은 지 두 달도 안 돼 93명을 자르겠다고 나온 것이다.

3월 19일 화섬노조와 공대위는 서울지방고용노동청 앞으로 달려가 기자회견을 열었다. "불법적 정리해고를 철회하고, 고용노동부는 특별근로감독을 실시하라"고 주장했다. 이틀 뒤엔 성동구청을 찾아가 같은 이야기로 기자회견을 했다. 구청장 앞으로는 K2코리아지회 노동자가 눈물의 편지를 띄웠다.

"인도네시아에 큰 공장 지어서 이전하기 위해 우리 (최)저임금 근로자를 허울 좋은 명퇴를 시키고 있습니다. 대통령은 이런 두 얼굴을 가진 회사한테 고용 창출했다고 큰 상을 내리셨더군요. 이런 상은 인도네시아 대통령한테 받아야 하는 거 아닙니까?"

3월 21일 첫 교섭이 열렸다. 화섬노조는 본조 임원과 K2코리아지회, 민주노총서울동부지구협으로 교섭단을 구성해 교섭에 들어갔다. 공장폐쇄와 정리해고를 둘러싼 노사 간 이견이 좁혀지지 않았다. 사측은 교섭 자리에 나오기는 하겠다는 식이었다. 언론에 〈고용우수기업 선정 두 달 후 "정리해고"〉(한국일보, 2012.3.20.)라는 기사가 뜨고 여론이 안 좋아지자 회사는 22일 언론보도를 통해 "정리해고를 통보한 바 없다"며 슬그머니 발뺌했다. 그러면서도 "신발생산부서는 5월 말로 폐쇄"하고, 해당 노동자 93명은 "개별 면담을 통해 인력 재배치"하겠다고 밝혔다.

3월 29일 3차 교섭에서 회사는 인력 재배치 방안으로 '인도네시아, 개성공장, 신발개발부, 직영점 판매직 4곳으로 수용'하겠다고 하다가 4월 4일엔 '의류 A/S, 의류 검사, 신발 A/S, 행랑' 등 4곳을 추가했다. 그러면서도 '명예퇴직은 3월 30일까지 그대로 받겠다'는 입장을 고수했다. 평균연령 50세인 여성 노동자들을 인도네시아, 개성공장으로 보내는 걸 대책이라고 내놓은 걸 보면 회사의 인력 재배치 방안은 꼼수나 다름없었다.

처음 회사가 못 박았던 명퇴 신청 기한은 3월 30일까지였다. 이후엔 명퇴금인 1년 치 통상임금을 받을 수 없다고 했다. 그날을 하루 넘긴 3월 31일은 토요일이었다. 그날 K2코리아지회는 아차산으로 산행을 갔다. 자신들이 만든 등산화를 신고 오는 사람들을 가장 많이 만날 수 있는 곳이었다. 무엇보다 명퇴 신청을 한 사람은 얼마나 될지 궁금했다. 명퇴 신청을 안 한 사람들의 투쟁의지도 다지자는 뜻도 있었다. 아침 8시, 5호선 아차산역에는 머리부터 발끝까지 K2 복장으로 차려입은 사람들이 모여들기 시작했다. 지역 공대위까지 90여 명이 아차산을 올랐다. 명퇴 신청자는 8명, 85명이 남았다.

아차산 산행 후 조합원들은 주말이면 도봉산, 관악산 등을 찾아다니며 선전전을 펼쳤다. 회사 앞에서 출퇴근 선전전을 하고, 가끔 회사 각층 복도에서 도시락을 까먹는 중식 투쟁도 했다. 4월 들어서면서부터 지역 공대위를 통한 연대와 지지, 지원이 본격화됐다. 4월 19일엔 처음으로 큰 집회도 열었다. 화섬노조 수도권본부와 민주노총 서울본부가 주관한 이날 결의대회에는 300여 명이 참여해 "정리해고 철회!"를 소리 높여 외쳤다. '다 같이 돌자, 동네 한 바퀴' 실천도 했다. 서울숲으로 서명판을 들고 나가고, 성수동을 한 바퀴 돌면서 선전전을 펼쳐 K2코리아의 불법적인 정리해고 꼼수의 실상과 투쟁 소식을 성동지역 곳곳으로 소문냈다.

5월부터는 연대투쟁이 더욱 확대되었다. 그러던 중 5월 4일, 용역경비에 의한 폭력 사태가 발생했다. 여느 날처럼 아침 출근 선전전을 마치고 조합원들이 공장으로 일하러 들어가던 중 용역경비가 막아서면서 충돌이 벌어졌다. 조합원 한 명은 발뼈가 골절돼 전치 6개월의 중상을 입고, 조합원 10여 명도 부상을 입어 병원 치료를 받아야 했다. 사측의 탄압이 조합원들을 더 단단히 묶어주었다. 연대 전선도 더욱 강고해졌다.

하지만 회사가 밝힌 공장폐쇄 시기인 5월 말이 다가오면서 위로금 1년 치 앞에 흔들리는 조합원들이 생겨났다. 화섬노조와 공대위는 5월 14일 다시 서울고용노동청을 찾아가 고용우수기 업에서 벌어지고 있는 불법 부당한 정리해고 문제에 대해 아무 런 조치를 취하지 않은 데 항의하고, 밤샘 농성을 벌였다. 노조 는 그날부터 회사 마당에서 야간 농성도 시작했다. 근무 마치고 마당에 깔개 몇 장 깐 채 조를 짜 철야농성을 시작한 것이다.

투쟁전선은 자연스럽게 전국으로도 확대돼갔다. 주말인 5 월 19일 서울 지역 K2 매장 앞에서 동시다발 1인시위를 전개하 고, 23일에는 화섬노조 수도권 조직들이 동시다발로 1인시위를 벌였다. 6월 27일에는 마침내 전국에서 동시다발 1인시위를 전 개할 수 있었다.

투쟁의 파고가 높아지고 확산되고 있었지만 교섭은 실마리 가 풀리지 않았다. 서울지방노동위원회에서 5월 25일 조정회의 가 열렸지만 결렬됐다. 지회는 5월 29일 파업 찬반투표를 실시 해 압도적 다수의 찬성으로 이날부터 파업에 들어갔다. 5월 31 일, 회사는 결국 공장을 폐쇄하고 조합원들에게 일방적으로 전 환배치 명령을 공고했다.

6월부터는 4층 공장문도 걸어 잠그고 조합원들의 공장 출 입을 막아섰다. 이때부터 국회의원들도 찾아가 기업의 만행을 알렸다. 이제 '무노동 무임금'의 고통을 감내해야 하는 시기였다. 그때마다 찾아오는 연대 손님들은 비타민과도 같았다. 하루를 거르지 않고 농성장을 찾아오는 지역과 화섬 노동자들은 물론이고 빵이 생길 때마다 보내주는 교회 목사님, 성수동 제화 노동자, 희망밥차, 농성장을 찾아와 진료해주던 길벗의 젊은 한의사들, 대학생들, 노래를 가르쳐주러 온 사람, 진보 정치인까지. 연대는 즐겁고 따뜻했다. 연대의 따뜻함을 잊지 않던 조합원들은 투쟁 100일을 맞아 동네 마을잔치를 열고, 삼복더위엔 삼계탕을 준비해 이웃들을 초대하기도 했다.

조합원들은 매일같이 매장 앞에서 1인시위를 하고, 정리해고 철회와 고용보장을 위한 대국민 서명운동도 본격적으로 펼쳤다. 민주노총은 6월 8일 중집회의를 통해 K2코리아 투쟁을 지지·엄호하기 위한 전 조합원 서명운동과 K2 안전화 불매 방침을 결정한다. 화섬노조도 6월 28일 1차 집중투쟁을 벌였다. 전국에서 달려온 500여 화섬 조합원들로 성수동 K2 본사 앞 골목이 미어터지고 동네가 들썩였다. 7월 25일 2차 전국 집중집회까지 연 화섬 노동자들의 연대도 승리의 밑거름이 되었다.

여름 삼복더위를 지나도록 끝이 보이지 않던 투쟁이 마침내 극적인 타결에 이르렀다. 노사는 8월 20~21일 이틀간 집중교섭을 한 끝에 남은 조합원들에 대해 신발 AS센터로 발령을 내 정년까지 고용을 보장한다는 안과 함께 노조 인정 등 나머지 쟁점들도 합의를 도출해냈다. 8월 22일 조합원 찬반투표로 잠정안을 가결한 후 파업은 끝이 났다. 3월 8일 정리해고를 통보받은 지 167일, 파업 투쟁 85일 만에 이루어낸 승리였다. 2012

년 12월 14일 화섬노조 K2코리아지회는 사무실 현판식을 개최
했다.

11장 ―――――――――――――――

공장 담벼락을 넘어 지역사회와 함께

화학물질 감시단체 조직

발암물질 없는 일터와 지역사회 만들기

안전한 현장 만들기 공단 조직화

2004년 여수공투본의 첫 번째 요구 사항은 '지역발전기금 조성'이었다. 이 기금으로 벤젠, 부타디엔 등 발암물질들에 무방비로 노출된 상태로 일하는 노동자와 유해물질 배출로 일상생활에 어려움을 겪는 지역 주민들을 지원하고 예방 활동을 하기 위한 사업의 재원으로 쓰겠다는 계획이었다.

공투본을 꾸린 뒤로는 대표자들이 모여 여수산단에서 취급되는 유해 화학물질들과 폭발 사고, 해외 제도들에 대해 공부했다. 이 문제의 심각성을 공유하면서 '유해물질 조사와 중대사고 대응을 위한 노동자 사업단'(유해물질 노동자 사업단)을 구성했다. 사업장별로 대의원대회에서 결의해 조합원 1인당 1만 5000원씩 부담해서 실태조사 및 유해물질에 대한 인식 개선 사업 등 사업단 운영에 활용했다.

유해물질 노동자 사업단은 특히 단기간 고노출 실태를 확인하고, 여수산단 노동자들의 혈액암 발생 원인을 밝혀내는 데 주력했다. 가장 열악한 석유화학장치산업 현장에서 일하는 이들은 보통 건설 플랜트 등 비정규직 노동자들이다. 이들이 석유화학 설비 밸브나 해치를 열면 유해물질이 한꺼번에 쏟아져 나

2010년 발암물질 없는 여수·광양 만들기 선포식.

와서 바로 노출되지만 매번 역학조사에서는 기준치 이하로만
나왔다. 8시간 동안 작업환경측정을 해서 평균값을 내는 게 문
제였다. 보통 10분 미만의 매우 짧은 시간 동안 벤젠 등에 고농
도 노출이 되는 석유화학장치산업 노동자들의 현실과는 동떨어
진 측정 방식이었다.

　유해물질 노동자 사업단이 별도로 실태조사를 벌이기로 했
다. 노동환경건강연구소와 함께 2004년 1년간 여수산단을 중
심으로 유해물질 노출 실태조사를 한 결과, 여수산단 노동자들
은 발암물질인 벤젠·1, 3-부타디엔·비닐클로라이드 모노머 등
에 '단시간 고농도'로 노출되고 있었다. 벤젠의 경우 미국정부산
업위생전문가협의회의 단시간 노출 기준에 비하면 300배, 미국
노동부 기준에 따르더라도 150배에 이르는 노출이었다. 다른
물질들도 비슷한 상황이었다. 사업단은 이 사실을 알리며 단시

2023년 서산시민과 함께 하는 노동인권, 생명안전 걷기대회

간 노출 기준의 필요성을 계속 제기했다. 이러한 화섬연맹·화섬노조의 줄기찬 노력 끝에 2005년 민주노동당 단병호 의원에 의해 유해물질 단기간 노출 관련 법이 발의되기도 했다.

여기에 그치지 않고 2010년 '발암물질로부터 안전한 여수·광양 만들기 사업본부'도 발족했다. 사업본부는 매해 '산업재해 없는 안전한 여수를 위한 시민 걷기대회'를 개최하면서 시민들에게 여수산단 유해물질의 위험성을 알렸다.

여수·광양에서의 이 경험을 바탕으로 화섬연맹·화섬노조는 2010년 한 지역을 택해 미조직 노동자 조직화를 노동안전보건사업과 연결해서 진행하기로 한다. 웅상농공단지, 매곡그린단지, 소주공단, 웅비공단 등 4개 공업단지에 중소영세업체들이 밀집해 있는 경남 양산의 웅상 지역을 사업 지역으로 선정했다. 화섬노조는 민주노총양산시지부, 희망웅상, 웅상노동상담소,

2010년 웅상전략조직화사업단의 권리 찾기 캠페인.

2013년 화섬 노동자 투쟁선포식.

노동환경건강연구소 등과 함께 '웅상 지역 노동자의 더 나은 복지를 위한 사업본부'(웅상더나은사업본부)를 꾸렸다. 그러고선 웅상 지역 노동자의 유해환경 실태를 조사하고 개선 대책을 마련하는 활동들을 해나갔다.

우선 노동자들이 공장에서 취급하는 세척제나 리무버 등의 유해물질을 채취해오면 성분을 분석해서 발암물질 등 유독성 정보를 제공해주는 유해물질 정보 제공 캠페인을 벌였다. 이 사업을 통해 화학물질 25개를 수거해서 분석한 결과, 8개 제품에서 발암성물질이 검출되고 3개 제품에서는 생식독성 및 기타 독성물질이 함유된 것으로 확인됐다. 검출된 발암성 1급, 2급 물질은 벤젠과 디클로로메테인으로 벤젠은 백혈병 등 혈액암을 일으키는 원인 물질로 알려져 있다. 페인트를 지우는 리무버나 세척제에서 발견된 디클로로메테인은 뇌암을 일으킬 수 있는 물질이었다.

웅상더나은사업본부는 이 결과를 바탕으로 2012년 '발암물질 없는 양산 만들기' 토론회와 강연회를 개최해 양산시의회와 지역사회에 화학 유해물질의 위험성에 대해 경각심을 불러일으키는 활동을 계속했다. 2013년 4월부터는 발암물질 없는 양산 만들기를 위한 조례제정운동도 펼쳤다. 이외에도 공단 신문 발행, 웅상노동문화제 개체, 무료 노동법률 상담과 건강상담 진행, 웅상 지역 노동조합 체육대회 개체 등과 같은 활동들을 '발암물질 없는 양산 만들기' 사업으로 이어갔다. 애초에 미조직 노동자 조직화의 방편으로 시작한 사업이었지만 조직화로 이어지진 못했다. 대신 안전한 지역사회 만들기 운동으로 발전하는 결과를 낳았다.

화섬연맹·화섬노조는 발암물질로부터 안전한 여수·광양 만들기 사업과 양산 지역에서의 경험을 바탕으로 '발암물질 없는 일터와 지역사회 만들기'를 2013년 주요 사업으로 삼았다.

노조 소속 80여 개 사업장에 '노사 공동 발암물질 추방(Toxic Free) 선언'을 제안했다. 또 '발암물질 없는 일터 만들기'를 단체협약 공동요구안으로 제출하기도 했다. 전체 24개 사업장이 '노사 공동 발암물질 추방(Toxic Free) 선언'에 참여했고, 좋은사람들 등 4개 사업장에서는 단체협약을 체결했다. 광명연마, 송학제지, 우진 등 양산 지역 사업장들에서도 이를 적극 실현하겠다는 의지를 보였다. 작은 공단에서의 실험은 이후 전국에서 화학물질 감시체계를 세우는 데까지 뻗어간다.

건강과생명을지키는사람들과
화학물질 감시를

2012년 9월 27일, 추석을 사흘 앞두고 경북 구미산단에 들어선 화학제품 생산업체 휴브글로벌에서 10톤의 불산가스가 누출되는 사고가 일어났다. 이 사고로 작업 중이던 노동자 5명이 사망하고, 방호복을 입지 않고 출동한 소방관 등 18명이 부상당했다. 일대 농작물 212헥타르가 말라 죽고, 가축 4000여 마리도 살처분해야 했다. 인근 지역에서 누출 가스에 노출됐던 1만 2000명이 건강검진을 받고, 공장이 위치한 봉산·임천리 주민 중 300여 명은 3개월 동안 집이 아닌 주민대피소에서 생활해야 했다.

초유의 산업, 환경재해로 기록된 이 사건으로 지급한 피해 보상금만 421억 원. 화학 사고가 지역사회에 미치는 영향력이 얼마나 큰지를 보여주는 사건이었다. 이후 식수, 토양 등 3차 피해에 대한 우려도 컸다. 그런데 사고 당시만 해도 명백한 산업재해라며 노동부, 사업주, 구미시 등 관계 당국의 관리 부실과 늦장 대응을 비판하던 언론들의 논조가 달라졌다. 사건 발생 열흘 뒤 구미경찰서가 사건의 주요 원인을 노동자 부주의로 인한 '단순 실수'라고 발표하자 언론도 노동자를 범법자로 낙인찍었다.

2014년 화학물질 정보공개 청구 기자회견.

2014년 알권리 보장을 위한 물음표 운동.

안전 조치 미흡과 보호구 미착용 등을 모두 노동자 탓으로 돌린
것이다.

　억울하게 죽어간 노동자들에게 책임을 떠넘길 게 아니라
근본적인 대책 마련이 필요했다. 화섬노조를 비롯한 시민사회
단체들은 정부에 전국 불산 취급 사업장 명단 공개, 전면 실태조

사, 취급 노동자와 해당 지역 주민에게 정보공개를 비롯해서 불산 이외 수많은 유해 화학물질 관리·감독체계에 대한 점검을 요구해나갔다. 기업들은 영업비밀이라는 이유로 화학물질 정보를 공개하려 하지 않았지만 이는 산재 사고에 대한 면죄부만 줄 뿐이었다.

연이은 화학물질 사고로 사업장에서 취급하는 화학물질과 생산된 제품의 위험정보가 성역 없이 공개되어야 한다는 사회적 공감대가 형성되었다. 2014년 3월 화섬노조를 포함한 27개 노동, 환경, 여성, 시민단체로 구성된 '알권리 보장을 위한 화학물질감시네트워크'(화학물질감시네트워크)가 발족해 기업과 정부에 좀 더 체계적으로 대응해나갔다.

화학물질감시네트워크는 5년간 화학물질 정보공개 청구운동, 지역사회알권리법 제정운동, 우리동네위험지도 앱 제작 배포 등을 계속해서 펼쳐갔다. 화학물질 정보공개 청구소송을 위해 화섬노조 1400명을 포함해 전국에서 3000여 명의 소송인단을 모집하고, 우리동네위험지도 앱을 개발해서 3268개 사업장의 1만 2700개 화학물질 정보를 담았다. '지역사회알권리법' 제정을 위한 릴레이 1인시위와 화섬노조 지역본부들이 전국에서 알권리 캠페인을 펼쳐 국민 여론을 형성하기도 했다.

이처럼 끊임없이 두드린 끝에 2015년 화학물질관리법 개정을 이루어냈고, 덕분에 20%에 머물렀던 화학물질 정보공개율은 95%로 확대되었다. 전국 42개 지자체에서는 화학물질안전관리 기본계획과 노동, 민간이 참여하는 위원회 구성, 화학물질 위험정보 주민고지가 규정된 화학물질 지역사회 알권리 조례가 제정되기도 했다.

2016년부터는 지역네트워크 구성 사업을 벌여 14개 지역에서 노동·환경·소비자단체 등이 참여하는 화학물질 감시 연대체가 다양한 형태로 구성, 운영되기도 했다. 하지만 연대체로서의 지역네트워크 활동은 지역마다 다양한 활동을 하는 단체들의 업무 하중을 초래해 어려움을 겪었다. 화학물질 감시 활동에만 집중할 수 있는 독립되고 전문적인 감시단체의 필요성이 제기됐다. 이러한 요구 속에 화학물질 감시단체인 '건강과생명을지키는사람들'(건생지사)이 창립했다. 2018년부터 전국을 7개 권역으로 나눠 항시적 모니터링과 대책 활동을 전담하는 건생지사 체계 구축에 나섰다. 이미 활동하던 전남/전북/평택 건생지사에 이어 2019년 4월 경남/충남/경북 구미 건생지사가 창립되고, 2020년 충북 건생지사도 활동을 시작했다.

화섬식품노조는 건생지사와 함께 노동조합의 사회적 책임과 역할을 높여내고 지역사회와 일상적인 연대를 강화해나가는 작업을 지속하고 있다.

12장

촛불의
광장에
함께 서다

제조공투본과
박근혜 탄핵 촛불

제조공투본 '쉬운 해고' 막아내다

2014년 가을, 드라마 〈미생〉 열풍이 불었다. 프로 바둑기사를 꿈꾸다가 한 기업에 인턴으로 입사해 정규직이 되기 위해 고군 분투하는 주인공 장그래의 모습에 시청자들은 크게 공감했다. IMF 구제금융이 요구한 노동의 유연화에 맞춰서 도입돼 한국의 노동시장을 잠식해온 비정규직 문제를 해결해야 한다는 여론도 높아갔다. 드라마의 인기에 편승하려는 듯 당시 박근혜 정부는 〈미생〉이 종영한 지 열흘도 안 된 12월 29일 '비정규직 종합 대책'을 발표하면서 이를 '장그래법'이라고 불렀다.

법을 살펴보니 실상은 달랐다. 비정규직 사용 기간 제한을 2년에서 4년으로 늘리겠다는 방안이었다. 온라인상엔 '장그래가 뒷목 잡고 쓰러질 법' 같은 뼈 찌르는 말들이 올라왔다. 노동계는 박근혜 정부의 노림수에 더 주목했다. 정부는 정규직 과보호가 비정규직을 늘리고 있다면서 정규직과 비정규직을 이간질하며 '장그래법'에 자본의 입맛에 맞는 대책들을 다 집어넣은 상태였다. 연공급 위주의 임금체계를 직무·능력·성과급 임금체계로 개편, 임금피크제 확대, 저성과자 명분의 일반해고 요건 완화, 통상임금 범위 축소, 탄력적 근로시간제 도입, 초과 노동시간 연장 등 그나마 정규직들을 보호하고 있던 최소한의 장치들

마저 해체하겠다는 속셈이었다.

그러면서 '비정규직 확대 대책'을 '비정규직 종합 대책'으로 포장하고 있었다. 비정규직의 사용 기한 확대뿐만 아니라 사내하도급의 합법화, 청소·용역·시설업무 등 최소필요업무에 노무도급 인정 등. 노동계와 시민사회단체들은 '비정규직 법제도 폐기·상시업무 정규직화·진짜 사장 책임 장그래살리기 운동본부'를 발족해 비정규직 종합 대책 폐기와 비정규직 노동자 권리보장 등 입법화 운동을 펼쳐나갔다.

> 박근혜 정부의 비정규직 종합 대책이란 미명하에 발표된 노동시장 구조 개악 안으로 인해서 새해 벽두부터 노동자들의 우려가 높아가고 있다. 그도 그럴 것이 박근혜 정부에서 내놓은 개악 안의 대부분은 노동관계법 개정이 필요한 사안임에도 불구하고 ▲ 비정규직 기간 제한 연장 ▲ 파견 허용 업종 확대 ▲ 취업규칙 불이익의 변경 요건 완화 ▲ 해고 요건 완화 ▲ 임금피크제 및 직무성과급제 확대 도입 ▲ 노동시간 단축 무력화 및 탄력근무제 확대 등 노동자들을 탄압하고 재벌들의 이익을 극대화시키려는 박근혜 정권의 의중이 반영된 노동 정책들이어서 노동자들은 생사의 벼랑 끝에 일방적으로 떠밀려 갈 수밖에 없는 상황이다.
>
> 이처럼 노동시장 구조 개악을 통해 고용불안과 저임금 확산으로 노동자들의 투쟁을 거세시키고 정권과 자본의 통제하에 편입시키려 하는 지금이야말로 노동자들의 단결과 연대가 그 어느 때보다도 절실하게 요구된다. —화학섬유연맹·노조 정기대의원대회 결의문, 2015.2.4.

한편 화섬노조를 비롯한 양대 노총 제조 부문 산별들은 '비정규직 종합 대책' 법안 중 통상임금 범위 축소와 실노동시간 단축 부분을 심각하게 바라봤다. 법안이 그대로 시행된다면 실질임금 하락 등 노동자들이 심각한 피해를 입을 거라는 데 의견을 같이하며 공동대응을 하기로 뜻을 모았다. 이미 양대 노총 제조 부문 산별들은 2002년 '근로기준법 개악 저지와 노동시간 단축 쟁취를 위한 양대 노총 제조공투본'과 2012년 이후 진행해온 '실노동시간 단축과 현안 대응을 위한 양대 노총 금속 공동회의'로 함께 뭉친 경험이 있었다.

이번에도 앞선 두 번의 사례를 바탕으로 공동투쟁체 건설을 추진했고, 2015년 3월 11일 양대 노총 제조 부문 공동투쟁본부(제조공투본)를 출범했다. 민주노총 소속 금속노조와 화섬노조, 한국노총 소속 고무산업노련, 금속노련, 화학노련 등 양대 노총 5개 제조산별로 구성된 제조공투본은 제조 부문 연대투쟁의 역사를 이어갔다.

3월 11일 제조공투본 출범식 및 전국노동자대회에 조직 목표를 넘어서 4500명 이상 참가하면서 50만 제조 노동자들의 공투본을 힘차게 시작했다. 4월 조합원 찬반투표와 서명운동을 함께 진행하는 것으로 정부가 구조 개악 법안을 그대로 강행 처리할 경우 총파업을 불사하는 총력투쟁을 펼칠 태세를 갖췄다. 정부는 3월 노동시장 구조 개악을 위한 노사정 합의가 무산되자 플랜B를 발동했다. 바로 정부가 직접 나서서 경영권, 인사권에 방해되는 단체협약 조항을 고친다는 계획을 들고나온 것. 이를 위해 노동부가 5월 28일 '임금피크제 공청회'를 준비했지만 수백 명의 양대 노총 간부들이 공청회장을 가득 메우면서 무산시켰다. 제조공투본은 이날 "박근혜 정부의 취업규칙부터 변경하라!"고 성명서를 내기도 했다.

그럼에도 정부는 공청회와 무관하게 일반해고(쉬운 해고) 지침[1]과 취업규칙 변경요건 완화 지침[2] 등 '양대 지침'을 들고 6~7월 강행 처리를 예고했다. 그러자 제조공투본은 7월 4일 전국제조노동자대회(7·4 제조전노대)를 계획했다. 공동으로 포스터를 제작하고 '1공장 1현수막'을 게시하는 한편 공동 현장순회 및 간담회를 하면서 전국 제조 현장에서 '공동총파업 성사'를 위해 달려갔다. 그렇게 노력한 결과 7·4 제조전노대에 2만여 제조 노동자들이 참가할 수 있었다. 제조공투본은 7월 22일 2차 공동총파업에 들어가 전국 9개 지방노동청 앞에서 공동결의대회도 열었다.

그렇지만 정부 여당은 노사정 타결 다음 날인 9월 16일 파견·기간제법 등 이른바 '노동 개혁 5법'을 발의하며 밀어붙였다. 이에 제조공투본은 11월 23일 '새누리당 5대 노동 악법 폐기, 노사정 야합 파기' 긴급 기자회견 및 노동 개악 저지 결의대회를 개최하고, 노동 개혁 5대 입법 문제점 국회 긴급토론회도 공동 주최했다. 12월 정기국회가 시작되고 노동 악법 강행 분위기가

---

[1]   저성과자에 대한 교육·직무 재배치 실시, 평가 결과 변화 없을 때 해고 가능.

[2]   노동자 과반·노조 동의 없이 '사회 통념상 합리성' 있으면 취업규칙 변경 가능.

2015년 3월 양대노총 제조 부문 전국노동자대회(제조 부문 공동투쟁본부 출범).

2015년 7·4 양대 노총 제조 부문 전국노동자대회.

감지되자 제조공투본은 12월 28일 국회 앞에서 천막농성을 시작하고 12월 29일 3차 전국제조노동자대회를 열어 국회를 압박했다.

제조공투본을 비롯한 박근혜 정권의 노동 개악을 저지하고 노사정 합의 파기를 촉구하기 위한 한국노총 단위 노조 대표자 연석회의, 공공운수노조, 공공연맹의 천막농성이 19일째에 이르는 동안 양대 노총 천막농성단은 노동 악법 입법 저지와 노사정합의 파기, 양대 지침 분쇄를 위해 한 몸처럼 움직였다. 2016년 1월 8일 해단식으로 19일간의 천막농성은 막을 내렸지만 제조공투본은 2016년 천막농성을 함께했던 단위들과 '쉬운 해고·취업규칙 개악 폐기! 2대 지침 불복종 투쟁'으로 매진한다. 불복종 운동 선포식을 시작으로 전 조합원 서명운동, 불복종 신문 광고 등을 벌이면서 양대 지침이 쉬운 해고 지침의 다른 말임을 알리는 데 힘썼다.

항의하며 노사정위원회를 탈퇴한 한국노총을 비롯해 전 노동계가 들고일어나고 제조공투본이 앞서 투쟁한 끝에 고용노동부는 2017년 9월 25일 양대 지침을 공식 폐기하기에 이른다. 헌법재판소의 파면 결정에 따라 박근혜가 퇴진하고 문재인 정부가 시작된 뒤였다.

박근혜 퇴진 100만 촛불과 함께

국민을 살려야 할 정부가 국민을 죽이는 정부가 될 때, 국민은 일어설 수밖에 없다. 국민은 외칠 수밖에 없다. '퇴진!'을. 2013년 2월 박근혜 정부가 들어선 이후 '헬조선'이란 말이 생길 정도로 국민의 삶은 나락으로 떨어져갔다. 가만히 있을 수만은 없던 국민, 역시 노동자가 먼저 일어섰다.

정부가 철도를 시작으로 민영화를 추진하자 철도노조는 2013년 내내 민영화의 문제점을 선전하며 투쟁을 준비해갔다. 11월, 한국철도공사 측이 수서발 KTX 운영 자회사 설립을 발표하자 철도노조는 12월 9일부터 파업에 들어가 30일까지 강고한 투쟁을 이어갔다. 이 과정에서 12월 22일 압수수색 영장 청구가 기각된 상태였음에도 공권력은 민주노총을 침탈한다. 1995년 민주노총 창립 이후 첫 공권력 투입이었다. 민주노총이 있는 경향신문사 건물의 출입문을 부수고 들어올 정도의 공권력 남용이었다. 민주노총은 바로 산하 조직에 12월 28일 1차 총파업 명령을 내리고 곧이어 2014년 2월 25일 '박근혜 퇴진! 노동 탄압 분쇄! 민영화/연금 개악 저지! 2·25 국민총파업'으로 대응하기로 한다. 그러면서 '박근혜 퇴진!'을 분명한 구호로 내세운다. 화섬연맹·화섬노조 조합원들도 2·25 국민총파업에 1500여 명이

2016년 박근혜 퇴진 3차 촛불항쟁.

참가했다.

지난 12월 22일, 민주노조운동 역사상 민주노총 사무실이 공권력에 의해 무참히 침탈당하는 초유의 일이 발생하였다. 철도 민영화를 반대하는 철도노조의 정당한 파업에 불법이라는 낙인을 찍고 급기야 민주노총을 유린하는 일이 발생한 것이다. 이는 민주노총에 대한 박근혜 정부의 전쟁 선포이며 유신의 완벽한 부활을 알리는 신호탄이었다. 이러한 상황 속에서 자본과 권력은 철도에 이어 의료, 가스, 교육 민영화로 달려 나가고 있으며 통상임금에 대한 노동부 행정 지침을 통해 노동자의 정당한 임금을 빼앗아가려 하고 있다.

이에 민주노총을 비롯한 전체 민중은 정권의 탄압과 자본의 탐욕에 맞서 2·25 국민총파업을 통해 박근혜 정부의 반노동자, 반민중성을 만천하에 폭로하였고 노동자 민중의 이익을 위해 강력한 투쟁을 전개해나갈 것을 결의하였다.

─화학섬유연맹·노조 대의원대회 결의문, 2014.2.27.

국민의 생명은 안중에 없던 박근혜 정부는 2014년 4월 16일 수학여행을 가던 고등학생들을 포함해 476명이 탄 세월호가 진도 앞바다에 침몰하던 사고를 지켜만 봤다. 결국 미수습자 5명을 포함한 304명의 귀한 생명이 목숨을 잃고야 말았다. 그날 대통령 박근혜의 7시간 동안의 행방은 끝내 밝혀지지 않았다. 세월호 유가족과 국민은 세월호 진상규명 투쟁에 나섰고 화섬 노동자들 역시 세월호 무사 귀한 염원 촛불집회, 세월호 희생자 추모제, 세월호 특별법 제정을 위한 10만 범국민대회, 팽목항 기다림의 버스 등 세월호 진상규명과 책임자 처벌 투쟁에 늘 함께했다.

간절한 세월호 유가족의 염원을 저버린 박근혜 정부는 국민의 바람과는 정반대로 나아갔다. 노동은 '쉬운 해고'를 통해 비정규직을 확대하려고 하고, 농업은 밥쌀까지 수입하려고 나섰다. 의료, 철도, 가스, 물 등 공공재들의 민영화를 추진해 사회 양극화를 심화시키고, 역사교과서 국정화와 계속된 공안 탄압으로 민주주의는 후퇴했다. "이게 나라냐"는 한탄이 터져 나오는 가운데 11월 14일 2015 제1차 민중총궐기가 서울 광화문광장 일대에서 열렸다.

전국 각지에서 올라온 농민 3만여 명을 비롯해 노동진영과 시민사회단체, 개별로 참가한 참가자까지 13만여 명이 서울

2016년 박근혜 퇴진 17차 촛불항쟁.

중심부를 가득 메웠다. 경찰은 광화문 주위를 차벽으로 두르고 2만 명이 넘는 병력을 투입해 폭력 진압으로 일관했다. 그러다가 전남 보성에서 올라온 농민 백남기가 경찰이 쏜 물대포에 맞고 쓰러진다. 바로 서울대병원으로 옮겨져 수술을 받았지만 백남기는 중태에 빠지고 그때부터 백남기의 가족과 전국농민회총연맹(전농)은 정부의 공식 사과와 책임자 처벌을 위해 투쟁에 나선다. 서울대병원 앞엔 천막농성장이 차려지고, 사건이 일어난 지 317일 만인 2016년 9월 25일 백남기가 숨을 거두기까지 경찰의 사과는 없었다. 전농은 이대로 장례를 치를 수 없다며 매일 촛불집회를 이어갔다.

장례를 미룬 채 끈덕지게 투쟁을 이어가던 10월 23일, 서울 종로경찰서는 백남기의 시신 부검 영장을 강제로 집행할 예정이라면서 서울대병원에 경찰 병력을 대거 투입했다. 그 소식을 듣고 달려온 대학생들과 농민·노동·시민사회단체 활동가들이 경찰을 밀어낸 다음 날, JTBC 〈뉴스룸〉에서 최순실 국정농단의 결정적 증거가 담긴 태블릿PC 특종 보도가 전파를 탔다. 전날 국회에 출석해 국면 전환용으로 개헌 카드를 꺼내들며 버티려던 박근혜는 JTBC 보도 바로 다음 날 사과 기자회견을 했다. 그제야 국민 무서운 줄 알았겠지만 국민의 분노는 그 정도가 훨씬 거셌다. 매일, 매주 더 많은 사람들이 촛불을 들고 광장으로 나왔고, 그 수는 100만이 훌쩍 넘었다.

백남기 농민 추모대회와 범국민대회에 계속 참여했던 화섬 노동자들이 박근혜 퇴진 촛불과 함께하는 건 당연했다. 박근혜 하야 촉구 범국민 촛불문화제에 빠짐없이 참여하면서 2017년 3월 10일 헌법재판소에서 만장일치로 박근혜 대통령 탄핵 소추안을 인용할 때까지, 19차까지 이어졌던 박근혜 퇴진 범국민 행동의 날에 늘 출석했다. 국민의 힘으로 대통령을 끌어내리는 역사의 현장에 화섬노조의 깃발도 휘날리고 있었다.

13장

빵보다 노동권

2017~2018년
파리바게뜨 노동자들의 투쟁

5만 원 때문에 노조를 만들다

임종린과 파리바게뜨와의 인연은 아르바이트에서 시작됐다. SPC삼립, 샤니, 던킨도너츠, 베스킨라빈스, 파스쿠찌 등을 거느린 SPC그룹을 대표하는 국내 제빵업계 1위 프랜차이즈 빵집 파리바게뜨는 아르바이트를 구하기도 편했다. 정리하고, 포장하고, 진열하고, 응대하는 일을 반복하는 베테랑 '알바'생을 좋게 본 제빵기사가 면접까지 잡아주며 권유한 '덕'에 제빵기사 교육을 받게 됐다. 종린처럼 아르바이트를 하다가 넘어온 교육생 12명과 함께 12주 동안 교육을 받고 수료증을 받은 2007년 4월, 스물네 살 임종린은 파리바게뜨의 직원이 됐다. 아니, 그런 줄 알았다. 사실은 파리바게뜨 본사인 (주)파리크라상의 직원이 아닌 협력사의 직원이 됐다는 걸 모른 채 빵을 만들기 시작했다. 어느새 빵 만드는 재미에 빠져서 다른 건 보이지 않았다.

　최유경은 원래 제빵에 관심이 있었다. 제과점에 취직하려고 제빵학원에 갔는데 학원 선생님이 "그 나이에 일반 제과점 들어가면 기술도 못 배우고, 힘이 없어서 반죽도 못 치니 파리바게뜨나 들어가"라고 권했다. "거긴 늦게 끝나면 김밥이라도 한 줄 사준다"면서. 주로 20대 초반인 신입 제빵기사들에 비해 서른둘인 유경은 나이가 많은 편이긴 했다. 학원 선생님이 소개한 업체에 이력서를 넣고 파리바게뜨 제빵기사가 됐다. 아니, 역시 그런 줄 알았다. 사실은 협력사 소속이었다는 걸 나중에야 알았다.

파리바게뜨는 늘 인력이 부족했다. 임종린은 교육을 수료하기 전부터 직영점에 배치돼 출근했다. 성남에 자리를 잡은 최유경은 매일 12시간 이상씩 일을 해야 했다. 반죽 해동부터 성형, 굽기까지 전부 직접 하는 파리바게뜨의 제빵기사들은 원래 일이 많은데 유경의 매장은 그중에서도 특히 일이 더 많았다. 정상 근무는 새벽 6시 출근, 오후 4시 퇴근이지만 지켜진 적이 없었다. 저녁 7시에 끝나면 다행, 밤 10시에 일을 마치는 날이 허다했다. 휴무도 월 3회 정도, 그것도 하루씩 허락을 구해야 쉴 수 있었다. 하루 15시간을 넘나드는 노동시간이 억울해서 "저 연장 발생 안 되나요?"라고 물었더니 관리자는 당연하다는 듯 말했다. "응, 우리 회사는 원래 연장 안 돼."

매장 이동 요구도 받아들여지지 않은 채 10개월을 일하고 나니 유경의 몸에 이상증세들이 나타났다. 병원도 원인을 못 찾는 고열이 몇 달 동안 계속되고 목소리가 안 나오더니 눈까지 퉁퉁 부어 더 이상 일을 할 수 없는 지경이 되었다. 그제야 매장을 옮길 수 있었다. 갓 나온 빵의 온기가 좋아서 택한 제빵기사 일을 계속할 수 있을지 회의감이 몰려왔다.

상대적으로 임종린은 매장 복이 있었다. 발령받은 인천 점포는 물량도 적고 점주도 매장에 자주 안 나와서 편했다. 3년 차에 제빵기사가 3명이나 있는 큰 매장으로 옮겼지만 일이 많고

늦게 끝나도 원래 일은 힘들다는 생각으로 일했다. 일을 열심히 하니 진급도 빨랐다. 매장 제빵기사들을 관리하는 지원기사가 됐다가 지원기사들을 관리하는 조장으로 승진했다. 입사 10년 차인 2014년에는 신입 기사들의 교육·관리를 담당하는 교육지원기사 1기로도 선발됐다. 원래 본사 품질관리자가 하던 일이었는데 '불법파견' 문제가 사회 이슈로 떠오르면서 본사 직원이 협력사 식원을 교육·관리하던 시스템을 바꾸는 과정이었던 것이다.

"조장은 현장 기사들 일정 관리도 해요. 아프다고 연락 와도 '기사님 목소리 들어보니까 많이 안 아픈 것 같은데 출근하세요'라고 한 적도 있어요. 그런데 교육지원기사가 돼서 신입 기사들과 같이 일하면서부터는 너무 고통스러운 거예요. 전 이미 숙련이 됐기 때문에 열악한 상태를 버티면서 일하는 거 괜찮았거든요. 근데 신입 기사들이 기존 기사들이 거부하는 악성 매장들로 계속 투입되는 거예요."

종린은 새벽같이 출근해 밥도 굶으면서 일하는 신입 기사들과 줄곧 붙어 있으면서 그들의 고충을 지켜보는 게 괴로웠다. 승진도 빠르고, SPC 전 계열사 모범사원으로도 뽑혀 해외연수까지 다녀왔지만 들러리밖에 될 수 없는 협력사 직원의 현실도 점차 깨달았다. 어느 날, 본사 관리자에게 연락이 왔다. 조장과 교육지원기사를 겸하고 있어 수당을 둘 다 받고 있던 종린에게 다음 달부터 조장수당 7만 원이 빠진다는 통보였다. 얄밉게 "괜찮죠?"라고 묻는 관리자에게 종린은 "안 괜찮은데요"라고 답했다.

회사에 대한 실망이 커져 5개월 뒤 10년 근속 금만 받고 퇴사를 해야겠다고 마음을 먹었다. 그러던 중 종린이 '5만 원 사건'이라고 부르는 일이 벌어졌다. 회사에서 카톡 메시지로 '교육지원수당을 회수하겠다'는 연락을 해온 것이다. 그가 15개월 동안 교육했던 신입 기사 중 2명이 퇴사와 점포 이동을 했으니 1인당 5만 원씩 수당 10만 원을 토해내라는 통보였다. 연장수당도 못 받고 신입 기사들과 늦게까지 일하고, 신입이 태운 빵값까지 제 돈으로 물어가면서 신입 교육을 했는데 교육 실패로 수당을 회수한다는 말을 그냥 받아들일 수 없었다. 게다가 어떠한 동의도 없이 이미 지급했던 수당을 빼간다는 데 부당함을 느꼈다.

억울함을 토로하자 친구가 무료 상담이라도 받아보라면서 현수막 사진을 보내줬다. 정의당 비상구(비정규노동상담창구)의 연락처가 담긴 현수막이었다. 2017년 4월, 임종린은 교육지원 기사 친구 정혜미와 함께 비상구를 찾아갔다. 정의당인 줄도 몰랐다. 상담을 맡은 노무사에게 뺏긴 수당 5만 원을 돌려받을 수 있는지만 물었다. 그런데 노무사는 답 대신에 종이와 펜을 주며 업무 구조도를 그려달라면서 누가 업무를 지시하는지 일을 어떻게 하는지 같은 질문만 해댔다.

노무사는 본사가 직접 협력업체의 인력을 관리하고 카톡방에서 업무 지시를 하는 것 등은 파견법 위반이고, 포괄임금계약(1일 9시간)으로 연장 노동시간이 축소되고 있고, 휴게·휴일·휴가를 자유롭게 사용 못하는 것도 문제라고 알려줬다. 이후 노무사를 통해 당시 이정미 의원실의 정송도 노동보좌관을 만났다.

이야기를 들은 뒤, 정 보좌관은 "SPC 구조를 보니 이것도 불법이고, 저것도 불법"이라면서 "이런 환경을 왜 참고 사셨어요?"라며 화를 냈다. 종린은 "보통 사람들은 다 참고 일하지 않느냐. 내가 안 참는다고 뭐가 바뀌는 게 있느냐"고 항변했다.

임종린이 '5만 원 사건'을 참지 않고 비상구를 찾아간 덕에 파리바게뜨의 불법 사실들이 세상에 알려졌다. 이정미 의원실의 문제 제기로 고용노동부는 7월 11일부터 6개 지방고용노동청 합동으로 파리바게뜨 본사와 협력업체, 가맹점 등 전국 68개소에 대한 근로감독을 실시했고, 9월 22일 결과를 발표했다. 주요 내용은 '① 파리바게뜨가 가맹점 근무 제빵기사를 불법파견으로 사용한 것을 확인했고, 5378명을 직접고용토록 시정 지시하겠다. ② 연장근로수당 총 110억 1700만 원[1]이 미지급된 사실이 확인됐으며, 미지급 수당을 조속히 지급하도록 시정 지시하겠다'였다. 이를 시정하지 않을 경우 과태료 및 사법처리하겠다는 내용을 덧붙였다. 제빵기사들이 보통 1시간~4시간 30분씩 연장근로를 하는데 협력업체가 전산을 조작해서 이른바 '임금 꺾기'(사용자가 초과근무수당을 지급하지 않으려고 근무시간을 15분, 30분 단위로 근무시간을 쪼개 임금을 지급하는 방식) 등을 통해 연장근로수당을 지급하지 않고 있던 사실이 밝혀진 것이다.

노동부의 발표 전 정의당이 이 문제를 파고들고 있다는 소

---

1   체불임금 총액은 협력업체 등의 소명과 고용노동부 재산정 결과 최종 86억여 원으로 확정되어 2018년 6월경에 지급됐다.

2017년 9월 이정미 정의당 의원과의 간담회 장면.

식을 접한 파리바게뜨는 불법을 바로잡기보다는 제보자 색출에
더 힘을 쏟았다. 그 소식을 들은 임종린과 정혜미는 두려움에 떨
었다.

"우리가 신고자인 게 언제 어떻게 밝혀질지 모르는 거잖아
요. 본사직 사원증 목줄이 파란색이어서 그때는 일을 하다가도
들어오는 손님이 파란 목줄을 하고 있으면 손이 벌벌 떨리고 손
끝이 차가워지고 그랬지요."

두려웠지만 숨지는 않았다. 임종린과 정혜미는 가까운 제
빵기사들을 불러 두세 번 비공식 모임을 한 뒤 제대로 된 설명회
를 하겠다는 정송도 보좌관의 말에 전화번호부를 뒤져 아는 기
사들에게 모두 연락을 돌렸다. 8월 17일, 천주교 인천교구 노동
사목 건물로 오라는 말을 여러 번 반복했다.

화섬노조 간부들은 비상구 초기 상담 때부터 이정미 의원

실과 소통하면서 파리바게뜨 노동조합 조직 문제를 논의했다. 노동 상담으로 수십억 원의 체불임금과 불법행위를 적발해서 이슈가 된 적은 있어도 그 이슈가 노조 설립까지 이어진 경우는 거의 없었기 때문이다. 정 보좌관을 통해 임종린, 정혜미에게 노조 설립을 제안했고 두 사람도 동의했다. 그렇다고 그날이 8월 17일이 될 거라고는 예상하지 못했다.

준비는 화섬노조가 하고 있었다. 그 준비를 총괄하던 화섬노조 사무처장 임영국은 그날 오전《한겨레》의 한 기자로부터 전화를 받는다. 파리바게뜨노조 창립 소식을 접한 기자의 정보 취합용 연락이었다. 이미 임종린 등 파리바게뜨 노동자들과 인터뷰를 했던 기자였다.

"기자가 오늘 만나서 무슨 이야기를 할 거냐고 묻더라고요. 자기가 아는 민주노총 간부들은 다들 칙칙하고 시커먼 아저씨들인데 그 20대 친구들과 만나서 무슨 얘기를 할지 상상이 안 간다면서. 그 순간 머리가 띵하더라고요. 내가 그 생각을 못한 거예요. 그동안 노동운동하면서 으레 해오던 대로 하면 되지, 라고 생각하고 있었던 거죠. 그때부터 이 친구들한테 꼰대 비슷하게 보이지 않으려면 어떻게 할까를 고민했습니다."(임영국)

설명회엔 40명이 넘는 제빵기사들이 모였다. 그동안 불합리하다고 생각했던 일들이 실제로도 불합리한 일이었다는 걸 알았다. 정송도 보좌관의 설명을 들을수록 다들 열이 올랐다. 근본 원인인 불법파견 구조를 바꾸기 위해서는 노동조합이 필요하다는 말에 다들 또 고개를 끄덕였다. 화섬노조 간부들이 나와서 노동조합에 대해 설명하는 차례가 왔다. 《한겨레》기자에게 전화를 받은 뒤로 자기소개를 어떻게 할지 고민했던 임영국은 아재 개그를 택했다. "미국이 아니라 임영국입니다." 젊은 제빵기사들이 피식 웃는 것만으로도 안도했다. 화섬노조 조직실장 가광현은 그동안 가장 적극적이었던 임종린과 정혜미, 김소라를 불러 앉히고는 "세상에는 가 씨도 있어요"라며 명함을 건네면서 "우리는 오늘 노동조합을 만들고 있습니다"라고 설명했다.

"지금 많이 열받았죠? 이건 누가 해결해줄 수 없어요. 당사자들이 직접 나서야 됩니다."

그러고선 각각 지회장, 사무장, 수석부지회장을 맡으라고 지명했다. 셋은 가 실장의 말이 전혀 당황스럽지 않았다. "올 것이 왔구나"라는 마음으로 받아들였다. 무슨 역할인지 몰라서 쉽게 수긍한 면도 있었다. 참석자 대부분이 노동조합 가입서를 쓰고, 박수로 이들을 지도부로 세웠다. 그렇게 2017년 8월 17일 전국화학섬유산업노동조합 파리바게뜨지회가 출범했다. 화섬노조에는 제조업 현장에서 해왔던 방식과는 다른 노동조합 활동을 고민해야 하는 숙제가 남겨졌다.

해피엔딩을 기대했지만,
현실은 동화가 아니었다

5000명이 넘는 파리바게뜨 제빵·카페기사[2]들은 전국 3700여 매장에 흩어져 1인 또는 2인씩 근무하고 있었다. 이들을 노동조합으로 묶는 건 쉬운 일이 아니었다. 각 매장을 돌아다니면서 노조 가입서를 받아야 하나? 파리바게뜨지회 출범 뒤풀이 자리에서 이 문제를 의논하는데 한 제빵기사가 물었다. "그거 구글폼으로 받으면 안 돼요?" 역시 온라인과 친한 20대였다. 온라인 가입 링크를 보내 구글폼으로 노조 가입서를 받기 시작했다. 카톡 플러스친구를 만들어서 노동 상담 창구도 개설했다. 최유경도 그렇게 노조에 가입했다.

"너무 힘들어서 회사에 퇴사하겠다고 말을 해뒀는데 인력난이 심해서 계속 잡혀 있는 상황이었어요. 친한 기사가 '언니, 회사에 이런 게 생겼대요' 하면서 링크를 보내줘서 봤더니 내가 이상하다고 생각했던 게 거기 다 나와 있는 거예요. 노조는 잘 몰랐지만 우리 회사에 진짜 필요하다는 생각에 바로 가입했죠."

한 달에 2~3번 있는 휴무로는 아파도 병원에 갈 시간이 없

---

2   파리바게뜨 매장에서 음료나 샌드위치 등을 담당하는 기사.

었다. 있는 휴무 좀 쓰게 해달라고 하면 "그럼, 다른 사람들은 어떻게 하느냐?"고 파렴치한으로 모는 회사는 이상해도 한참 이상한 게 맞았다.

최유경처럼 생각하는 기사들을 찾아다녔다. 울산, 대구 등에서 노조에 관심이 있는 사람들이 서너 명만 모여도 화섬 간부들이 가서 간담회를 했다. 파리바게뜨지회 집행부도 5~6시에 퇴근하면 경기도나 충청 지역까지 내려가 사람들을 만났다. 한밤중에 집에 도착해 새벽에 출근하는 날들이 이어졌다. 하지만 아는 사람들 몇 명씩 모아 간담회를 하고 링크를 보내 노조 가입서를 받는 걸로는 5000명이 넘는 제빵·카페기사들을 대규모 조직하는 데는 한계가 있었다.

조합원 조직을 고민하던 중 한 간부가 페이스북이나 인스타그램 같은 SNS로 노동조합을 홍보하자고 제안했다. SNS 자체를 하지 않던 임종린은 누가 그걸 보고 가입을 하겠느냐고 비웃었다. 하지만 20~30대가 대부분인 제빵·카페기사들에게 SNS는 아주 익숙한 공간이었다. 기사들은 각자 자신이 만든 빵이나 음료 사진을 올려놓고 레시피를 공유하면서 온라인에서 교류하고 있었다. SNS에 파리바게뜨지회 소식을 올리자 인스타그램을 보고 가입하는 기사들이 생겼다.

"처음에는 가입하신 분들을 혼냈어요. 뭔 줄 알고 SNS에 올라온 것만 보고 가입하느냐고요.(웃음)"(임종린)

덕분에 조합원이 빠르게 늘어 1주일 만에 200명을 넘어섰다. 그렇게 가입한 사람들을 찾아가서 만나기도 하고 전화를 걸

2017년 파리바게뜨지회 설립 보고대회.

기도 했다. 임종린은 최유경과 나눈 첫 통화를 기억한다. 노조에 가입해줘서 감사하다는 인사를 전하자 최유경은 궁금한 걸 물었다. "여자인가요, 남자인가요?" 종린이 "여자"라고 답하자 한마디 했다. "역시 큰일은 여자가 해야죠."

노조 출범 2주 뒤인 8월 31일 서울 용산철도회관에서 노조 설립 보고대회를 열기로 했다. 온라인으로 가입해 서로 얼굴도 모르는 조합원들을 한자리에 모와보자는 기획이었다. 외로운 섬처럼 각자 매장 안에 갇혀 지내던 제빵·카페기사들이 서로를 확인하고 연결되는 날이었다. 화섬 간부들이 최대한 사람들을 많이 오게 해서 파리바게뜨지회를 소문내자고 당부했다. 사무국장 정혜미가 물었다. "부모님 모셔와도 되나요?" 농담인 줄 알았는데 실제로 정혜미의 부모님은 용산철도회관에 오셔서 격려사를 하셨다. "우리 딸이 노조 활동을 하는 게 자랑스럽고, 잘했으면 좋겠습니다"라고. 그 모습에 다른 화섬 간부들이 더 감동을 받았다. 노동조합 한다고 하면 말리는 사람들만 접했던 그들에게 딸의 노조 활동을 지지하는 부모님의 모습은 강렬한 기억으로 남았다. 행사가 끝나고 그날을 기념하는 단체사진을 찍었다. 이후에 집행부를 할 사람들의 얼굴이 그 사진에 담겨 있었다.

파리바게뜨지회 간부들은 퇴근 후, 쉬는 날 할 거 없이 틈만 나면 조합원들을 만나러 다녔다. 조합원들이 쏟아내는 이야기 속 파리바게뜨는 그들이 알던 것보다 훨씬 더 악독했다. 제빵기사가 빵을 굽는 업무 공간까지 CCTV가 비추고, 탈의실이 없어서 냉장고 문을 열어놓고 옷을 갈아입어야 하는 매장도 있었다. 빵을 만들다가 피가 뚝뚝 흐를 정도로 상처를 입어도 "약 바르면 낫는다"고 말한 점주 이야기도 들었다. 임산부가 하혈을 해 교체를 요구하는데도 "좀 참고 일해봐"라며 3시간 30분을 방치해 끝내 유산한 사건은 안타깝기만 했다.

임종린은 수당 5만 원을 돌려받으려고 노조를 시작했는데 70만 원, 100만 원씩 뜯긴 기사들도 있었다. "왜 가만히 계셨어요?"라고 물으면, "말해도 바뀌는 게 없고, 문제아로 찍히기만 하는데 어떻게 문제 제기를 하느냐"는 질문이 되돌아왔다.

불합리한 문제를 이야기해도 불이익을 당하지 않는 파리바게뜨 현장을 만들기 위해 파리바게뜨지회는 우선 불법파견 문제 해결에 나섰다. 9월 22일 고용노동부가 근로감독 결과를 발표하며 파리바게뜨가 제빵기사 5378명을 직접고용하라고 지시한 뒤부터 노조는 양재동 파리바게뜨 본사 건물 앞에서 1인시위

파리바게뜨 직접고용 촉구 시위.

를 전개했다. 파리바게뜨에 단체교섭을 촉구하는 한편 기자회견, 국회 토론회 등을 개최하면서 이 문제를 사회 이슈화했다.

　고용노동부의 명령이 내려졌으니 이대로만 가면 될 줄 알았다. 하지만 현장은 훨씬 복잡한 이해관계가 얽혀 있었다. 10월 31일 파리바게뜨는 고용노동부를 상대로 "시정 지시를 취소해달라"는 요지의 행정소송을 제기하며 버티는 가운데 노동자들 사이도 균열을 내기 시작했다.

"'직접고용은 당연히 좋은 거지. 이걸 누가 반대하겠어?'라
고 생각했는데 반대 목소리를 내는 사람이 나타나더라고요."(임
종린)

회사는 10월 27일 이른바 '상생기업'이라는 해피파트너즈
를 설립해 제빵기사들을 이곳으로 고용하겠다고 알리면서 지역
별 설명회를 해나갔다. 설명회 이후에는 관리자들을 내세워 각
매장을 돌면서 '직접고용 포기 확인서'에 사인을 받기 시작했다.
"포기 각서 안 쓰고 상생회사에 가지 않으면 협력사를 폐업하고
무급 대기발령을 할 것이다" "직고용되더라도 상생회사로 간 제
빵사들로만 매장 운영하고, 너희들은 자리가 없어지니 공장으
로 갈 것이다" 같은 발언을 하면서 집요하게 '직접고용 포기 확
인서'에 사인을 받아냈다.

출범 3개월도 안 된 새내기 노조로서는 일대일로 붙어 불안
을 조장하면서 서명을 강요·회유하는 관리자들에게 바로바로
대응하는 게 쉽지 않았다. 회사의 직접고용 포기와 상생회사 강
요에 맞서 노조는 11월 2일부터 양재동 본사 앞 천막농성에 돌
입하면서 단체행동의 수위를 높인다. (전날인 11월 1일 화섬노조는
임시대의원대회에서 식품산업 노동자들을 더욱 잘 조직하기 위해 명칭을 전
국화학섬유식품산업노동조합[화섬식품노조]으로 변경하기도 했다.)

노조가 행동에 나서자 옆에서 함께 싸워줄 사람들이 나타
났다. 11월 6일 '파리바게뜨 불법파견 문제 해결과 청년 노동
자 노동권 보장을 위한 시민사회대책위원회'(시민대책위)가 출범

했다. 참여연대와 한국비정규노동센터, 민변 등 노동·시민사회·종교·여성·노동안전 영역에서 활동하는 60여 개 단체가 참여했다. 시민대책위는 기자회견 같은 입장 발표는 물론 1인시위 등도 함께하면서 노조의 투쟁을 지지·엄호하는 역할을 했다. 파리바게뜨지회는 팟캐스트방송 '빵팟'을 자체 제작해 라디오를 켜놓고 일하는 제빵기사들에게 노조의 활동을 알리고, 직접고용 포기 확인서의 문제점과 해피파트너스의 실체에 대해서도 공유했다.

　　한편 파리바게뜨가 직접고용과는 전혀 다른 길을 모색하며 시정 지시를 이행하지 않자 고용노동부는 '과태료 부과'라는 칼을 뽑아든다. 530억 원의 과태료 부과 방침이 구체화되고서야 회사는 정치권의 중재에 응했다. 결국 2018년 1월 11일, 본사와 두 노조, 시민대책위, 정의당, 민주당이 함께 직접고용이 아닌 자회사를 만들어 제빵기사를 고용하기로 '사회적 합의'를 한다. "직접고용만이 대안은 아니다"라고 주장하고 나선 한국노총 소속 복수노조로 인해 투쟁의 본질이 엉뚱하게 노노 갈등으로 비화될 수 있다는 우려 속에서 나온 아쉬운 합의였다. 아쉽기는 해도 합의가 그대로 이루어지기만 한다면 작은 해피엔딩이 되지 않을까 기대했다. 하지만 현실은 동화 속이 아니었다. 합의서에 서명한 뒤 밝게 웃고 있는 자신에게 몇 년 뒤의 임종린은 "웃지마, 바보야"라고 소리치고 싶었다고 했다.

산별노조가 있어서 가능했던 투쟁

임종린, 파리바게뜨지회 지회장

투쟁하면 교섭해서 합의서 만들고, 합의서를 안 지켜서 다시 투쟁해 또 합의서 만들고, 또 안 지켜서 다시 투쟁하고…… 지금까지 이런 과정의 연속이에요. 회사의 시스템을 바꾸면 될 문제인데 교섭 대표노조가 아니어서 회사와 정책 관련 대화를 할 수 없으니 일일이 개인 민원으로 처리를 해야 되거든요. "누구 씨한테 왜 휴가 안 주느냐." 맨날 이런 소모적인 싸움을 하고 있어요.

노동조합 설립 때부터 조직화, 지금까지 투쟁하는 모든 과정이 산별노조 안에 있었기 때문에 가능했다고 생각하거든요. 산별노조가 아니었으면 지금까지 있기가 힘들었을 거예요. 진짜로 그렇게 생각합니다.

나에게 화섬노조를 어떤 단어로 정의해야 될지 잘 모르겠어요. 제가 옛날에는 집-일-집-일만 하던 사람이어서 새로운 경험이 없었어요. 다른 차는 시동도 못 걸던 사람인데 지금은 아무 차나 타고, 렌트 해서 막 지방을 가고 그러거든요. 이렇게 활동반경이 넓어지고 경험이 많아지고 세상이 넓어졌어요. 소송하는 것도 계속 법원 가면 열은 받지만 '내가 대법원도 가보네. 별 경험을 다 해본다'고 하거든요.

노동조합 활동을 하는 중간중간에 힘든 순간들은 분명 있었지만 그 순간순간의 힘든 감정들을 빼면 되게 즐거운 경험을 많이 했다고 생각해요. 이걸 어떤 단어로 표현하면 좋을까요?

14장

파리바게뜨의 나비효과

IT 조직화[1]

1   이 장에 나오는 인터뷰들은 〈IT·게임산업 노동실태와 노사관계 개선 방향 연구〉(김종진 외, 화섬식품노조, 2019.12.) 논문에 나온 인터뷰 내용을 여럿 차용했다.

IT 대기업에 노조가 등장하다

화섬식품노조 네이버지회

"임종린 지회장이 나오는 팟캐스트를 들었거든요. 네이버에서도 노동조합을 만들 수 있겠더라고요. 노조는 위장취업하고 노동운동하는 사람들만 하는 줄 알았는데 그냥 일하다가 문제가 생기면 할 수 있는 거더라고요."

―오세윤, 네이버지회장

초등학교 때 처음 프로그래밍을 접한 오세윤은 컴퓨터 프로그램으로 사람들이 쓸 수 있는 뭔가를 만드는 일에 재미를 느꼈다. 시간이 지나 그 일이 직업이 됐다. 2015년 네이버 스포츠 서비스팀 개발자로 입사한다. 야구팬인 그로서는 네이버 포털 속 스포츠 섹션을 만들어낸다는 자부심이 있었다.

"스포츠 서비스를 바꾸고 퇴근하는데 누군가 지하철에서 그걸 보고 있잖아요. 그럼 되게 뿌듯했습니다."

올림픽이나 월드컵 같은 큰 국제경기가 있을 때는 일을 몰아서 할 수밖에 없었지만 워낙 스포츠를 좋아하기에 개의치 않았다. 새벽까지 일하는 것도 큰 거부감 없었다. 물론 야근을 해도 수당도 없이 교통비만 주는 게 이상하긴 했다. 나중에야 포괄임금제(연장·야간근로 등 시간외근로 등에 대한 수당을 급여에 포함해 일

괄 지급하는 임금제도) 때문임을 알았다.

일하는 환경보다 더 이상했던 건 회사 분위기였다. '똑똑한 사람들인데 일방적으로 지시가 내려와도 왜 아무런 말을 안 하지?' 의문이 들었다. 동호회 지원금이 갑자기 없어진다는 공지가 내려와도, 두세 달 고생하며 만든 서비스가 상부 보고를 갔다 와서 엎어져도 문제 제기할 수 없는 분위기였다. 그가 입사하기 전인 2012년경 이야기지만 유명한 일화가 있다. 이해진 네이버 글로벌투자책임자(창업자)가 사내 게시판에서 '삼성에서 일하다가 편하게 지내려고 NHN으로 왔다'는 글을 보고 "너무 기가 막히고 억장이 무너졌다"며 "NHN을 '동네 조기축구 동호회'쯤으로 알고 다니는 직원이 적지 않다"고 질타했다는 이야기.[2] 그 뒤로 동호회 지원도 없어지고, 칼퇴근 못하게 셔틀버스도 없어졌단다.

오세윤 개인으로서는 자부심에 생채기가 났던 게 컸다. 주변 사람들이 네이버가 뉴스스탠드 기사를 조작한다고 욕할 때면 오해라고 해명하곤 했다. 상부에서 지시해도 밑에 있는 실무진들이 실행해야 조작이 가능하기 때문에 그런 일은 없을 거라고 믿었다. 그런데 2017년 10월, 네이버가 청탁을 받고 축구 스포츠면에 실린 승부조작 관련 기사 배치를 조작한 사실이 드러났다. 대표 명의로 사과문까지 올렸다.

---

2   최훈길, 〈"'억장이 무너지는 네이버' 발언 취지는 공격 경영"〉,《미디어오늘》, 2012.5.10.

"개발자는 아니더라도 나랑 일하고 있는 누군가가 그걸 실행했다는 거잖아요. 이런 문제들의 견제가 필요하다는 생각을 했습니다."

특히 2017년 연말 인센티브 문제가 직원들이 불만을 터트리는 데 기폭제가 됐다. 11월부터 연말 인센티브가 작년보다 적게 나올 거라는 소문이 돌았다. 매출이 올라가던 때라 납득이 안 되는 소문이었다. 무엇보다 회사에서 중요한 의사결정이 진행될 때면 공식 채널이 아닌 소문부터 돌아서 분위기를 조장하는 회사의 비민주적인 운영 방식에 대해 직원들의 불만이 쌓여왔던 터였다. 네이버 블라인드(직장인 익명 커뮤니티)에는 '매번 역대급 매출이라면서 인센티브 책정은 왜 그렇게 하나'와 같은 글들이 올라오고, '노조가 없어서 우리 직원들이 무시를 당한다' '노동조합 만들자고 얘기만 하지. 뭐 생기겠어?' 같은 자조 섞인 말들이 오갔다.

블라인드에서 노동조합 결성에 뜻을 보인 사람들끼리 카카오톡 비밀채팅방에 모여 의견을 나눴다. 또, 오프라인에서 만나자고도 했다. 총대를 멜 사람이 필요하다는 의견에 오세윤이 사람이 없으면 자기라도 하겠다고 손을 들었다. 임종린 파리바게뜨지회장이 나온 팟캐스트를 듣고서 '평범한 사람들도 노동조합을 할 수 있구나' 하는 용기를 얻었기 때문이다. 2018년 1월 그를 포함한 4명이 만나 본격으로 노조 결성을 추진했다.

팟캐스트에서 임종린이 말한 대로 먼저 정의당의 비상구를 찾아가고 화섬식품노조와도 교류했다. 다녀온 이야기를 톡방에 공유하면서 노조 출범을 함께할 사람들을 찾았다. 10여 명이 모였고, 함께 공부하면서 준비 태세를 갖췄다. 톡방에는 간간이 진행 상황도 올렸다.

처음부터 산별노조를 생각했다. 처음에 모인 4명 중 2명은 네이버 본사 소속이지만 2명은 다른 계열사였다. 이 때문에 네이버 법인을 비롯해 라인플러스, 엔티크서비스(NTS), 엔아이티서비스(NIT), 네이버웹툰, 네이버아이엔에스, 컴파트너스 등 네이버의 자회사와 계열사 직원들도 아우르려면 산별노조로 가야 했다.

"산별노조는 다들 당연하게 생각했는데 민주노총이냐 별도로 하느냐에 대해서는 의논했습니다. 우리가 맨땅에 헤딩하는 건데 혹시라도 사측이 로펌을 쓰거나 하면 대응할 수 있도록 힘이 있는 데서 시작해야 한다는 의견이 많아 자연스럽게 민주노총에 가입했습니다."

설립 준비 3개월 만인 2018년 4월 2일 전국화학섬유식품산업노동조합 네이버지회가 출범한다. 1999년에 설립된 네이버에서 19년 만에 노동조합 깃발이 오른 것이다. 준비 기간 동안 가장 신경 쓴 건 노동조합 관련 공부와 네이버노조의 지향을 밝힌 출범선언문이었다. IT업계 선두주자로서 네이버뿐만 아니라 전체 IT 노동자의 노동조건을 개선하는 데 함께하겠다는 의지를 담았다.

우리는 대한민국의 IT산업을 이끌고, 국내 최고 서비스를 만든다는 자부심으로 회사를 사랑했습니다. 네이버를 사용하는 모두에게 도움이 되는 서비스를 만들기 위해 우리의 열정을 다 해왔습니다. …… 우리의 자부심은 실망으로 변했습니다.

네이버는 변화가 필요합니다. 그러나 이러한 변화는 저절로 이루어지지 않습니다. 그 변화는 우리로부터 시작될 것이며, 그 출발은 노동조합입니다. —네이버 공동성명 출범선언문

노동조합으로서 정체성은 분명히 했지만 IT 노동자들에게 노동조합은 여전히 낯선 조직이었다. 네이버지회는 리브랜딩으로 연착륙을 꾀한다. 민주노총과 노동조합에 대한 거부감을 줄이기 위한 방법을 모색한 것이다. 우선 '화섬식품노조 네이버지회' 말고 노조를 쉽게 부를 수 있는 이름을 고민했다. 함께 공(共) 움직일 동(動) 이룰 성(成) 밝은 명(明). '모두 같이 행동해서 (네이버를) 더 밝게 성장시키자'는 뜻을 담아 공동성명이라고 정했다. 디자인하는 조합원이 로고를 만들고, 브랜딩 디자인하는 조합원이 다양한 마크 한 세트를 만들어 하나의 브랜드 꼴을 갖췄다. 이를 바탕으로 스티커를 제작하고 네이버지회 굿즈도 만들었다.

굿즈는 공동성명 목걸이와 머그컵. 사원증이랑 같이 공동성명 목걸이를 걸고 다니고, 사무실 책상 위에 머그컵을 올려놓음으로써 서로가 공동성명 조합원임을 확인하게 했다. 목걸이는 네이버 회사 색깔인 초록색으로 만들었다. "회사랑 대치하는 것이 아니라 회사를 좋아하는 사람들이라는 것을 보여주려는

목적"이었다. 리브랜딩을 하면서 네이버지회가 챙긴 것은 "디테일"이었다. 어떻게 하면 조합원들에게 효과적이고 친근하게 다가갈까를 중심으로 고민했다. 집행부도 무슨 위원장이나 국장 대신 스태프라고 불렀다. 보통 노동조합에서 제작하는 노조 조끼 대신 초록색 후드티를 맞추기도 했다.

"공동성명의 공동(共動)이 함께한다는 공동(共同)하고 한자가 다르잖아요. 한 시민이 네이버에 전화를 걸었다고 하더라고요. 네이버 직원들이 한자가 틀린 티를 입고 다닌다고 공부도 잘한 사람들이 한자도 모르냐고요. 그런 오해를 받기도 하지만 조합원들에겐 공동성명이 잘 받아들여지는 것 같아요."(오세윤)

새로운 시도들을 하면서도 네이버지회는 기존 노조 활동의 중요성도 깨달았다. 처음엔 직원들에게 메일로 노조 설립을 알리고, 조합 가입 링크만 뿌리려고 했다. 그 정도로도 충분히 많은 사람들이 노조에 가입할 거라고 예상했기 때문이다. 그런데 화섬식품노조 간부들은 그와 별개로 직접 직원들에게 선전물을 나눠주면서 노조 설립 소식을 전하라고 당부했다.

"회사 안에서 누가 뭘 돌린 적이 없어서 별로 필요 없다고 생각했어요. 근데 보통 노조들은 다 한다고 하니까 한번 해봤죠. 실제로 선전물을 돌리고 오면 갔다 온 층의 사람들이 많이 가입하긴 하더라고요. 그걸 보면서 기존 방식들도 잘 녹여야겠다고 생각했습니다."

4월 2일, 27층 건물인 네이버 본사를 본인이 조합원임을 공개한 7명이 나눠서 층마다 돌았다. 다 돌고 나선 들어오는 조합 가입서들을 입력하고 처리하느라 정신이 없었다. 설립 당일에만 500명 넘게 가입하고, 4일 만에 조합원은 1000명이 넘어갔다.

이 정도면 어느 정도 힘이 생겼다고 생각했다. 착각이었다. 사측과의 단체교섭이 생각만큼 빠르게 진행되지 않았다. 전임자나 조합 사무실 같은 기본적인 조항 외에는 진척이 더뎠다. 특히 노동자의 휴식권을 보장하는 리프레시 휴가 같은 요구 사항이 받아들여지지 않으니 많이 답답했다.

"우리가 합리적인 요구를 하면 경영진도 합리적이니까 어느 정도는 받아들일 거라고 예상했습니다. 그런데 입장이 다르니까 각자가 생각하는 합리가 다르더라고요. 사측이 교섭에서 노동조합을 무시하는 모습을 보이니까 감정적으로 화가 많이 났습니다."

노동조합에 대한 이해 정도가 낮은 사측을 대하는 것도 쉽지 않고, 법인들이 달라 계열사별로 교섭을 하는 것도 힘에 부쳤다. 한 번에 여섯 군데 회사와 단체협상을 체결하기 위한 협상을 진행해야 했다. 2018년 4월에 시작한 단체협상이 해가 바뀔 때까지 끝나지 않았다. 결국 교섭은 결렬됐다. 하지만 2019년 2월, 노동조합의 최후 보루인 파업권을 얻어냈다.

사측과의 관계뿐 아니라 이제 막 노동조합을 시작한 조합원들을 행동으로 묶어내는 과정도 어려웠다. 처음엔 피켓팅을 하면서 풍선을 나눠줬다. 쟁의권을 획득하고 나서는 2주에 한 번씩 로비에서 집회를 열었다. 투쟁가 대신 익숙한 대중가요를 불렀고 구호에도 음을 넣어 부드러운 느낌을 주려고 했다. 그렇

2018년 네이버지회 첫 시위.

2019년 네이버지회 첫 쟁의 로비 집회.

게 다가가기 편한 방식들부터 시작해 점점 기존 집회 모습으로 넘어갔다. 저녁 6시에 한 집회에 조합원 300~400명이 나오기도 했다.

조금씩 실력 행사의 수위를 올렸지만 실제로 파업을 할 만큼 힘이 모이지는 않았다. 한번은 계열사에서 파업 일시까지 잡았다가 당일에 파투가 나기도 했다. 파업이 쉽지 않을 것 같아 부분파업을 잡아 다 같이 영화 〈어벤져스〉를 보러 가는 걸로 대신하기도 했다. 부족한 힘은 연대해주는 사람들이 많이 채워줬다. 1인시위나 집회에 화섬식품노조 조직들이 자기 일처럼 달려와 함께했다. 언론의 도움도 컸다. 쟁의 돌입 기자회견만 했는데도 기자들이 100여 명이 오는 등 네이버노조의 활동에 관심이 뜨거웠다.

다양한 시도에도 사측이 움직이지 않자 2019년 5월 네이버 본사 1층 로비에 농성장을 차렸다. 집행부들이 돌아가면서 낮에는 깔개만 깔고 앉아 있고, 밤에는 1인용 텐트를 치고 자는 생활을 40일 넘게 했다. 하루에도 수천 명이 오가는 로비에 농성장을 차리니 사원들이 오가면서 먹을거리도 건네고 고생하는 집행부의 마음을 조금씩 헤아려줬다. 경영진이 이러한 직원들의 마음을 놓쳤다. 사측이 노조가 자꾸 운동권의 구태의연한 모습을 답습하고 있다고 공지를 올린 것이다. 그러자 조합원들이 회사 태도가 문제 아니냐며 100명 이상이 실명으로 교섭을 생중계하라는 댓글을 달았다. 여론에 떠밀려 교섭 생중계를 하게 되면서 사측도 조금씩 변형된 안을 제시하기 시작했다.

"생중계가 단협 체결하는 데 도움이 됐어요. 산별 중앙에서 오신 노조 측 교섭단이 사측에게 노련하게 핵심을 찌르는 말을 하는 걸 보고서 직원들 사이에서 '민주노총이라고 생떼 쓰는 것이 아니라 논리왕이네' 하는 분위기가 있었거든요. 저 사람들이 도움이 된다는 걸 조합원뿐 아니라 직원들도 알게 되니까 저희로선 좋았죠. 생중계하고 나서 조합원 수도 많이 늘었고요."

덕분에 2019년 7월 16일 네이버 법인과 화섬식품노조는 첫 번째 단체협약을 체결하기에 이른다. 교섭 시작 13개월 만에 얻은 첫 결실이었다. 물론 아쉬움은 많이 남았다. 계열사 중 운영 법인들이 경영 상태를 내세워 복지 등을 똑같은 수준으로 하지 못한 건 계속 아쉬웠다.

그래도 단체협상을 시작하면서 포괄임금제가 사라졌다. 2018년 7월부터 300인 이상 사업장과 공공기관에서 주 52시간 근무제가 시행된 가운데 노조가 포괄임금제의 문제점을 계속 알린 게 크게 작용했다. 네이버 사측도 2018년 6월 포괄임금제를 없애면서 선택적 근로시간제(1개월 기간 내 1주일 평균 52시간을 초과하지 않은 범위에서 노동자가 근무시간을 자유롭게 조정하는 제도)를 도입했다. 오세윤이 근로자대표로 선출돼 사측이 유연근무제를 악용하지 못하게 수준을 조율했다.

"교섭이 결렬되고 조정에 갔을 때 지노위 위원들이 사측한테 '노동조합 생기고 아무것도 합의를 안 해주고 있느냐'고 다그쳤어요. 그때 사측에서 '포괄임금제 폐지도 노동조합의 성과 아니냐'고 답한 걸 봐서는 노동조합이 있었기 때문에 포괄임금제가 폐지된 것 같긴 합니다."

　본사가 교섭이 타결돼 자회사 단협은 조금 수월할 줄 알았지만 더 진척이 안 됐다. 기존 노동조합들의 투쟁 방법을 쓸 수밖에 없었다. 회사 안에서 집회를 하다가 판교역 광장까지 나가 집회를 했다. 판교역 앞에 천막을 치고 농성도 시작했다. 회사에 타격이 있을 것 같은 시기들을 잡아 일주일씩 부분파업도 했다. 계속 사측을 입박한 끝에 계열사도 단체협약을 체결할 수 있었다.

　어느새 네이버지회도 노조 7년 차에 접어들었다. 그런데도 계속 처음 부딪히는 문제들이 나타나고 있다. 끙끙거리며 그 문제들에 대한 해결책을 찾아나가면서 네이버지회도 조금씩 성장하고 있다.

IT 개발자들이 노동조합을 한다는 건

오세윤, 화섬식품노조 네이버지회장/IT위원회 위원장

개발자들은 다 비슷한데요. 뭔가 오류가 있는데 그걸 그냥 지나치면 되게 찝찝하거든요. 오류가 있으면 고쳐야 될 것 같아요. 약간 직업병처럼. 우리 회사도 회사 자체가 나쁜 건 아니고 버그가 좀 있다. 이 버그들을 고치지 않고 그냥 두면 찝찝하니까 노동조합을 만들게 된 거죠.
저흰 노동조합을 현지화하고 있다고 생각해요. 해외에 서비스가 진출하면 그 현지에 맞게 바꾸잖아요. 적응을 못하면 서비스가 망하니까요. 노동조합이라는 이 서비스에 익숙하지 않은 IT업계에서 노동조합을 자연스럽게 받아들이는 방식으로 접근했던 거죠. 원래 IT업무가 이용자들이 서비스를 어떻게 받아들일까를 생각하면서 일을 하니까 노동조합에 가입하는 직원들, 어찌 보면 우리의 고객들이 어떻게 하면 노동조합을 잘 받아들여 우리에게 가입하게 할까를 많이 고민했어요. 리브랜딩도 그렇게 해서 생각했고요. 지금도 노동조합 활동을 하면서 이 활동의 본질은 무엇일까. 이 본질을 해치지 않는 선에서 형식을 다르게 할 수 있지 않을까를 많이 생각해요. 지금은 기자회견을 어떻게 바꿔볼 수 있을까를 고민하고 있습니다.

아, 꼭 하고 싶은 이야기가 있어요. 저희가 새로운 걸 많이 추구하잖아요. 앞서 이야기한 리브랜딩 같은 거요. 그런 게 많이 부각되니까 이제 막 새로 노동조합을 시작하는 곳들에서 그것만 따라 하려고 하더라고요. 새롭게만 하면 되는 줄 아는데 저희는 의외로 전통적인 거 많이 하거든요. 조합원들을 진짜 많이 만나요. 11명 전임자가 계속 조합원 간담회 하고, 2주에 한 번씩 대의원회의 하고, 소모임 활동도 하고요. 홍보도 엄청 많이 해서 메일도 때마다 보내고, 선전물도 많이 배포해요.

그렇게 하면서 전통적인 노조 활동의 힘을 느꼈어요. 코로나 시기 지나면서 2000명 넘던 조합원이 1800명대까지 떨어졌던 때가 있었어요. 그때 저희가 기본으로 돌아가서 조합원들을 많이 만나자고 했거든요. 그렇게 하니까 확실히 조합원이 늘더라고요. 지금은 5000명이 넘었죠. 확실히 만나서 이야기 나누고 뭐라도 같이한 사람들은 노동조합을 잘 안 나가더라고요.

노조가 생긴 뒤로 분위기가 많이 바뀌었어요. 네이버는 회사에서 공지하면 별로 답도 없고 다들 블라인드에서만 이야기하고 그랬는데 요즘은 실명으로 댓글을 엄청나게 다니까요. 또, 여러 가지 보상들도 되게 투명해졌어요. 인센티브도 등급별 지분율 등이 다 공개가 되고요. 최근에 라인 매각[3] 문제가 불거지고 라인야후 조합원들이 많이 늘었어요. 이제 문제가 생기면 노동조합을 통해서 해결해야 된다는 생각이 자리를 잡아가고 있습니다. 아직 갈 길이 멀긴 하지만요.

단협 과정에서 힘들었죠. 사측이 파업권을 제한하는 협정근로자를 요구했는데 이걸 막으려면 엄청난 행동력이 필요했어요. 파업까지 해야 하는데 아직 우리는 그럴 힘이 없어서 너무 괴로웠어요. 그래서 나도 단식 같은 걸 해야 하나 고민했는데 화섬식품노조 신환섭 위원장님이 '단식할 바엔 밥 먹고 힘내서 싸우라'고 말씀해주셨죠. 조합원이 계속 늘고 있는 상황이니까 분위기 좋을 때 합의하는 게 좋겠다고요. 완전히 만족스럽지 않더라도 조직력을 유지한 채 합의하면 다음에 더 좋게 단협을 체결할 수 있다고 하셨어요. 그래서 사측 요구를 약간 수정해 공동협력의무 조항을 받아들이고 합의를 했습니다. 처음엔 사측이 노조를 무시하는 것 같고, 약간 억울한 상황에서 도장을 찍는 부분에 대해 화가 많이 났어요. 그런데 어느 정도

---

3   2024년 일본 정부에서 라인 메신저가 개인정보를 유출했다는 이유로 대한민국 기업 네이버를 상태로 라인야후의 지분을 매각하라고 압박한 사건.

지나니까 우리가 지금 힘이 약해서 그런 거니까 조직을 키워야겠다는 생각을 자꾸 하게 됐죠.

노동조합 하면서 힘든 건요. 저는 개발자잖아요. 개발자에겐 원래 어떤 문제에 대한 해결책이 무조건 있거든요. 정답이 있으니까 내가 시간만 투여하면 어쨌든 해결책을 찾을 수 있는 거죠. 개발언어로 하니까 하면 하는 대로 결과가 바로바로 나오는 거잖아요.

그런데 노동조합은 완전히 다르죠. 컴퓨터랑 소통하는 건 그냥 하면 되는데 사람들은 서로 오해도 생기고 갈등도 많이 발생하잖아요. 내부 갈등도 있고 노사 간의 갈등도 있고. 이건 정답은 없고, 해결이 안 되는 것도 많고, 해결이 되더라도 오래 걸리는 것도 많고요. 그러니까 스트레스가 엄청 심했던 것 같아요. 해결되지 않은 갈등에 대한 스트레스와 이 갈등에 대한 가장 맞는 정답을 찾아야 한다는 압박감에 몇 년간은 너무 힘들었어요. 지금은 조금 편해졌지요. 어차피 정답도 없고, 최적의 답을 찾는 게 내 뜻대로 되는 것도 아니다. 그리고 갈등은 항상 발생하고 이 갈등은 내가 노력하는 것만으로 해결할 수 있는 문제가 아니다. 그렇게 생각하니까 조금 편해진 것 같아요.

IT노동조합들이 많이 생겨서 같이 연대하니까 확실히 서로 도움이 많이 돼요. 그런데 지회 운영하는 게 쉽지는 않아요. 보통 제조업 현장에서는 친하게 지내면서 관계가 많이 형성돼 노조를 조직률 50% 이상, 70~80%로도 시작을 하잖아요. IT는 보통 10%에서 시작하고, 그보다 안 되는 경우도 많거든요. 기존 관계 자산이 없다 보니 한 명 한 명 설득해야 하죠. 그렇게 조합원이 늘어나면 전임자가 없는 것도 문제고요. 이슈가 발생하면 그거에 대응하느라 바쁜 것 같아요.

네이버처럼 큰 곳은 계열사가 너무 많아서 힘들기도 해요. 임단협 시즌이 되면 네이버는 11명의 전임자가 12개 법인과 교섭을 하는 거예요. 진짜 교섭하느라 시간이 다 가요. 또, 라인야후나 네이버웹툰[4]처럼 법인마다 이슈가 다르게 터지면 거기에 대응해야 하고요. 빨리 산별교섭을 해야 될 것 같습니다.

나에게 화섬노조는 '가능성'이라고 생각해요. 저는 사람들이 민주노총을 좋아하게 되면 진짜 많은 것들이 바뀔 거라는 얘기를 많이 하거든요. 그러면 민주노총의 주장도 힘을 받고, 그러면 노동자들이 훨씬 행복해질 거라고요. 지금 노동자들이 불행한 이유 중 하나가 우리나라의 거의 유일한, 제대로 된 내셔널센터(한 국가의 노동조합 중앙 조직을 이르는 말)가 비호감의 앞 순위에 있을 정도로 부정적인 이미지가 크기 때문이라고 생각하거든요. 그걸 바꿀 가능성을 화섬식품노조가 가지고 있다고 생각합니다.

---

4   네이버의 웹툰 계열사 네이버웹툰이 2024년 6월 27일(현지 시각) 미국 나스닥 시장에 상장했다. 그 성과를 인정받아 네이버웹툰의 모기업인 웹툰엔터테인먼트의 김준구 대표는 현금 보너스로만 3000만 달러(약 416억 원)를 받았지만, 상장 준비로 극심한 초과 노동을 했던 네이버 직원들이 받은 스톡옵션은 공시 가격보다 높게 책정돼 행사해봤자 최저 이익 또는 손해를 보는 상황에 처해 박탈감에 휩싸였다.

'판교 오징어배'가 사라지다

화섬식품노조 IT위원회

밤새 불을 밝히는 오징어잡이 배는 바다에만 있지 않았다. IT·게임과 플랫폼업체들이 모여 있는 판교와 구로 디지털단지에도 밤새 불이 꺼지지 않는 '판교 오징어배' '구로 등대'가 있었다. 마감 시한을 맞추기 위해 잠, 먹기, 씻기, 사람 만나기 등을 모두 포기하고 일만 하는 '크런치 모드'가 용인되는 이들 업계의 관행이 노동자들을 병들고 죽음에까지 내몰고 있었다.

2016년 10월, 국내 게임사 넷마블에서 계속 야근을 하던 한 젊은 개발자가 쓰러져 사망하는 일이 발생했다. 그로부터 약 한 달 뒤엔 한 20대 여성 노동자가 판교 사옥에서 투신해 숨지는 일이 다시 벌어졌다. 알려지지 않은 죽음은 훨씬 많을 터였다. 네이버지회의 등장은 IT업계의 열악한 노동환경을 바꿀 신호탄이 되었다.

네이버지회가 자리를 잡자 기다렸다는 듯이 판교에 있는 다른 IT기업들도 움직이기 시작했다. 다른 IT기업 노사협의회 근로자 위원들이 네이버지회를 찾아왔다. 서로 누군지도 몰라서 카톡 플러스 친구로 연락을 해왔다. 이들은 노사협의회에서 유연근무제(선택시간근로제) 도입을 논의 중이었지만 사측의 의견에 반대해도 할 수 있는 일이 없음을 답답해했다. 그럴 때면 네이버지회장 오세윤은 "노사협의회가 아무리 잘돼도 결국 노동조합이 필요하다"면서 "노동조합을 만들라"는 조언을 계속했다. 그가 몸소 겪고 깨달은 정답이었기 때문이다.

그의 조언이 통했는지 IT 노동조합들이 하나둘 생기기 시작해 어느새 10개가 넘었다. 그들도 자연스럽게 화섬식품노조를 산별로 택했다. 넥슨(2018.9.3.), 스마일게이트(2018.9.5.), SK하이닉스기술사무직(2018.9.6.), 카카오(2018.10.24.), 씨디네트웍스(2020.6.7.), 엑스엘게임즈(2020.7.14.), 한글과컴퓨터(2021.3.23.), 웹젠(2021.4.5.), ASML코리아(2021.6.22.), LIG넥스원(2021.6.23.), 포스코DX(2021.6.25.), 엔씨소프트(2023.4.10.), NHN(2023.12.18.), 야놀자인터파크(2024.1.23.), 넷마블(2024.5.7.) 등에서 화섬식품노조 지회가 발족했다. 파리바게뜨지회에서 시작된 날갯짓이 IT 노동자들에게 이른 셈이다.

뒤이은 IT 노조들도 네이버지회와 비슷한 문제의식으로 노동조합을 시작했다. 우선 정보의 비대칭성에서 오는 박탈감이 컸다.

"회사 전반적으로 모든 게 비공개예요. 회사가 하고 싶은 대로 하는 것이 강해요. 모든 게 통보죠. 임원들끼리 알고 있는 걸 좀 잘라서 팀장 실장들이 알고. 각각의 팀원은 조각난 정보를 가지고 추론을 하는 거죠. 예를 들어 동남아에 게임 론칭을 준비하는데 개발자는 어디에서 론칭하는지도 몰라요. 그러니까 인프라팀이 숟가락 꽂는다고 느끼고 구성원들 사이 갈등이 생길 수 있죠. 회사가 정보 통제를 전략적으로 활용하면서 조직 관리를 하는 것 같아요. 그냥 위에서 하라고 해서 했는데 어느 순간 절벽에 서 있는 경우도 많죠."(스마일게이트지회 전임자)

"분사나 인수·합병과 같은 문제는 노동조합을 만들어서 회사랑 부딪치는 것 외에는 별다른 방법이 없는 것 같더라고요. 노동조합이라도 있어야 딜을 할 수 있으니까요. 그리고 경영 정보도 더 많이 공개되어야 한다는 요구가 있어요. 초창기에는 회사의 모든 회의가 공개였어요. 내부 인트라넷도 전부 전체 공개였는데 지금은 전체 공개가 안 되는 것들이 늘었어요. 애초 취지는 정보 독점을 탈피하자는 거였는데, 지금은 정보를 다 공개하면 경영하기 힘들다는 이유에서 그렇게 한 거죠. 그런 변화들에 대해 직원들이 불만이 있어요."(카카오지회 전임자)

IT산업 자체가 실무자의 의견과 판단이 중요한데 정보가 한정적이니 노동자들이 개입할 여지가 별로 없어지는 데 대한 목마름, 또 소통에 대한 열망이 IT 노동자들에겐 있었던 거다. 게임 업종은 프로젝트가 종료될 때마다 전환배치가 되고, 그 과정에서 권고사직이 주기적으로 이루어지는 데 따른 고용불안 문제도 심각했다.

"큰 회사는 여러 개의 스튜디오로 나눠져 있습니다. 예를 들어 현대차가 A 자동차를 만드는 법인과 B 자동차를 만드는 법인을 나누는 것과 비슷합니다. 진짜 이해가 안 되죠. 게임 제작이 중단(드롭)되면 전환배치라고 해서 개발 인력들이 각자 다른 자리를 알아봐야 해요. 다니던 회사에 자리가 없으면 채용 공고

올라온 다른 법인들을 찾아가야 하죠. 만약에 면접에서 떨어지면 일자리가 사라져요. 그게 게임업계의 고용불안입니다. 노조 만들어지기 전에는 아무도 권고사직 거부를 안 했어요. 회사가 새끼손가락으로 밀기만 해도 그냥 나갔던 거죠."(넥슨지회 전임자)

분사나 합병, 인수가 빈번한 IT업계였기에 다들 네이버지회처럼 모든 법인을 포괄하는 하나의 노동조합 체계를 택해 산별노조에 가입했다. 무엇보다 운영 자회사나 손자회사의 열악한 처우와 노동조건을 바꾸겠다는 의지가 강하다.

"현실적으로 더 절박한 곳은 우리가 아니라 우리 계열사 법인들이에요. 그곳들은 조직화가 됐으면 좋겠다가 아니라 반드시 되어야 해요. 너무 열악해요. 어떤 곳은 사실상 비정규직인데 자회사 정규직으로 된 형태라서 이런 곳에서 조합에 가입하고 단체교섭을 하는 건 정책적 의미가 있다고 봐요. 그래서 저희가 그 교섭에 올인하고 있습니다."(카카오지회 전임자)

이런 문제의식 속에 노동조합을 설립하자 직원들의 반응이 뜨거웠다. 가파르게 조합원 수가 늘었다. 넥슨노조는 모든 법인이 다 볼 수 있는 사내 중고장터 게시판에 〈노동자의 권리를 팝니다〉란 제목의 글을 올려 노조가 설립됐음을 알렸다. 첫날 300명, 1주일 만에 800명, 한 달 뒤에는 1000여 명이 조합원이 됐다. 스마일게이트에서는 블라인드에 노조를 만든다는 글을 올리자 '좋아요'가 300개 넘게 눌렸다.

호응하는 직원들이 노동조합에 잘 녹아들도록 IT 노조들은 네이버지회처럼 설립 때부터 리브랜딩을 진행했다. 넥슨지회

2020년 판교 IT 노동자 실태조사 및 노조 가입 캠페인.

화섬식품노조 IT위원회의 2024년 중소규모 IT사업장 실태조사 캠페인.

IT지회를 비롯한 화섬식품노조 지회 명함들.

스타팅포인트, 스마일게이트지회 SG길드, 카카오지회 크루유니언, 한글과컴퓨터지회 행동주의, 웹젠지회 웹젠위드, 엔씨소프트지회 우주정복 등 별칭들을 만들었다. 넥슨지회는 게임회사답게 캐릭터도 처음 만들었다. 노조 마스코트로 다람쥐를 선정한 뒤 피규어로도 제작했다.

"게임 '바람의 나라'에서 처음 만나는 몬스터가 다람쥐예요. 옛날에 '바람의 나라' 초창기에는 유저는 많고 몹은 없어서 유저들이 몹 재생성되는 시간을 되게 지루해했어요. 유저들이 '넥슨은 다람쥐를 뿌려라' 이런 식으로 최초의 인터넷 시위를 했었죠. 유저들이 처음으로 개발사에 요구를 한 거죠. 그래서 (노조 마스코트로) 다람쥐가 좋겠다고 생각했어요."(넥슨지회 전임자)

스마일게이트지회는 '노조냥이'라는 애칭의 고양이 캐릭터로 인기를 끌었다. 대의원 선거 때 작은 고양이 굿즈를 준다고 하니까 100명이 넘게 줄을 서서 투표를 하기도 했다.

조합원이 노조가 처음이듯 간부들도 노조가 처음이다. 그래서 아직 어색하고 부족한 점도 많다. 넥슨지회는 노조 활동 보고서 마지막에 그 마음을 드러내기도 했다.

"그간 게임을 만들고 서비스하던 사람들이 노동조합이란 생소한 조직을 꾸리다 보니 부족한 부분이 많았습니다. 지금도 글을 쓰는 사람은 국어보다 C언어를 더 많이 쓰던 사람이고, 조합원을 만나러 다니는 사람은 친구보다 피규어가 더 많은 사람입니다. 이런 모자람을 솔직히 말씀드리는 이유는, 개인의 약점을 연대를 통해 보완함이

노동조합의 본질이기 때문입니다." —넥슨지회 노조 활동 보고서 중

　부족한 부분은 화섬식품노조가 채워주고 있다. IT 노조들을 묶어 IT위원회를 만들었다. IT 지회들을 지원하면서 IT·게임업계에 쌓여온 문제들을 하나씩 풀어가려고 한다. 우선 IT업계에서 '공짜 야근'과 '임금 체불'의 근원지로 여겨지던 포괄임금제가 사라지고 있는 추세다. 화섬식품노조 IT 지회들에서 단협으로 포괄임금제를 폐지하면서부터다. 야근이 줄고, 게임업계 권고사직도 점차 줄어들고 있다. 물론 아직 풀어야 할 숙제는 많다. 주로 IT 대기업들이 노동조합으로 조직된 상황이어서 열악한 근로조건인 중소 IT기업들과 격차가 계속 벌어지는 걸 우려하고 있다. 그래서 IT위원회는 IT 중소 사업장을 조직할 방법들을 계속 고민 중이다. 판교를 비롯한 IT기업 집결지 내 모든 IT기업들이 산별 협약이 적용되는 하나의 공동체가 되길 꿈꾸고 있다.

15장

우리도 노동자다

미조직 영세 노동자의 조직화

재봉틀과 함께 광장으로 나온 사람들

공제회를 품은 서울봉제인지회

> "오늘 우리는 전태일 정신을 계승하려던 청계피복노조의 역사를 다
> 시금 한 땀 한 땀 재봉질로 이어가려 서울봉제인노동조합을 창립합
> 니다. 봉제 노동자 전태일은 이제 '조합원 전태일'로 되살아나 봉제
> 인의 권리를 찾는 대장정에 나설 것입니다."
>
> ─화섬식품노조 서울봉제인지회 창립선언문 중, 2018.11.27.

화섬식품노조의 자랑 중 하나는 '전태일의 친구가 조합원'
이라는 점이다. 청년 전태일과 함께 평화시장의 열악한 노동 현
실을 바꾸기 위해 애썼던 친구가 서울봉제인지회 조합원으로서
반백 년이 지난 지금도 달라지지 않은 봉제 노동자들의 현실을
바꾸기 위해 활동하고 있다.

서울봉제인지회는 2017년 2월 15일 화섬노조 정기대의원
대회에서 '전태일의 뿌리를 찾겠다'고 선언한 후 2년여 뒤 세상
에 나왔다. 준비는 그보다 훨씬 전부터 해왔다. 2008년 화섬연
맹에서 서울의류업노동조합(전 청계피복노동조합)이 제명된 후 봉
제 노동자 조직의 활동이 전무한 상태에서 2015년에도 봉제 노
동자들은 저임금과 장시간노동에 시달리고 있었다. 서울노동권

2017년 봉제 노동자 권익 향상을 위한 공동사업단 발족 기자회견.

익센터가 연구 사업으로 조사한 이런 봉제 노동의 실태를 2015
년 11월 '서울시 봉제 노동자의 건강 안전과 작업환경' 토론회에
서 발표했지만 후속 사업까지 연결되지는 못했다. 이에 화섬은
노동단체들과 의논하면서 봉제 노동자 조직과 권익 향상 사업
을 하겠다고 마음먹고, 이러한 취지에 공감하는 관련 단체들을
모아 2017년 3월 31일 '9만 봉제 노동자 권익 향상을 위한 공동
사업단'(공동사업단)을 구성했다.

당시 1만 5000여 개에 이르는 서울 지역의 의류제조업 사
업체에 종사하는 노동자 수가 9만 2000명쯤 됐다. 이는 전국 의
류제조업 전체 노동자 수의 63%에 해당했다. 서울 지역에서 봉
제 노동자들의 노동환경을 바꾸는 시스템을 만들어낸다면 전국
의 봉제 노동자들에게도 충분히 적용될 수 있을 거라고 예상했
다. 공동사업단은 2017년 내내 봉제 밀집 지역에서 선전홍보 캠

페인을 벌이고, 봉제 종사자 심층면접조사를 진행하면서 봉제인 노동조합의 상을 구축했다. 영세중소업체가 대부분인 봉제업계에서 노사관계는 큰 의미가 없었다. 자영업자와 다름없는 영세 사업주들도 똑같이 장시간노동을 하고 최저임금에 준하는 수익을 얻고 있었다. 그래서 이들까지 포함하는 노동조합을 만들기로 했다. 청계피복노조의 창립일이기도 한 11월 27일, 청계천변에 있는 서울시일자리지원카페에서 열린 서울봉제인지회 창립식에서 이정기 지회장은 이렇게 결의했다.

"불규칙한 일로 때론 일이 없어 경제적으로 힘들고, 또 한동안은 하루 15시간씩 토요일도 없이 주 90시간 전후 장시간노동을 하는 일이 일상화된 지 수십 년입니다. 이런 열악한 환경을 바꿔내고 봉제인들의 권익과 삶의 질을 개선하는 목적으로 지회가 출범했습니다. 영세 사업자, 재단사, 미싱사, 시다가 주축이 되어 하나하나 변화하고 바꿔나갑시다."

서울봉제인지회 창립식은 봉제인뿐 아니라 화섬식품노조의 젊은 조합원들도 자리에 함께해 축하했다. 파리바게뜨지회 조합원들은 직접 만든 축하케이크를 들고 왔고, 파리바게뜨지회·네이버지회·넥슨지회·스마일게이트지회·카카오지회는 화섬식품노조 '청년지회' 명의로 지지 연대성명을 내기도 했다.

"몰랐습니다. 늦은 밤 동대문의 화려한 조명 아래 놓인 옷과 가방들이 누군가가 침침한 눈을 비비며 거친 손으로 한 땀 한 땀 재봉질한 노동의 산물임을, 힘겹고 오랜 노동에 몸을 다쳐도 산재 처리는커녕 하소연할 곳도 없었던 선배님들의 피땀임을 몰랐습니다.

돈을 벌기 위해 상경을 했던 어린 봉제 노동자가 누군가의 부모, 혹은 조부모가 되는 수십 년의 시간 동안 코트 한 벌 만드는 데 받는 임금이 7000원으로 제자리걸음이었다는 사실을 봉제인노동조합 출범 전에는 미처 몰랐습니다. ……

서울봉제노동조합 설립을 시작으로 제빵, 인터넷, 게임업계의 후배들은 이제까지 타인의 일이라 생각하며 외면했던 현실을 함께 마주하겠습니다.

침침한 눈을 비비며 미싱 앞에 앉아 있든, 화상 입은 손으로 오븐 앞에 서 있든, 거북목과 시큰거리는 손목으로 늦은 밤 컴퓨터 앞에 앉아 있든 우리는 모두 노동자라는 이름으로 하나 되기 때문입니다. 단가 경쟁으로 하청에 재하청이 이어지는 구조는 봉제산업뿐만 아니라 대한민국 노동 현장이 처한 문제이기 때문에 더 이상 남의 문제로 치부할 수만은 없습니다."

—화섬식품노조 '청년지회'의 서울봉제인지회 창립 축하 지지 연대성명 중

노동조합을 설립하긴 했지만 봉제 노동자들에게는 노동조합 못지않게 복지서비스가 필요했다. 월급제가 아닌 작업한 옷 수량대로 공임을 받는 객공 시스템이 자리 잡은 봉제업계에서는 성수기와 비수기의 임금 차이가 심각했다. 대부분 4대보험에도 가입돼 있지 않아 일을 하다가 다쳐도 치료비 걱정에 제대로 치료를 못 받는 경우도 허다했다.

노동자의 상호부조 전통을 되살기로 했다. 일제강점기인

2020년 전태일 50주기에 동상 앞에서 '전태일 정신' 미싱 중.

1920년 설립된 최초의 전국적 노동단체인 조선노동공제회의 정신을 떠올렸다. 한국 최초의 소비조합 상점을 건립하기도 했던 조선노동공제회의 '공제'는 힘을 합하여 서로 돕고, 함께 일한다는 뜻을 담고 있다. 이는 자신의 차비로 여공들에게 풀빵을 사줬던 전태일의 풀빵 나눔 정신과도 통했다. 봉제 노동자들에게는 어려울 때 경제 부조를 해줄 동료들이 절실했고, 봉제인공제회에 그 동료의 역할이 부여됐다. 또한 노동조합에 가입하기 힘든 소규모·영세 사업장에서 일하는 봉제 노동자들의 조직에도 도움이 될 터였다.

화섬식품노조는 2019년 5월 중앙운영위원회에서 특별기구로 봉제인공제회 설치를 결정한다. 추진단이 준비를 마친 끝에 11월 17일 청계천 청년재단에서 '봉제인의 삶을 바꾸는 노동공제회'(봉제인공제회)를 출범했다. 봉제인공제회는 생활자금 및

봉제인의 날 기념식.

긴급 운영자금 대출 500만 원, 상조 및 의료지원서비스, 문화 및
여가생활, 법무 및 세무 상담 등을 주된 사업으로 삼고 있다. 생
활자금 및 긴급 운영자금 대출은 비수기에 생활비조차 벌기 힘
든 봉제 노동자들에게 꼭 필요한 서비스였다.

　공제회가 생겼다고 노동조합이 할 일이 없는 건 아니었다.
'단체교섭권'을 행사할 수 있는 유일한 조직은 노동조합이기 때
문이다. 특히 개별 노사관계보다는 봉제업체들이 터 잡고 있는
지역의 지방자치단체와의 협의가 무엇보다 필요하다. 서울봉제
인지회는 출범 이후 계속 서울시에 서울시-사업주-노동자 3주
체의 상시적인 협의기구 구성과 '사회적협약체결'을 제안하고
있다. 상시 협의기구를 통해 봉제업의 공정임금·공정단가, 노동
이력 증빙, 4대보험 지원, 봉제업 활성화 등을 논의하려고 한다.

　이와 함께 서울봉제인지회의 출범일이자 청계피복노조의

출범일이기도 한 11월 27일을 '봉제인의 날'로 지정해 매년 행사를 열고 있다. 봉제인 노동자가 주인이 되어 서로를 격려하고 축하하는 축제의 날이다. 그 밖에도 조합원·가족 행사, 봉제인의 수학여행 등 일에만 파묻혀 살던 봉제인들이 삶을 즐기는 행사들도 계속 벌이고 있다.

서울봉제인지회는 2024년 민주노총 정기대의원대회에서 모범조직상을 수상하기도 했다. 지회 조합원들이 재능기부를 통해 ▲ 한부모·이주 배경 가정 아기 턱받이 ▲ 반찬 나눔 도시락 가방 ▲ 이주배경 청소년 목도리 ▲ 네팔 뻘벗학교 교복 및 체육복 등을 제작·기부하며 나눔을 실천해왔기 때문이다. 지회 안에는 '지음'이라는 봉사동아리가 있다.

일평생 미싱기 앞에 붙박이처럼 살던 봉제 노동자들이 노동조합을 만나 광장으로 나오자 삶이 다채로워졌다. 서로 돕고 나눔을 실천하는 삶이 가능하다는 걸 서울봉제인지회 조합원들은 지금 경험하고 있다.

법에 갇힌 타투이스트, 음지에서 광장으로

타투유니온지회

"타투이스트는 의뢰인과 소통하며 단 하나의 디자인을 만듭니다. 그 디자인은 우리 타투이스트의 손을 통해 인체와 영원히 함께할 그림으로 옮겨집니다. 우리는 이 노동의 과정을 통해 얻어진 수익만큼 정당한 세금을 낼 수 있는, 그런 '타투 노동자'이고 싶습니다. 그러나 이 말을 어렵게 만드는 한국의 법과 편견들 앞에 다시 또 마음이 무거워집니다. 이제, 무거워서 저만치 내려놓고 외면했던 각자의 마음들을 '우리'가 되어 함께 짊어지려고 합니다."

—타투유니온지회 선언문 중, 2020.2.27.

42299. 한국표준직업분류에 등재된 타투이스트의 직업분류코드이다. 엄연히 직업으로 분류돼 있지만 타투이스트는 직업인이라고 말할 수 없다. 눈썹 문신 같은 반영구 화장을 포함해 국내 타투 인구가 약 1600만 명에 이르고 있음에도 타투는 여전히 비합법 상태에 머물러 있기 때문이다. 그 근거는 30년도 넘은 1992년 대법원 판례이다. 당시 법원은 미용 문신을 의료행위에 해당한다고 보고, 의사면허 없이 문신을 하는 경우 무면허 의료행위로 처벌해야 한다고 판결했다. 하지만 타투가 의료행위

2020년 타투공대위 출범식.

라고 판단하는 나라는 대한민국밖에 없다. 전 세계 어느 공장에서도 타투 용품을 의료용품으로 생산하지는 않는다. 현재 병원에서 이루어지는 타투 시술도 비의료기기들을 이용해서 하고 있으니 한국에서 '합법 타투'는 없는 셈이다.

뒷골목 건달들이 힘 과시용으로 새기던 '문신'에 대한 선입관도 타투를 합법화하는 데 걸림돌이 되고 있다. 하지만 시대가 변했다. 지금은 타투를 한 연예인이나 스포츠 스타들이 자연스럽게 TV 등 대중매체에 출연하고, 길거리에서도 액세서리처럼 타투를 한 사람들을 쉽게 만난다. 이제 타투는 자신을 표현하는 표식이자 남녀노소가 즐기는 하나의 문화로 자리 잡아 대중화되고 있다. 타투이스트에 대한 관심도 뜨겁다. 화섬식품노조 타투유니온지회의 초대 지회장 김도윤(도이), 초대 수석부지회장 김태우(홍담)의 인스타그램 팔로워는 각각 43만 명, 34만 명. 인플루언서인 타투이스트들도 많다.

이들을 비롯한 한국의 타투이스트들은 K-타투(파인타투)라는 장르를 개척해 해외 컨벤션(대회)에서 엄청나게 많은 상을 받아왔다. 세계 유명 도시의 가장 큰 타투 스튜디오들의 간판 작업자들은 거의 다 한국인이기도 하다. 한국 타투이스트들이 타투를 아름다운 예술의 경지에 올려놨다는 찬사를 받고 있다. 독보적인 실력을 인정받아 김도윤은 브래드 피트나 스티브 연 같은 유명 할리우드 스타들의 타투 작업을 하기도 했다.

이러한 유명세와 상관없이 이들은 타투이스트도 노동자라면서 노동조합을 만들었다. 더는 비합법 상태에 머무를 수 없다는 의지의 표현이었다. 대학에서 시각디자인을 전공하고 IT 업계에서 UX(사용자 경험 디자인) 디자이너로 일했던 김도윤은 2006년 타투이스트로 직업을 바꿨다. 그가 가장 잘하는 그림 그리고 디자인을 만드는 일을 좀 더 가치 있게 판단해주는 영역이 타투라고 생각했기 때문이다. 처음 일을 시작할 때 왜 타투가 불법인지 찾아봤다. 문신이 의료행위여서 불법이란 사실을 접하고선 "뭐, 이딴 법이 있나. 1, 2년이면 바뀌겠구나" 하고 생각했다. 도윤의 생각과 달리 10년이 넘도록 바뀔 기미가 보이지 않았다. 다행히 2019년 말 타투 합법화 이야기가 흘러나왔지만 당사자인 협상 파트너가 없다는 소식이 들려왔다. 처음부터 노동조합에 대한 생각이 있었던 도윤이 나서서 주변의 동료들을 불러 모았다.

"대한민국에서 대한민국 헌법이 존재한다면 내가 획득할

수 있는 최고의 권한이 '노동자의 권한이다'라고 생각하고 있었어요. 우리가 타투를 하면서 법제도 때문에 이렇게 핍박을 받고 있는데 노동조합을 만들고 가입이 됨으로써 우리가 노동자의 권리를 찾을 수 있다면 더 유리한 고지에서 한번 싸워볼 수 있지 않을까? 그런 생각을 하게 됐어요."(김도윤, 섬식이 유튜브 〈[숏다큐] 노조를 만든 타투이스트들의 이야기〉 중에서)

급하게 진행하면서도 "우리가 과연 노동조합을 만들 수 있을까? 인가를 받을 수 있을까? 만들고 나서 운영은 할 수 있을까?" 하는 물음표가 꼬리를 물었다. 답을 구하기 위해 노동조합을 찾았고, 그렇게 화섬식품노조와 연결됐다. 민주노총의 16개 산별연맹(산별노조)과 16개 지역본부 중 화섬식품노조를 선택한 이유에 대해 타투유니온 홈페이지에서는 이렇게 답하고 있다.

"우리가 전국화학섬유식품산업노동조합을 선택한 이유는 우리의 처한 현실과 조건들이 노동조합이라는 틀 안에서도 생경한 것임을 알고, 처음 시도되는 조직을 위해 유연한 사고와 확장성을 가진 전문가들의 도움이 필요하다는 생각에서였습니다. 전국화학섬유식품산업노동조합은 최근 네이버, 카카오, 아름다운가게 등의 수많은 선례를 통해 보여준 유연함과 확장성 그리고 전문성이 우리 타투이스트들에게 큰 도움이 될 것이라 확신했습니다."

타투유니온지회는 2020년 2월 27일 설립 후 '타투이스트 일반직업화'를 제1과제로 삼고 활동을 시작했다. 우선 함께 보폭

2020년 헌법소원을 제기한 타투유니온지회.

2020년 타투 노동자들의 피켓 시위.

을 맞춰갈 연대체부터 꾸렸다. 6월 9일 노회찬재단, 전태일재단, 녹색병원, 한국타투인협회, 법무법인오월, 한국비정규노동단체 네트워크 등 수십 개의 노동·사회단체로 구성된 '타투할 자유와 권리를 위한 공동대책위원회'(타투공대위)가 출범했다. 지회는 타투공대위와 함께 타투를 불법이라고 하는 현재의 법리에 계속 문제 제기하면서 11월 3일 헌법소원도 제기했다. 타투를 의료행위로 판결한 1992년 대법원 판례를 수정하고 직업 선택의 자유, 예술 표현의 자유를 보장하라는 취지의 헌법소원이었다.

지회는 "지금의 법률로 인해 타투이스트들이 더 큰 위협을 받고 있다"는 사실을 이야기하자고 했다. 단속과 벌금에 대한 두려움으로 음성적으로 타투가 이루어지고, 그로 인해 피해를 받는 경우가 너무도 많기 때문이다. 김도윤은 2021년 연예인에게 타투 시술을 했다는 이유로 재판을 받았다. 그는 타투 일을 하면서 늘 안전했지만 "타투유니온을 만들기로 결심한 순간부터는 더 이상 안전하지 않음을 인정해야 했다"면서 5월 28일 서울북부지법 재판정에서 최후진술을 한다.[1]

> "······ 그 결과가 지금의 이 법정입니다. 이 미련한 선택을 하게 된 계기들이 있습니다. 제 주변에 어린 작업자들이 종종 극단적인 선택을 했고, 혹은 그 직전까지 떠밀리는 상황을 보게 되었습니다. 표면적인 원인은 우울증이지만, 이들이 나락으로 몰린 이유는 한국에서 타투이스트라는 직업을 선택했기 때문이었고, 저 혼자의 안전이 더 이상 의미가 없음을 깨달았습니다. 이들은 변심한 손님에게 신고를 당하기도 하고, 돈을 노린 협박과 범죄에 노출되어 경찰 수사를 받아야 했습니다. 이 동료들은 지난 몇 년간 대학에서 미술을 전공했

---

1   이재준, 〈세계인이 지닌 보편적이고 상식적인 눈높이에서의 판결을 부탁드립니다〉, 《노동과세계》, 2021.5.28.

고, 미술 표현의 매체를 사람의 신체로 정한 미술가들입니다. 그림을 열심히 그린 대가로 얻은 것은 의료법 위반이라는 전과와 벌금, 징역 그리고 부서진 삶입니다. 이제 갓 스무 살을 넘긴 어린 미대생들이 감당하기에는 너무나 무서운 과정이었고, 이해할 수 없는 사법과 행정의 부조리였습니다. 그래서 저는 타투이스트들의 노동조합을 조직했습니다."

타투가 불법인 상황을 악용해 커뮤니티에 '타투이스트에게 돈 뜯어내는 법'이라는 게시물이 버젓이 올라오고, 막무가내 환불 요구들이 빈번한 현실에서 젊은 타투이스트들은 마음이 곪다 못해 죽음까지 선택하는 지경에 이르렀다. 타투유니온은 이런 현실을 바꾸기 위해서라도 타투의 합법화가 필요하다는 주장을 줄기차게 하고 있다.

이미 2015년 고용노동부 신직업육성사업을 통해 발굴된 타투이스트를 국무회의에서 신직업으로 도입하려고 검토했고, 2013년 고용노동부 연구용역에서는 타투가 고용 창출에 상당한 역할을 할 수 있다는 연구 결과가 나오기도 했다. 한국의 대법원에 해당하는 일본 최고재판소는 2020년 9월 16일 서화문신이 의료행위가 아니라는 최종 판결을 내리기도 했다. 타투이스트의 일반직업화는 허황된 요구가 아니라는 말이다.

이와 함께 타투유니온지회는 20만 명의 타투이스트들이 안전하게 노동할 권리를 찾도록 다양한 활동들을 해왔다. 녹색병원과 함께 2020년 10월 국내 최초로 '타투이스트를 위한 감염관리 가이드'를 만들고, 2021년 3월 '타투 일반직업화 및 안전한 타투 예술문화를 만들어가는 사단법인 녹색병원 그린타투센터'(그린타투센터)도 창립했다. 그린타투센터는 ▲ 타투코리아 국제컨벤션(IFTC) 개최 ▲ 타투 예술문화산업의 합리적 발전을 위한 법·제도·정책 연구 및 공론화 ▲ 위생·감염관리 등 다양한 교육 개발 ▲ 타투이스트 사회봉사 및 공익·공헌 ▲ 타투인(타투이스트+타투 소비자)의 권익 보호 및 증진을 위한 공동구매·공제 사업 등을 진행하거나 계획하고 있다. 또한 일반 회사원들처럼 정기건강검진을 받을 수 있게 하고, 법률상담과 분쟁 중재를 지원하고 있다. 이 밖에도 예술인복지법 개정, 표준계약서 작성 등을 추진하면서 타투이스트가 일반직업화가 된 이후를 준비하고 있다.

'타투는 불법'이란 올가미에 묶여 옴짝달싹하지 못하던 타투이스트들이 '노동자'임을 선언하자 시대와 동떨어졌던 법 개정에도 큰 움직임이 보이고 있다. 타투 노동자들의 삶도 음지에서 광장으로 들어서고 있다.

산뻘을 완성하다

2022년 연맹 해산, 화섬식품노조 완성

———————— 1 ————————

코로나19에 가로막힌 산별 완성 3개년 계획

화섬은 긴 동거를 끝내기로 결심한다. 2007년 임시대의원대회에서 연맹 해산안이 부결된 후 조직이 쪼개지기 직전까지 가는 아픔을 겪었다. 그 뒤로 묵묵히 현장을 일구는 가운데 연맹을 탈퇴했던 조직들이 하나둘 다시 화섬의 울타리로 들어오기 시작했다. 2017년 정식품노동조합을 끝으로 헤어졌던 조직들은 거의 다 화섬식품노조의 지회가 되었다. 조직이 조금씩 안정을 되찾자 현장에선 화섬노조와 화섬연맹을 다시 통합해야 하지 않느냐는 목소리가 올라왔다. 그러나 섣불리 산별 전환을 시도했다가 또다시 조직이 깨질지도 모르는 위험을 감수할 수는 없었다.

화섬 집행부는 현장의 목소리가 들려도 못 들은 척하며 묵묵히 앞만 보고 나아갔다. 그러면서 힘을 키웠다. 2018년을 지나면서부터는 조직 규모도 드디어 화섬노조가 전체의 과반을 넘어서기 시작했다. 파리바게뜨 투쟁, IT노조 조직화를 하면서 어느 정도 힘을 갖췄다고 판단되자 2019년 정기대의원대회에서 '2022년 산별노조 완성'을 선언한다. 3년 동안 준비작업을 한 뒤 2022년에는 화섬연맹을 해산하고 진정한 산별 완성을 이루겠다는 계획이었다. 2004년 이후 계속되고 있는 화섬연맹·화섬노조의 이중 조직 운영으로 여러 어려움이 존재했고, 화섬노

코로나19에 가로막힌 산별 완성 3개년 계획 **313**

조 신규 사업장들이 늘어나면서 조직 내 갈등이 생길 수 있다는 우려가 있었다. 이런 시기에 산별 완성을 규정한 조직 혁신 사업이 제기됐다. 이는 화섬 내에서 많은 공감대가 형성됐다.

이에 1년 차인 2019년에는 ① 산별노조 완성을 위한 로드맵 수립과 사업 추진 ② 조합원 5만 시대를 향한 확대 전략 시작 ③ 산별노조 운영체계 확립과 내실 강화를 목표로 삼아 사업을 추진했다.

이에 따라 미전환 사업장의 산별노조 전환을 2022년 전에 완료해 조직 형식을 산별노조로 완성하기로 했다. 사업 추진을 위해 연맹 위원장이 직접 관장하는 '산별전환추진협의회'(추진협의회)를 구성했다. 17개 미전환 사업장 대표자 및 간부와 해당 지역본부 임원 등도 추진협의회 성원이 되었다. 추진협의회는 산별노조 교육·홍보 자료인 선전홍보물과 동영상 등을 제작, 배포하는 것으로 산별 전환을 위한 로드맵을 본격적으로 가동했다.

그렇게 3개년 계획의 첫해를 보냈고, 기존 미전환 사업장에서 SY탱크터미널여수지회, 동성코퍼레이션지회, 위스컴지회 등 전남 지역 3개 조직 243명이 산별노조로 전환하는 성과를 보였다. 이외에도 2019년 한 해 동안 18개 조직 1452명이 새로 화섬식품노조에 가입했는데, 그중 쌍용양회지회는 기존 강원본부 직가입 노조였다가 화섬식품노조로 산별 전환한 경우이고, OB맥주사내하청광주지회는 한국노총에서 전환했으며, 푸른두레 생협지회는 상급 단체가 없는 기업별노조에서 산별노조로 전환해 결합한 조직이었다.

일부 사업장이 추진협의회에 참여하지 못한 점은 아쉬웠지만 LG 계열 노조 대표자들이 회의에 적극적으로 참석해 이후 산별 전환 사업 성공에 대한 기대를 높였다. 그와 함께 격월로 진행하기로 했던 추진협의회 회의가 4월부터 총 4회 진행돼 안정적으로 운영되지 못하고, 계획했던 공동선전전 등이 여러 현안 문제에 밀려 집행되지 못한 점은 개선할 부분으로 평가됐다.

5만 화섬 시대로 넘어가기 위한 빌판을 만들면서 그렇게 1년 차 사업이 마무리되고 산별 전환 사업에 본격 시동을 걸어야 할 2년 차가 시작됐다. 하지만 코로나19가 전 세계를 강타했고, 화섬식품노조도 그 영향을 받을 수밖에 없었다. 계획했던 사업 전반이 많은 차질을 빚었다. 추진협의회는 여러 차례 회의 소집을 추진했지만, 번번이 성원 미달로 열리지 못하다가 7월 하순 간담회로 대체해 사업을 점검하는 데 그쳤다. 이 때문에 계획했던 공동선전전, 간부합동연수 등의 사업도 진행되지 못했다. 산별 교육도 일부 사업장에서 온라인 방식으로 진행하는 등 제한적으로 진행되었다.

그 결과, 1년 차에 3개 노조가 추진해 이루어냈던 산별 전환 투표 총회를 2년 차에는 한 곳도 추진하지 못했다. 코로나19라는 예기치 못한 외부 요인도 있었지만, 교섭 상황이나 현안 문제 등으로 단위 조직 역량이 단사 내부로 쏠리면서 산별 전환 사업에 집중되지 않은 문제점도 드러났다. 3개년 계획의 마지막 해인 2021년에는 미전환 노조의 내부 조직력을 기본 바탕으로 하되, 미전환 사업장 전체가 공동전선을 형성해 함께 산별 전환을 이루어내는 방식을 끌어낼 필요가 있다는 평가가 제기됐다. 많은 아쉬움과 과제만을 남긴 채 2년 차가 흘러갔다. 이제 산별 완성을 준비할 마지막 3년 차가 화섬식품노조를 기다리고 있었다. 심기일전할 2021년이 밝아왔다.

압도적 가결로 산별 완성 이루어내다

2021년은 화섬 조직이 2022년 산별 완성을 이루어내기 위한 마지막 기회였다. 코로나19의 영향에서 완전히 벗어나지는 못했지만 머뭇거릴 시간이 없었다. 중앙 집행 역량을 집중하면서 3년 차를 열었다.

우선 상반기까지 1차 산별 전환 집중 사업을 전개하고, 미진한 부분을 10월까지 마치면서 1박 2일 대표자 결의대회를 통해 이를 평가, 마무리하는 것으로 계획했다. 6월 1차 집중 사업은 동시 산별 전환 투표로 진행했다. 10월 2차 전환 사업은 조직별로 시기를 달리해 진행했다. 그 결과 전체 미전환 15개 노조 1만 1000여 명 중 5개 노조 6300여 명이 산별 전환을 가결했다. 조합원 대비 57%가 산별로 전환하면서 산별 완성 사업의 기반을 마련한 셈이다. 나머지 10개 노조 중 7개 노조는 산별 전환 총회를 붙였으나 부결됐고, 3개 노조는 산별 전환 총회를 추진하지 못한 아쉬움을 남겼다.

한편 사업 추진 과정에서 2022년 연맹 해산 이전 규약 개정과 조합비 배분 변경의 필요성이 제기되었다. 또 수련회 형식으로 계획했던 대표자 결의대회는 코로나19 방역 지침으로 계획대로 추진하기 어려운 상황이었다. 이에 임시대의원대회를 열어 산별 완성을 향한 대의원들의 결의를 모으고, 규약 개정과 조합비 배분 구조 변경 등을 추진하면서 산별 완성 사업을 충실히 이행했다. 12월 임시대의원대회에서 연맹 해산을 대비한 규약 개정과 조합비 배분 구조 변경 안건을 압도적 가결(참석 대의원 208명 중 찬성 202명, 반대 6명)로 성사시켰으며, 2022년 2월 연맹 해산 대의원대회를 결의하는 대의원 간부들의 의지를 확인할 수 있었다.

코로나19 상황에서도 상·하반기 산별 전환 투표를 성사하기 위해 현장 순회, 조합원 및 간부 산별 교육, 간담회, 산별 선전물 배포, 중앙·지부·단사 간부들의 공동선전전 등 각고의 노력을 기울였다. 교육선전실은 조합원 교육용 영상을 비롯해서 산별노조 Q&A 소책자, 웹자보, 카드 뉴스 등 다양한 교육·선전 자료들을 제작, 배포했다. 조직 사업 역시 상반기에 4~6월 동안 달마다 세 차례에 걸쳐 중앙과 지역 및 단사 간부들이 지역 공동선전전을 함께 진행하면서 전 조직에서 산별 완성을 향한 분위기를 조성해냈다. 하반기에는 산별 전환 총회를 진행하는 사업장을 대상으로 공동선전전 등 집중지원체계를 가동하기도 했다. 11월엔 '2022년 산별 완성을 위한 지부 순회간담회'를 진행해 부산·경남, 울산, 수도권, 광주·전남, 대전·충북, 전북, 세종·충남까지 전 지부를 순회했고, 180여 명이 간담회에 참여했다.

다수 미전환 사업장이 있는 대전충북지부는 매 시기 산별 전환 사업 진행을 점검하면서 의지를 높여낸 결과, 지역 내 단사별 산별 전환을 성공적으로 이루어낼 수 있었다. 특히 연맹 최대

조직인 LG화학·LG에너지솔루션노조(3465명)의 산별 전환 가결은 이후 진행된 지역 미전환 사업장의 산별 전환에도 긍정적인 영향을 미쳤다.

LG화학·LG에너지솔루션을 비롯해 한국바스프, LG하우시스, LG생활건강, 한화토탈 등의 산별 전환 성사는 무엇보다 간부들의 의지가 중요하게 작용했던 것으로 확인된다. 한편, LG Chem노조는 코로나19 상황에도 전 조합원 교육을 집중적으로 실시해 전환 의지를 높인 결과, 과반(58%)은 넘겼으나 3분의 2를 넘어서지 못해 아쉽게도 산별 전환을 이루지 못했다. 또한 한화토탈의 경우 상반기 총회에서 부결됐으나, 하반기에 다시 추진하여 77%로 가결하는 의미 있는 성과를 보였다. 이렇게 2019년부터 진행해온 산별 전환 3개년 계획이 매듭을 짓고 이제 선포만이 남아 있었다. 화섬식품노조는 2022 산별 완성 대의원대회를 앞두고 2021년 12월 2일 태세를 점검하는 '가자! 2022년 산별 완성!' 임시대의원대회와 결의대회를 열었다. 수년 동안 화섬노조의 위원장이자 화섬연맹의 위원장이기도 했던 신환섭은 함께한 대의원들에게 다음과 같이 감사 인사를 전했다.

"산별노조를 추진하는 과정에서 조합원 숫자가 7000명까지 떨어지는 등 어려운 상황 속에서도 꿋꿋이 지역에서 노조 깃발을 붙잡고 견뎌주신 동지들에게 감사하다는 인사를 드립니다. 이제는 정말로 연맹 해산을 통해 산별을 완성하고 더 크고, 더 강하게 산별노조답게 투쟁하는 길을 동지들과 함께하겠습니다."

드디어 2022년 2월 16일 전국화학섬유식품산업노동조합

2021년 한국바스프 산별 전환 캠페인.

2021년 LG화학·LG에너지솔루션노조 산별 전환 투표.

2021년 산별 완성을 위한 임시대의원대회.

(화섬식품노조)이 완성됐다. 2000년 2월 22일 민주화학연맹과 민주섬유연맹이 통합해서 만들어진 전국민주화학섬유노동조합연맹(화섬연맹)의 해산이 대의원대회에서 결정된 것이다. 지역 거점과 온라인에서 함께 치러진 이날 대의원대회에선 재적 대의원 389명 중 352명이 참석(90.5% 출석)해 86.9%(306명)의 찬성률로 연맹 해산안이 가결됐다. 2022년 2월 16일 당시, 화섬식품노조로 조직되거나 전환한 조직은 210개 지회였고, 인원수는 3만 3000여 명이었다.

이로써 기업별노조의 연합체 성격이 강했던 화섬연맹은 22년 만에 역사의 뒤안길로 사라졌다. 2004년 10월 29일에 창립한 화섬식품노조와 화섬연맹이 공존했던 한 지붕 두 가족 시대는 18년 만에 막을 내리고 온전히 화섬식품노조로 일원화해 산하 조직을 이끌게 됐다.

연맹 해산안이 가결된 직후 신환섭은 "전태일 정신을 잇는 산별노조로서 역할을 다하도록 노력하겠다"고 다짐했다. 벅찬 마음으로 참가자들은 결의문을 함께 낭독했다.

모든 민주노조 세력의 염원을 모아 1995년에 설립된 민주노총은, 거대한 자본과 정권에 맞서 노동자의 단결과 전진을 위해 기업별노조를 산업별노조로 바꾸기 위한 운동을 시작했다.
우리는 2004년 산별노조를 건설하고 산별 전환 운동을 시작하였으나, 그 성과는 미비하였으며 갖은 난관에 어려움을 겪기도 하였다.
그러나 2022년 오늘 우리는 산별노조의 완성과 새로운 도약을 위한 첫발을 내딛게 되었다.

산별노조 완성은 형식적 완성이 아니라 질적 성숙과 양적 확대가 동반되어야 한다. 이에 우리는 산별교섭 산별협약 쟁취, 5만 조합원 달성을 위해 모든 조합원의 힘과 지혜를 모아야 한다.

－화섬식품노조 제27차 정기대의원대회 결의문 중, 2022.2.16.

이제 화섬식품노조는 '산별답게!'를 가슴에 품고 5만 산별을 향해 전진 중이다.

16장. 산별을 완성하다

17장

투쟁은
계속된다

2020년 전후 투쟁

26년째 단체협상 중
송원산업지회

"내 눈에 먹물이 빠지기 전에 노조 인정 못한다."

이 한마디 때문에 26년째 단체협상만 하고 있는 사업장이 있다. 울산에 있는 폴리머 안정제, 염화비닐수지(PVC) 안정제 등을 생산하는 화학기업 송원산업이 그곳이다. 송원산업은 포장재, 자동차, 건축 및 건설, 농업, 전기전자 업종 등 생활의 거의 전 영역에 쓰이는 화학제품을 생산하는 정밀화학 분야에서 알아주는 기업이다. 이곳에서 만드는 플라스틱 가공·성형 때 필수 첨가물인 '폴리머 안정제'는 세계 점유율이 2위를 차지하고 있다.

이런 성과를 내고 있지만 송원산업 노동자들은 1998년에 노동조합을 설립해놓고도 2024년 현재까지 단체협약을 한 번도 체결하지 못하고 있다. 노조 설립 초기부터 "내 눈에 먹물이 빠지기 전에 노조는 없다" "노조가 있는 한 체불임금 지급은 없다"[1]와 같은 노조 혐오발언을 해온 송원산업 창업주 박경재의 영향 때문이다.

---

1   〈"민주노조 결코 빼앗길 수 없다" 송원노조 사수 위한 연맹 결의대회 열려〉,
     《화학연맹신문》, 1999.7.22.

송원산업 노동자들의 시위.

조합원 13명으로 시작해 금세 130명이 됐다. 2조 2교대 12시간 맞교대 근무로 월 300시간 이상 장시간노동에서 벗어나고 싶던 노동자들의 송원산업노조를 향한 지지는 분명했다. 하지만 회사는 조·반장들로 비상대책위원회를 만들어 조합 탈퇴를 강요했다. 박경재는 노조와 교섭을 하는 회사 측 교섭위원들에게 노조 관련 요구를 하나라도 들어주면 모두 인사 조치하겠다고 엄포를 놓기도 했다. 그 탓에 교섭 회차만 늘 뿐 노조 사무실 제공, 노조 전임자 인정 등 가장 기본적인 노동조합 활동 관련 조항에 대한 합의를 못하고 세월만 흘러왔다.

겉으로는 교섭을 하자고 하면서 회사 앞마당에 노조 사무실 대신 설치한 천막을 계속 철거하는가 하면 노조 간부와 조합원들을 해고, 부당징계하고 잔업, 특근에서도 제외해 경제적인 압박까지도 가했다. 쟁의 중임에도 노조위원장에게 정직 2개월의 중징계를 내리더니 2개월 정직 끝나고 현장에 복귀한 위원장을 이틀 만에 다시 징계위에 회부한다. 징계 사유는 정직 기간에 회사 식당에서 밥을 먹었다는 것.

간부 삭발식, 단식투쟁, 무기한 철야농성, 울산 노동부 앞 천막농성, 매주 공동 지역집회, 화섬연맹 집중 결의대회 등 20년이 넘도록 민주노조를 지키기 위해 해볼 수 있는 투쟁이란 투쟁은 다 해봤다. 누구는 '단체협약, 그게 뭐냐고 20년 넘게 싸우느냐'고 물을지도 모른다. 하지만 단체협약은 노동조합 활동을 공식적으로 인정하는 노조의 시작이다. 결코 포기할 수 없는 노동조합의 자존심이었다. 그렇게 끈질기게 투쟁해온 결과 2017년 12월부터 3개월간 집중교섭을 할 수 있었다. 다행히 송원산업지회는 조합 사무실 제공, 조합비 일괄공제, 사내 홍보 활동 인정 같은 기본적인 노조 활동은 보장받았다. 그 덕에 2000년대 초 20여 명까지 줄었던 조합원 수가 지금은 80여 명으로 늘어났다.

하지만 노조 전임자의 활동을 근무시간으로 인정하는 타임오프 관련 조항은 여전히 합의가 안 된 상태이다. 송원산업 사측은 '연 1500시간 타임오프를 인정하되, 임금 보전은 없다'는 안을 제시해 노조 관계자들을 아연실색하게 만들었다. 임금 보전 없이 전임을 하기란 현실적으로 가능하지 않기 때문이다. 그래서 송원산업지회는 여전히 투쟁 중이다. 그들에게 포기란 없다. 곧 완전한 단체협약을 손에 넣을 거라고 송원산업지회 조합원 모두는 믿고 있다.

정도 경영에 맞선 승리

한국음료지회와 LG화학노조

'정도 경영'을 앞세우는 LG 자본에 맞서 싸워 승리한 노동자들이 있다. LG생활건강의 손자회사로 코카콜라·씨그램·토레타 같은 음료를 만드는 29명의 한국음료 노동자들이 그 주인공이다. 2010년 한국음료를 인수한 코카콜라음료는 당시 턱없이 낮던 한국음료의 임금과 복지를 코카콜라음료의 80% 수준으로 올려주기로 약속했다.

"2006년 3월에 입사해서 5월 월급을 받았는데 200만 원이었습니다. 이 정도면 나쁘지 않다고 생각했는데 달력을 보니까 한 달 동안 하루도 안 쉬었더라고요. 어린이날, 부처님오신날 다가고 주야 맞교대로 일을 해서 받은 게 그거였습니다."(김효성, 한국음료지회 조직부장)

기본급은 60만 원 정도, 나머지 140만 원 가까이가 다 OT(시간외근무) 수당이었던 셈이다. 공장 가동률이 높아 중식도 30분만 쓰고 30분은 아예 OT로 잡을 정도로 일이 많은 회사였다. 중식 외엔 휴식시간도 없었다. 그게 근로기준법 위반인 줄도 몰랐다. 그렇게 일을 시키면서도 월급은 툭하면 밀려 선임들은 2~3개월에 한 번씩 받기도 했다. 그나마 신입사원들은 도망갈

2019년 한국음료 투쟁 승리를 위한 화섬 노동자 결의대회.

까봐 월급이 제때 나왔다.

이렇게 열악한 환경에서 일하다가 LG생활건강의 코카콜라음료가 회사를 인수했으니 조합원들의 기대가 컸다. 대기업이니 달라도 뭔가 다르겠지, 고대하며 시간을 보냈다. 하지만 약속과 달리 몇 년이 지나도록 한국음료 노동자들의 임금과 복지는 달라지지 않았다. 기다리다 지친 노동자들은 2018년 4월 노동조합으로 단결해 화섬식품노조 한국음료지회를 결성한다. 이어서 노조는 노사관계의 첫 단추인 임금과 단체협약을 체결하기 위해 사측과 교섭을 진행했다. 하지만 사측은 노동조합 활동의 기본인 노조 사무실 제공도, 전임자의 타임오프 지정도 거부했다. 노조가 제시한 복리후생(안)은 수용 불가 입장만 내비친 채 아예 논의조차 하지 않았다.

이에 노조는 10월 1일부터 전면파업에 돌입한 후 전북 남원에서 서울로 올라왔다. LG 본사가 풀리지 않는 손자회사의 노사관계를 조율해주길 희망하면서 10월 4일부터 LG트윈타워 앞에서 천막농성을 시작했다. 한국음료의 지분은 LG생활건강의 자회사인 코카콜라음료가 소유하고 있어 한국음료의 모든 의사결정은 LG그룹으로부터 이루어질 수밖에 없는 구조였기 때문이다.[2]

"우리는 노동조합을 만들기 전까지 공장장이 최고인 줄 알았어요. 그런데 교섭을 하다 보니까 우리보다 회사를 더 다닌 사람일 뿐이지 아무런 결정권이 없더라고요. LG그룹으로 가면 뭔가 답을 듣겠지 싶어서 트윈타워로 올라갔죠. 제일 큰 건 세간의 주목을 받기 위해서였고요."(최영수, 한국음료지회장)

29명이 다 같이 올라왔으니 보통 큰 천막이 필요한 게 아니었다. 1단지, 2단지로 나눠 천막을 6동이나 쳤다. 트윈타워 앞에 그렇게 대규모 천막이 쳐진 건 전무후무한 일이었다. 그런데도 언론은 크게 주목하지 않았다.

천막농성 54일째에 원하던 바와 다른 세간의 주목을 받을 위기가 찾아왔다. 천막 중 한 곳에 있던 석유 난방기에 불이 붙어서 소방차가 출동할 정도로 큰불이 났던 것이다. 다친 사람은 없었지만 큰 사고로 이어질 뻔한 아찔함에 조합원들은 천막농성을 접어야 할지에 대해 진지하게 의논했다. 다들 복귀할 수는 없다는 의지가 강해 남원으로 내려와 한국음료 옆에 천막을 다

---

2   강문식, 〈노조 혐오가 LG그룹 정도 경영인가?〉, 《노동과세계》, 2019.3.14.

2019년 한국음료지회 단식투쟁.

시 치고 투쟁을 이어갔다. 교섭이 재개되긴 했지만 결과는 변함
없었다.

해를 넘기고 2019년 1월 한국음료 노동자들은 또다시 서울
로 상경한다. 이번엔 구광모 LG그룹 회장 집 앞에서 선전전을
하고 LG광화문빌딩에도 갔다. 청와대 앞에서 기자회견도 했다.
떠올릴 수 있는 모든 곳을 찾아갔지만 회사는 여전히 노조 사무
실도, 타임오프도 인정해주지 않았다. 이게 마지막이라는 생각
으로 3월 6일부터는 LG트윈타워 앞에서 조합원 5명이 단식에
들어갔다. 곡기까지 끊은 노동자들은 집단단식 9일 차에 허약해
진 몸으로 LG트윈타워에서 국회 앞까지 삼보일배를 했다. 한국
음료지회 노동자들의 절절한 투쟁에 전북 지역 노동자들이 힘
을 보탰다. 3월 14일부터 LG베스트샵 전주 본점 앞에서 민주노
총 전북본부 조합원과 간부들이 동조단식에 돌입한 것이다.

단식 21일 차이던 3월 26일 LG생활건강 주주총회가 열렸다. 드디어 한국음료지회 조합원들이 원했던 언론의 주목을 받을 수 있는 날이었다. 화섬식품노조 간부들과 함께 주주총회가 열리는 메인 홀로 들어갔다.

"화장실 가는 척해서 다 들어갔죠. 그때 화섬 전북지부 지부장이랑 수석부지부장님이 '너네 나오라고 할 때까지 절대 나오지 마!'라고 하셨어요. 그래서 우리는 거기서 팔짱 끼고 드러누웠죠. 근데 지부장님이랑 부지부장님이 경비 용역한테 끌려가고 계셨더라고요. 그것도 모르고 거기서 버티다가 우리도 다 같이 끌려나왔습니다."(김효성)

이날 단식자 중 한 명이 빈혈 증세로 병원 응급실에 실려가기도 했다. 부담을 느꼈는지 LG생활건강 측에서 대화를 요구해왔다. 그때부터 교섭에 숨통이 트였다. 다음 날인 3월 27일 전국에서 모인 600여 명의 화섬 노동자들이 투쟁에 쐐기를 박았다. "정도 경영은 기만이다" "한국음료 노동자들의 노조할 권리를 보장하라"고 외치는 노동자들 안에 LG그룹 내 LG화학, LG생명과학, LG생활건강, LG Chem 노동조합 조합원들도 있었던 것이다.

다음 날이 되자 그제야 한국음료 대표가 교섭에 나왔다. 그날부터 협상한 끝에, 전면파업 184일·집단단식 28일 만인 4월 2일 드디어 한국음료지회는 '노조할 권리'를 쟁취한다. ▲ 기본급 5.5% 인상 ▲ 타임오프 600시간 ▲ 공장 내 노조 사무실 제공 ▲ 최영수 한국음료지회장을 포함한 단식자 5명 한 달 유급휴가

2017년 LG 불법 도청 폭로 기자회견.

등 2018년 임금·단체협약에 합의했다.[3]

6개월 넘게 투쟁하면서 한국음료지회에선 한 명도 이탈자가 없었다. 그게 긴 투쟁을 버틴 원동력이기도 했다. 부서도 다르고, 교대근무로 얼굴도 제대로 모르던 조합원들끼리 6개월을 부대끼다 보니 이제 가족보다 친한 사이가 됐다. 그 힘으로 한국음료지회는 여전히 '노조할 권리'를 지켜가고 있다.

한국음료지회보다 먼저 LG의 정도 경영에 맞서 승리한 노동자들이 있다. 바로 LG화학노동조합이다. 화섬식품노조 산하였던 LG생명과학이 LG화학으로 흡수 합병되면서 LG생명과학지회의 교섭 대상을 확정 짓는 문제로 갈등을 빚었다. 그렇게

3   강상철, 〈[인터뷰] LG 상대 '노조할 권리' 쟁취한 5인의 '전사'〉, 《노동과세계》, 2019.4.19.

교섭권을 빼앗길 상황에서 2017년 임금·단체협약 교섭이 시작됐다. LG화학 사측이 교섭 방식에 계속 이의를 제기하면서 교섭이 진척이 안 되던 7월 20일, 회의가 정회되고 노조 측 교섭위원들은 회사가 제공한 공장 내부 휴게실에서 휴식을 취하고 있었다. 이야기를 하면서 휴게실 이곳저곳을 구경하던 화섬노조 정책실장의 눈에 벽 안쪽에 설치된 스피커 뒤편에서 빨갛게 깜박이는 불빛이 보였다. 사람이 말을 할 때마다 불빛이 깜박였다. 사진을 찍어 검색해보니 도청기였다. "회사 놈들 막아!" 하고 달려갔지만 그 소리도 도청이 되던 상황, 이미 누군가가 수신기를 들고 도망가고 없었다. 도청 사실을 발뺌하는 사측에게 노조가 경찰과 기자까지 부르겠다고 하자 사측 교섭 대표는 이를 시인하면서도 화섬노조 신환섭 위원장에게 이렇게 말했다.

"위원장님, 도청했는데 뭘 어쩌라고 그러는 거예요. 우리도 언론 관리하는데요. 기자회견 해보고 싶으면 한번 해보십시오."

협박 아닌 협박에 굴하지 않은 화섬노조는 7월 25일, 국회 정론관에서 불법 도청 의혹을 제기하는 기자회견을 연다. 이에 LG화학은 도청은 인정하면서도 실무진 개인의 일탈행동이었다고 꼬리 자르기를 하려다가 여론의 뭇매를 맞고 결국 "많은 실망감을 느끼셨을 노조원분들께 머리 숙여 사과드린다"며 공식 사과 입장문을 발표했다. 덕분에 교섭도 쉽게 풀려 어느 정도 조합원들이 원하는 결과를 얻어낼 수 있었다. 시작할 때만 해도 답이 없던 투쟁이었지만 투쟁하는 이들의 절박함이 어느 순간에 상황을 역전시킨 의미 있는 사건이었다.

"파업 끝나고 다음 파업을 준비해요"

김성호, SY탱크터미널지회 지회장/화섬식품노조 광주전남지부장

탱크터미널은 (원유에서 나오는 석유화학공업의 원료인) 나프타를 저장하는 저장시설이에요. 선박으로 운송해 오면 하역해서 파이프라인을 통해서 여수국가산단에 있는 고객사인 여천NCC, LG석유화학, 롯데케미칼(구 호남석유화학) 같은 회사로 공급해주는 거죠. 시설물, 나프타 전부 회원사 소유고, 우린 저장, 관리만 해요.

SY탱크터미널은 부지가 30만 평 정도 되는데 현재 인력은 46명 규모예요. 5만 톤짜리 탱크가 16기 자리 잡고 있죠. 다 합치면 80만 톤이에요. 그게 어느 정도인지 감이 안 올 텐데 보통 승용차가 50리터 들어간다고 치면 자동차 1600만 대에 기름을 넣을 수 있는 정도의 양이죠.

SY탱크터미널지회는 2000년 5월 16일에 만들어졌어요. 월급이나 근로조건도 굉장히 안 좋았는데 직장문화가 정말 심각했죠. 상사 중에 조폭 같은 사람이 몇 명 있었어요. 마음에 안 들면 직원을 돌려차기하고 그랬죠. 한 부장이 진짜 심했는데 신입사원 때 그 부장하고 같은 차를 타고 퇴근을 한 적이 있어요. 저는 욕을 잘 못하는데 그날 사람이 30분 동안 욕을 할 수도 있구나를 처음 알았어요. 세상에서 들을 수 있는 욕은 그때 다 들어본 것 같아요.

제가 노조 만들기 석 달 전에 결혼했어요. 큰애가 그해 9월에 나왔고요. 노조한다고 집에도 거의 못 들어갔는데 산달이 거의 다 돼서 어느 날 아내가 잠깐 보자고 부르더라고요. 그때 부모님 집에 얹혀

살고 있었는데 아내가 그날 '당신은 가장으로서 역할을 충분히 하고 있다고 생각하느냐'고 묻더라고요. 무조건 잘못했다고 빌면서 제가 아내한테 '2년 뒤엔 200만 원씩 갖다줄게'라고 약속을 했어요. 그때 월급 받으면 제 통장에 57만 원인가 찍혔거든요. 그 상황을 모면하기 위해서 한 말이긴 했지만 무모한 자신감도 있었어요. 교섭 들어가보니까 할 수 있겠더라고요.

2년 후에 약속 지켰죠. 2000년에 제 연봉이 1800인가 했는데 2002년에 2800이 됐으니까요. 큰애 태어나고 얼마 안 돼서 파업을 했어요. 조합원들이 똘똘 뭉쳤죠. 다들 이보다 더 최악인 곳은 없다, 안 되면 회사 그만둔다는 마음이었어요. 파업 열흘쯤 하고 단협을 체결했죠.

지금은 석유화학 사업장들이 파업하면 꼭 '연봉 8000 받으면서 파업한다' 같은 고임금 프레임에 갇혀요. 그런데 석유화학은 장치산업이어서 인건비 비율이 되게 낮아요. 제조업이 매출액 대비 인건비 비중이 14~15%일 때 석유화학은 2~5%인데 이런 얘기는 안 하는 거죠.

2019년 11월부터 성과급 분배 문제 때문에 파업을 했어요. 금방 끝날 줄 알았는데 6개월 넘게 갔어요. 파업 들어가기 전에 조합원들이 생활비 필요하다고 다들 최소 5000만 원씩 대출을 받았어요. 그런데 금전적으로 여유가 있으니까 파업이 되게 오래 가더라고요. 참 힘들고 고통스럽게 파업을 하긴 했지만 우리가 언제 이런 긴 휴가를 보내겠느냐고 같이 잘 어울리긴 했어요.

그래도 그렇게 오래갈 줄은 몰랐죠. 중간에 채권 발행한 게 힘이 많이 됐어요. 돈이 떨어져가고 있어서이기도 했지만 '우린 끝까지 갈 수 있다'고 회사에 보여주려던 면도 있었거든요. 회사에서 오래 끌고 가려고 계속 협상안도 안 내고 했으니까요. (SY탱크터미널지회는 5억 원을 목표로 채권을 발행했고 중간에 교섭이 타결돼 발행이 중지될 때까지 판매된 채권액은 2억 6000만 원이었다.) 이런 시도를 우리가 선례로 남겨서 이후에 싸우는 사업장들에 도움이 되지 않을까 생각해요. 파업을 하면 자본이 경제적으로 압박하잖아요. '몇 달만 지나면 너그들 돈 없어서 들어올 거다, 할 테면 해봐'라고.

우리는 파업 시작할 때도 끝날 때도 전부 100%였어요. 파업 찬반투표도 100%, 잠정합의안에 대한 찬반투표도 100%. 복귀 부분에 대해서도 거의 전체 동의를 얻었죠. 파업을 한 번 해본 사업장에서는 "그만하자" "계속 버티자" 조합원들이 이렇게 양분될 때만큼 두려운 게 없거든요. 저희는 그런 얘기가 나올 때쯤 파업을 마무리했어요. 더 끌고 가면 조직에 부담이 될 것 같고, 이 정도 싸웠으면 목적을 달성하진 못했어도 이후를 다시 계획할 수 있겠다고 판단했죠. 실제로 파업 끝나고 후배들이 다음에 싸우려면 생계비가 필요하다고 투쟁기금을 적립하자고 해서 조합비 말고도 매달 30만 원씩 적립하고 있어요. 다음 싸움이 와도 우린 두렵지 않아요.

18장

다시 파리바게뜨 투쟁

2022년 파리바게뜨 노동자 힘내라 공동행동

'약속을 이행하라' 외치며 시작한 단식농성

2018년 1월 11일, 사회적 합의 조인식을 하면서 파리바게뜨지회는 다시는 농성장을 차릴 일이 없을 줄 알았다. 그런데 아니었다. 2019년 1월 양재동 SPC 본사 앞에 다시 천막을 치고 6개월 동안 농성을 했다. 회사가 노조 활동을 인정한다면서 지회가 원하는 곳에 노조 사무실을 주기로 합의하고 6월 말에 정리했던 것. 그래서 지회는 화섬식품노조 근처로 사무실을 알아보던 중 회사로부터 통보를 받는다. 성남 야탑에 사무실을 계약해놨으니 그리로 들어오라는 말이었다.

원하는 곳에 사무실을 주기로 했던 약속을 지키지 않는 사측이 괘씸해서 지회는 SPC 빌딩에 있는 SPC 계열 패션파이브 앞에서 1인시위를 계획했다. 8월 13일, 1인시위 피켓을 화섬식품노조 방송차에 싣고 갔더니 경찰차가 오고 난리가 났다. 통행에 방해된다며 방송차를 빼라는 경찰의 말에 임종린은 인도 위 화분 사이에 통행에 방해가 안 되도록 절묘하게 방송차를 주차했다. 그렇게 1인시위를 하고 나니 그냥 돌아가기가 싫어졌다. 금방 갈 거라고 대수롭지 않게 생각할 사측이 괘씸했기 때문이다. 그대로 카니발 안에서 하루만 자고 가기로 한 게 농성이 돼버렸다. 그렇게 40여 일이 지나니 결국 회사는 자신들이 이미

2019년 지회 사무실 약속 파기에 따른 임시 (차량) 사무실 농성.

계약한 성남 야탑 사무실과 지회가 원하는 위치의 사무실 등 2개를 지급하기로 약속했다. 다시 농성을 접었지만 그 뒤로도 사측은 사회적 합의를 지키지 않았다. 12월 말에 다시 양재동 본사 앞에서 천막농성을 이어갔다. 그때마다 요구는 같았다. "약속을 이행하라!"

SPC 파리바게뜨는 사회적 합의에 따라 상생기업을 자회사인 피비파트너즈로 전환해서 제빵기사들을 고용했다. 하지만 '3년 내 (주)파리크라상 동일수준, 복리후생은 즉시 동일수준으로 적용한다'는 약속은 지키지 않았다. 아파도 휴가를 내기 힘들고, 연장수당도 제대로 못 받는 파리바게뜨의 노동 현실도 그대로였다. 그 이면에는 사측이 부추기는 노노 갈등이 존재했다. 제빵기사들이 자회사 소속이 된 뒤로 중간관리자들이 중심이 된 피비파트너즈노동조합(피비노조)이 설립되고, 피비노조는 2019

년 한국노총 전국식품산업노련에 가입한다. 세를 키워 과반 노조가 되면서 피비노조가 단체교섭권도 가져갔다. 파리바게뜨지회는 휴식권처럼 노동자로서 당연히 누려야 할 권리를 주장할 통로를 빼앗겼다.

그러던 중 임종린이 전체 직원을 대표하는 근로자대표에 선출되는 일이 일어났다. 2019년 5월 1일 고용노동부 성남지청이 피비노조가 추천한 명예산업안전감독관을 위촉했는데, 이는 위법이었다. 당시 피비노조는 과반 노조가 아닌데도 성남지청은 확인도 없이 위촉장을 발부했던 것이다. 이정미 의원실의 지적을 받은 성남지청은 위촉을 취소했고, 회사는 근로자대표 선출 절차에 들어갔다.

7월 8일 치러진 근로자대표 선출 투표에서 임종린이 2224표(59.4%)를 얻어 당선됐다. 상대방인 피비노조 간부는 자기 조합원 수(1770여 명)에도 미치지 못하는 1522표(40.6%)를 받고 떨어졌다. 당선 직후 임종린은 근로자대표 자격으로 명예산업안전감독관 위촉과 산업안전보건위원회 구성을 위한 협조 공문을 띄웠는데 회사는 묵묵부답으로 일관했다.

그러더니 8월 20일 느닷없이 피비노조가 과반 노조가 됐다며 임종린의 근로자대표 자격을 빼앗아버렸다. 당시 피비노조가 과반 노조가 되려면 1000명은 더 조직해야 했는데, 한 달 보름 만에 이를 조직했다는 말이었다. 회사의 부당한 지원 없이는 불가능한 일이었다. 이는 황재복 SPC 대표 등이 '2019년 7월부터 2022년 7월까지 파리바게뜨지회를 파괴할 목적으로 노조 탈퇴를 종용하고 승진 인사에서 불이익을 주는' 부당노동행위로 기소된 사실에서도 확인된다.

3년이라는 '사회적 합의' 이행 기한인 2021년 1월을 넘어서고부터는 지회 조합원 수가 더 급격하게 줄어들었다. 그 뒤에는 SPC의 노골적인 파리바게뜨지회 죽이기가 숨어 있었다.

"(2021년 3월부터) 한국노총을 통해 매달 100여 명씩 탈퇴서가 들어왔습니다. 돈을 줍니다. 민주노총 탈퇴서 받아 가면 돈을 줍니다. 민주노총 조합원 0% 만드는 게 목적이다, 회의 때마다 민주노총 조합원 명단을 화면에 띄워놓고 탈퇴율을 체크합니다. 업무 하지 말고 민주노총 조합원 매장만 찾아다녀서 탈퇴서를 받으라고 합니다. 해도해도 정말 이 정도로 바닥일 줄은 몰랐습니다.

가장 화가 나는 것은, 회사는 뒷짐 지고 뒤로 빠져 있고 직원들끼리 편을 가르고 싸워야 한다는 것입니다. 회사가 시킨다고, 우리 조합원 탈퇴서 받아 가면 돈 준다고 육아휴직자들에게 전화 걸고 찾아가 복직을 빌미로 탈퇴서를 강요하고, 진급을 빌미로 탈퇴서를 강요하고, 탈퇴서 쓸 때까지 옆에 서 있고, 현장에서 혼자 일하는 직원들을 발생하는 사건들로부터 보호해줘야 할 회사가 혼자 일하는 직원들을 괴롭히고 불안하게 만들었습니다."

— 임종린 파리바게뜨지회장, 단식농성 돌입 발언문

2022년 3월 28일, 파리바게뜨지회 지회장 임종린은 단식농성에 들어간다. 단식농성 돌입 기자회견에서 직접 5분여간 읽

2022년 5월 단식 53일 만에 중단하는 임종린 지회장.

2022년 7월 간부들 집단단식 돌입.

어 내려간 글에는 그가 단식에 들어가는 이유가 절절하게 담겼다. SPC 파리바게뜨는 '사회적 합의' 약속은 뒤로한 채, 노조 탈퇴 공작을 하고 있었던 것이다.

조합원 700명인 노조에서 매달 100장씩 탈퇴서가 들어오면 일곱 달 뒤엔 노조 문을 닫을 수도 있었다. 700명이 넘던 조합원이 200여 명으로 줄어든 상태였다. 반면 피비파트너즈노조 조합원은 4000여 명으로 늘어났다. 파리바게뜨지회 조합원이라는 이유만으로 진급에서 밀리고, 사측이 전방위적으로 지회 탈퇴 압박을 하면서 나온 결과였다. 이는 지방노동위원회, 중앙노동위원회가 모두 부당노동행위로 인정한 사항으로 한 달 전인 2월 고용노동부가 사측 관련자 9명을 기소 의견으로 검찰에 송치하기도 했다.

"검찰에 송치된 게 저흰 되게 컸거든요. 부당노동행위를 인정받기도 힘들다고 하는데 9명이나 송치된 거면 '너희는 진짜 나쁜 놈들'이라고 한 거잖아요. 우리가 한 말이 맞았다는 건데도 현장에서는 여전히 탈퇴 작업을 계속하는 거예요."

그러자 남은 조합원들도 흔들렸다. 그동안 피비파트너즈노조에서 말 같지도 않은 이상한 말이나 행동을 할 때면 소통방에서 같이 비웃던 조합원들이 이젠 "정말로 우리 다 퇴사시킨대요?"라고 되묻는 반응을 보였다. 이제는 조합원들이 말도 안 되는 말이나 행동에도 웃을 수 없는 상태가 된 거였다. 노동조합이 뭐든 해야 했다.

"단식 들어간 이유가 어떤 사실을 알려서 회사를 압박하겠다기보다는 조합원들한테 노조가 조합원들을 지키기 위해서 노력하고 있으니 걱정하지 않아도 된다는 메시지를 주려고 한 게 커요."

집행부의 의견도 갈리면서 와해되기 직전이었다. 지회가 침체되고 위축되자 화섬식품노조가 나섰다. 화섬식품노조 조합원과 간부들은 퇴근하고 밤과 새벽에 전국에 있는 파리바게뜨 매장 주변에 SPC 파리바게뜨의 사회적 합의 불이행을 규탄하는 전단지를 엄청나게 붙였다. 제주도처럼 조합원이 별로 없는 곳은 전라도에 있는 간부들이 비행기를 타고 가서 붙이기도 했다.

당시 화섬식품노조 간부들의 연대 활동은 《노동과세계》에 실린 신동민 기자의 〈화섬식품노조 전북지부 지회장들이 대구로 간 까닭은?〉(2021.4.12.) 기사를 통해 살짝 엿볼 수 있다. 취재 날 오후 1시 전북 익산 화섬식품노조 전북지부 사무실에 모인 8인의 전북 지역 지회장들과 전북본부 정선영 조직국장은 200킬로미터도 넘게 떨어진 대구로 향했다.

대구에 도착해 파리바게뜨 3개 지점 앞에서 선전전을 한 지회장들은 저녁을 먹고 9시에 모여 대구 안 파리바게뜨 매장들에 전단지를 붙일 동선을 짰다. 대구에는 170여 개 매장이 있었다. 하룻밤 안에 170여 개를 도는 건 힘들 것 같다고 실무자가 서울 면적의 3분의 2에 해당하는 달성군은 빼자고 제안했지만 지회장들은 "할 만하께 다 적어왔겠쥬~ 그리고 맡은 게 있으믄 끝까지 최선을 다해서 해야지~"라는 말로 거절하고, 조를 나누어 밤 11시 30분에 전단지를 들고 흩어졌다. 중간에 대리운전노동조합 조합원 2명까지 합세해서 5개 조가 대구 전역을 돌면서 매장에 전단지를 붙였다. 호기롭게 달성군을 맡았다가 오늘 안에 다 할 수 있을까 한숨을 쉬던 조는 달성군에서 자체적으로 전단지 부착 활동을 하고 있던 화섬식품노조 수도권본부 한국애보트지회 대구 조합원들을 만나 감격의 조우를 했다. 든든한 지원

군을 만나 수월했음에도 달성군 담당 조원들이 숙소로 돌아왔을 때 시계는 새벽 4시를 가리키고 있었다.

익산에서 대구로 출발하기 전 기자가 업종도 다르고 거리도 먼 대구까지 어떻게 갈 결심을 했느냐는 질문을 하자 두창훈 EMK 승경지회장은 "쉬운 일이면 넘들 다하쥬~ 넘들 다 하믄 지회장을 안 해야지. 안 쉬운 일이니께 지회장부터 나서서 연대하는 거쥬. 업종 달라도 함께하는 것이 전국 노조고, 산별노조인 거니께"라고 답했다. 아침에 일어나 익산으로 돌아가기 전, 국밥집에서 기자는 "이길 수 있을까요?"라고 다시 물었다. 김시봉 한국세큐리트군산지회장이 답했다.

"걱정하지 않아도 된다. 파리바게뜨 임종린 지회장을 봐라. 사회적 합의를 끌어내서 어느 정도 성과를 이뤄내지 않았냐. 또 화섬식품노조가 붙었는데 무슨 걱정이냐. SPC가 사회적 합의를 지키지 않으면 대구가 아니라 파리까지 쫓아갈 것이다. 업종, 지역 초월해서 연대하는 게 산별의 장점이다. 공동투쟁으로 파리바게뜨지회가 승리하는 게 진짜로 산별노조를 완성하는 길이다."

익산으로 돌아가는 길에 홍보지가 붙어 있는 파리바게뜨 매장을 유심히 보던 안종필 DKC지회장은 "예전에는 파리바게뜨 매장을 봐도 그냥 지나쳤는데 화섬식품노조 식구가 된 이후로는 계속 쳐다보고 궁금증이 생긴다. '이 빵은 우리 조합원이 만들었을까?' 하면서……"라며 한 식구인 파리바게뜨지회 조합원들에 대한 애틋함을 드러냈다. 화섬 식구들이 전국에서 벌인 전단지 부착 활동은 파리바게뜨지회에 큰 힘이 되었다.

"화섬노조에서 인터뷰한 영상이 있어요. 지역에 있는 동지들한테 저녁에 전단지 붙이는 거 안 힘드냐고 물었는데 (웃음으로 눈물을 감추면서) '이건 파리바게뜨지회의 일이 아니라 우리, 화섬의 일이다. 안 힘들다'고 대답을 하시더라고요. 그거 보고서 우리 간부들이 다 울었어요."

그 인터뷰를 보면서 임종린은 절대 포기하면 안 되겠다는 생각을 했다. '도망도 못 가겠다. 망했다'는 생각과 함께.

그 마음이 무기한 단식농성의 결심으로까지 이어졌다. 3월 28일 임종린은 단식을 결심하자 조합원들이 뭉치기 시작했다. 그리고 시민들도 움직였다. 단식 53일 만인 5월 19일 임종린이 병원에 실려간 뒤로는 조합원들이 뒤를 이었다. 조합원 5명은 7월 4일부터 집단단식에 돌입했다. "사람들의 끼니를 책임지는 회사에 다니면서 정작 그 직원은 단식을 하는" 아이러니한 상황이 계속됐다. 부조리한 상황은 깨뜨려야 하는 법. 파리바게뜨지회는 더 굳게 뭉쳤다.

53일 단식에 온 마음으로 응답한 사람들

파리바게뜨지회에겐 임종린과 간부들의 단식농성 소식을 널리 알리는 일이 중요했다. 노조가 투쟁하고 있음을 조합원들과 공유하고 싶었다. 하지만 전국에 흩어져 있는 조합원들은 농성장을 잘 찾아오지 못했다.

"우리가 가장 싫어하는 말이 '멀리서 응원할게요'였어요. 왜 응원을 멀리서 하지? 조합원들이 자꾸 그런 식으로 얘기하니까 단식 소식을 전해야겠다고 생각했어요."

단식 중에도 임종린은 선전 방식을 고민했고, 그림단식일기를 떠올렸다. 사람들이 글은 잘 안 읽을 것 같아서 그림을 그렸는데 조합원들로부터 반응이 좋았다. 내친김에 SNS에도 올리기 시작했다. 조합원들뿐 아니라 시민들도 '좋아요'를 누르고 댓글을 달면서 크게 호응해줬다. 지금껏 연대활동으로 만나온 시민단체나 노동조합 관계자들이 아니었다. 노동조합과는 전혀 상관이 없는 사람들이 찾아왔다.

"꽃 한 송이 들고 와서 '이거 정말 드리고 싶어서 왔어요'라고 말한 분도 계셨고요. 한 중학생한테 연락이 온 적도 있어요. 친구가 같이 동조 단식한다고 밥을 굶고 있다고 말려달라고요. 파리바게뜨 불매 스티커를 직접 제작해서 무료로 배송까지 하

2022년 4월 임종린 단식 해결 촉구 삼보일배.

2022년 5월 파리바게뜨 노동자 힘내라 공동행동 출범 기자회견.

2022년 8월 사태 해결과 사회적 합의 이행 촉구 오체투지.

2022년 6월 사회적 합의 이행 점검위원회 1차 결과 발표.

시는 분도 계셨지요."

회사는 단식농성장에 비타민 음료를 들고 오고, 농성장 옆 아파트는 노동조합을 비난하는 현수막을 써 붙여 농성자들의 힘을 뺏지만 당사자들보다 더 화를 내는 생면부지의 시민들에게서 큰 힘을 얻었다. '아, 우리가 옳은 길을 가고 있어서 시민들이 같이 호응하고 도움을 주시는구나.'

그즈음 '파리바게뜨 노동자 힘내라 공동행동'(파바공동행동)도 활동을 시작했다. 임종린의 단식 52일 차이던 5월 18일 "SPC그룹을 반사회적 기업으로 규정한다"면서 출범한 파바공동행동은 이후 9개 지역공동행동을 비롯한 14개 지역 네트워크와 여성과 청년 등 부문 네트워크를 갖춘 600여 개 단체가 활동하는 전국적인 연대체로 자리를 잡아갔다.

이후 6개월 동안 3차례에 걸친 전국 동시다발 1인시위와

4차례의 시민문화제, 삼보일배와 오체투지, 3차례의 신문광고, 지역공동행동 차원의 투쟁문화제, '사회적 합의 이행 검증 위원회', 회사의 영업방해금지 가처분에 대한 대응, 파리바게뜨 노동자 친구들, 동네빵집 챌린지, SPC그룹 제품 확인 앱 개발을 통한 시민들의 자발적인 불매운동 등을 통해 SPC 파리바게뜨의 반노동·반인권 불법경영 문제를 전 사회적인 문제로 확대하고 이슈화하는 데 큰 역할을 한다.[1] 3번의 전국 동시다발 1인시위에 연인원 2000여 명이 참여하고, 3차례의 신문광고도 수천 명의 시민이 자발적인 모금에 동참해줘서 가능했다.

파바공동행동은 지금껏 존재했던 어떤 연대체보다도 열성적인 활동으로 파리바게뜨 노동자들의 투쟁에 함께했다. 또한 SPC 계열 베이커리 생산업체인 SPL 평택공장에서 2022년 10월 15일 20대 노동자가 기계에 몸이 끼어 사망하는 산재 사고가 발생했을 때 이 사실을 사회에 알리고 SPC그룹의 전반적인 노동인권 노동안전 문제를 제기한 것도 파바공동행동이었다.

노조의 사활을 건 투쟁과 파바공동행동의 헌신적인 지지와 연대, SPL 사건 이후 더욱 나빠진 사회 여론에 떠밀려 파리바게뜨는 다시 협상에 나섰고, 11월 3일 다시 파리바게뜨 노사 합의가 이루어졌다. 화섬노조 파리바게뜨지회와 SPC그룹 계열사 '피비파트너즈'는 아래 11개 항에 합의하며 이날 노사협약을 완

---

1   이재준, 〈파리바게뜨 노사 합의, '파바공동행동'이 계속 감시한다〉, 《노동과세계》, 2022.12.13.

료했다.

　▲ 회사와 화섬노조는 '사회적 합의 발전 협의체'를 발족하여 이전 합의 내용을 확인하고 발전 방안을 모색한다. ▲ 회사와 화섬노조는 '노사간담회'를 구성한다. ▲ 부당노동행위와 관련하여 대표이사가 사과한다. ▲ 부당노동행위자는 인사 조치한다. ▲ 회사는 노동조합 활동을 보장하기 위해 적극 지원한다. ▲ 부당노동행위 재발 방지를 약속하며, 승진 평가는 차별 없이 진행한다. ▲ 회사는 신입 직원에게 조합 선택의 기회를 공평하게 제공한다. ▲ 자유로운 조합 선택과 관련하여 회사는 캠페인을 진행하고 정기적으로 알린다. ▲ 보건 휴가와 연차 휴가는 현행보다 자유롭게 사용하도록 한다. ▲ 회사는 점포 내 방송시스템을 통해서 점심시간을 알리고 보장하기 위해 노력한다. ▲ 본 협약서 체결 후 회사와 화섬노조는 상호 피비파트너즈와 관련된 모든 고소, 고발, 진정 등을 즉시 취하하고 화섬노조는 양재 사옥 주변에 설치한 시위 천막 등을 철거한다 등.

　합의는 이루어졌지만 파바공동행동은 해산하지 않기로 했다. 앞으로 노사 합의 이행 여부를 감시하고, 사측의 부당노동행위에 대한 법적 처벌 상황을 지켜보면서 SPL 산재 사망 사건에 대한 대응도 계속 이어가기로 했다. 2018년과 같은 우를 범하지 않기 위해서였다.

　2022년 11월 13일, 파바공동행동은 제30회 전태일노동상을 수상한다. 노동운동가나 노동조합이 아니라 연대 조직으로는 첫 전태일노동상 수상이었다. 전태일노동상 선정위원회는

2022년 전태일노동상을 받은 파바공동행동.

파바공동행동을 선정한 이유를 이렇게 밝히면서 "전태일의 나눔과 연대 정신이 활활 불붙기를 기대한다"고 전했다.

물신의 벽을 넘는 사다리는 나눔과 연대다. 임종린 파리바게뜨 지회장이 53일에 걸친 목숨을 건 투쟁으로 지핀 불꽃이 들불처럼 번져 14개 지역 600여 개의 단체가 함께하는 전국적 연대조직으로 발전했다. 4차례에 걸친 연인원 2천여 명이 참여한 전국적인 파리바게뜨 공동행동 투쟁 5개월여 만에, 지난 10월 마침내 물신의 벽 한 귀퉁이를 허물고 노사 합의를 이끌어냈다.

—제30회 전태일노동상 선정 이유 중

파바공동행동은 약속대로 SPC의 노사 합의 이행 여부를 감시하는 활동을 게을리하지 않았다. 검찰조차 사실상 어용노조라고 밝히는 피비파트너즈노조는 '노사 협약 및 부속 협약 효력 정지 가처분' 신청으로 노사 협약 무효화를 꾀했다. 파바공동행동은 노조와 함께 이 문제를 공론화했다. 또, SPC 계열사인 샤니 공장에서 2023년 8월 다시 50대 노동자의 산재 사망 사고가 발생했을 때도 사측의 사건 진상 은폐 의혹을 제기하며 추모 활동을 이어갔다.

이후 노조와 파바공동행동은 두 번이나 노사 합의를 저버린 파리바게뜨를 파고들었다. 2019년 7월부터 2022년 7월까지 민주노총 소속 조합원들에게 노조 탈퇴를 종용하고 승진 인사에서 불이익을 줬다는 증거들을 확보해서 법원에 제출했다. 법원도 사측의 부당노동행위를 인정했다. 2024년 2월 SPC 대표인 황재복을 구속한 데 이어 4월 5일, SPC그룹 회장 허영인도 구속됐다. 2019년 7월 임종린이 근로자대표로 선출되자 "말도 안 되는 일이다. 문제가 있다"고 말했다는 허영인은 2022년 1월경부터는 노조 탈퇴 현황을 매일 보고받았다는 의혹을 받고 있다.

임종린과 최유경은 허영인의 구속 소식을 같은 자리에서 들었다. 밤 10시부터 새벽 사이에 구속 결정이 나온다는 말에 집에도 가지 않고 계속 핸드폰을 부여잡고 뉴스 화면을 새로고침하고 있었다. 새벽에 결과를 전해 듣고 둘은 함께 울음을 터뜨렸다. 회사가 낸 소송 관련 서면 자료들을 읽으면서 "우리가 잘못 생각하고 있는 건가" 자기 검열에 빠졌던 날들이 스쳐 지나갔다. 그룹 회장까지 구속되는 걸 보면서 7년 동안 계속 이야기해온 "우리의 주장이 옳았구나를 확인받아 기뻤다".

그룹 회장까지 구속됐으니 조합원들도 다시 가입하고 현장 분위기도 많이 달라질 거라고 희망을 품었지만 갑작스런 변화는 일어나지 않았다. 지난 7년 동안 관리자들이 현장에 구축해 놓은 민주노총에 대한 부정적인 이미지나 승진 배제 같은 차별 등은 여전하기 때문이다. 그룹 회장이야 이름도 잘 모르는, 멀리 있는 사람이지만 조장, 반장들은 바로 옆에서 승진 고과를 매기고 같이 일을 하는 사람들이니 직원들은 관리자들의 눈치를 볼 수밖에 없는 게 현실이다. 그래서 파리바게뜨지회는 아직도 힘들다. 그렇다고 포기하지는 않는다. 여전히 희망의 길을 만들고 있다.

내가 지금도 투쟁하는 이유

최유경, 파리바게뜨지회 수석부지회장

2018년 1월 사회적 합의 후에 노조 간부가 됐어요. 조합 소식을 듣긴 하는데 되게 궁금한 거예요. 정보가 100% 오는 것 같지도 않고. 친한 간부한테 나도 회의하는 데 한번 가보면 안 되겠냐고 물었더니 오래요. 그래서 갔는데 다들 "오셨으면 간부 하세요" 하는 거예요. 그렇게 집행부가 됐어요.

처음엔 노조가 뭔지 몰라서 힘든지도 몰랐어요. 뭔가 신세계 같았어요. 천막 치면 지켜야 되니까 휴무 날이면 갔어요. 가면 사람들이 다들 "왔어" 하면서 반겨주고 칭찬해주시고 되게 재미있었어요. 시간이 지나고 수석부지회장을 하고 나서는 앞에서 뭔가를 책임져야 하는 게 힘들었어요. 조합원들 민원 들어오면 다 듣고 해결해줘야 하는데 제 역량은 부족하다고 느낄 때요.

저도 2022년에 단식을 16일인가 했는데 우리가 다 덩치가 큰 편이니까 "너희는 단식하는 사람의 모습이 아니다" 하면서 지나가는 사람도 있었어요. 그런 멸시 견디면서 지금껏 왔어요. 단식투쟁 끝나면서 사측과 힘들게 합의를 했는데요. 대응하는 과정에서 감정이 바닥을 쳐서 올라오는 데 시간이 한참 걸렸어요. 공황도 살짝 왔고요. 그렇게 힘든 상태여도 조합원들을 만나야 하잖아요. 조합원 민원 듣고 와서 '내 앞가림도 못하고 있는데 왜 사람들의 고충을 듣고 있는 거지?' 하면서 울기도 많이 울었어요. 조합원을 만나고 있는데 숨이 안 쉬어진 적도 있고요. 사람들의 인생에 관여한다는 게 힘들었어요. 아직까지는 다 회복이 안 됐다고 생각이 들긴 해요. 간부들 다 아프거든요. 정신적으로 힘들어서 치료를 받고 있기도 하고 그냥…… 그냥그냥 삶을 살아가고 있는 것처럼 느껴지기도 해요.

요즘은 내가 뭘 이겨내고 뭔가 위로받고 있다, 이런 생각이 든 적이 별로 없어요. 그래도 저희가 어느 현장을 가더라도 굉장히 반겨주시고. 힘내라고, 대단하다며 응원도 많이 해주셨거든요. 그러면서 조금씩 버텼던 것 같아요. (SPC) 대표랑 그룹 총수 구속됐을 때 공소장을 봤거든요. 우리가 주장했던 것들이 틀리지 않았구나, 그런 데서 조금 위안을 받았던 것 같아요.(울음)

간부 한 거 조금 후회한 적도 있어요. 그럼에도 계속 활동을 하는 이유는 뭔가 끝맺음이 없어서예요. 아직은 제가 납득할 만한 일단락이 안 돼서 계속하고 있어요. 총수 재판 이후에 어떤 상황이 벌어지면 제 마음이 어떻게 바뀔지 모르겠는데 투쟁을 하면서 한 번도 '끝이다'라는 생각을 (울먹거리며) 해본 적이 없어요. 오빠가 "너 언제까지 그러고 있을래? 언제 그만둘래?"라고 묻는데 답을 못하겠는 거예요. 왜 하고 있는지 설명도 못하겠고. 혼자 생각해보니까 뭔가 제 마음속에 이 정도면 됐다는 게 없어서 아직 못 놓고 있는 것 같아요.

지금까지 연대 받고 투쟁했던 집회들의 장면들이 되게 많이 생각나거든요. 저희 조합원들이 전국으로 흩어져 있고 한 명 한 명 혼자서 일하다 보니까 선뜻 나와서 같이 뭐를 못하고 조합원들이 잘 안 모이거든요. 그런 상황에서 지금껏 집회를 할 수 있었던 이유 중 하나가 전국에서 저희를 도와주러 오신 분들 덕분이에요. 굉장히 많았거든요. 그래서 대규모 집회들도 많이 했고요. 그런 집회 하나하나 장면들을 간직해줬으면 좋겠어요.

나에게 화섬노조란…… 약간 오글거리지만 '마음이다'라고 얘기하고 싶어요. 노조 활동 하면서 상처 많이 받거든요. 지회 조합원들한테도 받고, 여러 환경들로도 상처를 많이 받지만 여기에 오면 마음을 치유 받을 수 있더라고요. 저희가 중앙 사무처 국장님들과 되게 친하게 지내요. 장난도 치고 술도 자주 먹고 그러는데 짜증을 내고 무슨 얘기를 해도 다 받아주시더라고요. 직장에서나 사실 가족들도 그렇게까지는 못 받아주거든요. 가끔은 왜 저렇게까지 받아주시지 싶지만 저에게 화섬식품노조는 마음의 치유를 받는 곳이에요.

19장

시민의
지지를
사회연대로

화섬식품노조의 사회연대 활동

나눔은 나눌수록 기쁨이 된다
화섬식품노조 사회연대위원회

"우리가 파리바게뜨 투쟁하면서 도움을 많이 받았잖아요. 시민대책
위도 두 번이나 만들어지고요. 임종린 지회장 53일 단식하면서 두
번째로 대책위 꾸릴 때는 정권 바뀌고 시민사회단체들도 힘든 시기
였어요. 그런데 시민사회단체 연석회의를 하는데 회의장에 60개
가까운 단체에서 60명도 넘는 사람들이 모여 있는 거예요. 그래서
대책위가 아니라 이들을 다 포괄하는 공동행동으로 이름을 바꾸었
지요. 결국 이들이 그 투쟁을 엄호 보위해준 거고요. 사회연대라는
것도 생색내기용의 불우이웃돕기 차원이 아니라 노동조합을 활성
화하고 노동조합을 보위할 수 있는 그런 상호작용에 대한 사업이라
는 인식을 한 거죠. 그러다 보니 사회연대 활동도 노동조합의 주요
일상 활동 영역 중 하나로 잡아야 한다는 고민까지 한 겁니다."

—임영국, 화섬식품노조 사무처장

시민의 지지를 사회연대 활동으로 조금이라도 갚을 수 있
다면 기쁘겠다는 마음으로 화섬식품노조는 사회연대 사업을 고
민한다. 따지고 보면, 봉제 노동자들이 서울봉제인지회라는 노
조를 만들 수 있었던 것도 사회연대의 힘 덕분이었다. 5인 미만

2023년 화섬식품노조 사회연대기금 전달식.

사업장이 대다수이고, 고용형태도 객공 시스템으로 돌아가고 있는 봉제인들에게 '노조할 권리'는 와닿지 않았다. 이들에겐 노조할 권리보다 노조할 이유가 먼저였다. 이런 환경을 딛고 노조로 연결할 수 있었던 것은 봉제인 밀집 지역에서 활동하고 있던 노동·시민사회단체들이 힘을 합한 봉제공동사업단의 역할이 컸다. 화섬식품노조에 사회연대 활동은 노조 조직화와도 연결될 수 있는 문제였다.

이러한 문제의식으로 2021년 12월 임시대의원대회에서 산별노조 조합비 배분 구조를 변경하면서 사회연대기금 항목을 신설한다. 그러고선 2022년 2월 산별 완성 대의원대회에서 "조합비 1%를 재원으로 하여 사회연대 사업을 진행한다"고 결의하고 2022년 1월분부터 적립을 시작했다.

화섬식품노조는 플랫폼 비정규직을 비롯한 기업복지 사각

지대 노동자와 취약계층 등에 대한 지원과 사회연대 사업을 적극 실천하여 차별과 불평등을 없애고 조직 강화에 기여함을 목적으로 사회연대기금을 설치했고, 사회연대위원회를 구성해 관련 규정을 만들기로 했다. 결의에 따라 화섬노조 사무처장인 임영국을 사회연대위원장으로 하는 사회연대위원회가 꾸려졌다. 1년 가까이 기금이 적립된 뒤 2022년 11월 30일 첫 회의를 연 사회연대위원회는 민주노총 등 사회연대위원회 주요 사업 및 운영 사례를 공유하고 ▲ 지원 사업(지정기부금 방식 포함) ▲ 조합원 교육 및 노조 캠페인 ▲ 노조 사회연대기금 운영 방안 등을 논의한 끝에 기금의 4개 지원 영역을 확정했다. ▲ 비정규노동자 지원 사업 ▲ 이주노동자 지원 사업 ▲ 사각지대 노동자 지원 사업 ▲ 사회 취약계층 지원 사업 등. 임영국은 "이 지원을 통해서 당사자가 용기와 힘을 얻을 수 있기를 희망하면서 용처를 그렇게 정했다"고 말했다.

기금 활용 첫해인 2023년에는 사업비로 5000만 원을 책정했다. 지역 지부에도 사업비를 배분했다. 그에 대해 사회연대위원 중 한 명인 화섬노조 미조직비정규사업 실장인 강도수가 중앙위원회에서 그 의미를 설명했다.

"특히 올해에는 사회연대위원회 사업 첫해인 만큼 조합원들에게 사회연대위원회의 활동과 사업을 제대로 알리고, 지역 지부 단위의 논의와 실천을 활성화하기 위해 지역 지부에서 고민한 사회연대 사업을 진행할 수 있도록 각 지부당 사업비 100만 원을 지원하기로 결정했습니다."[1]

지역 지부별 지원 외에도 사회연대위원회는 한국비정규노동센터의 사각지대 노동자 지원 사업, 녹색병원의 이주아동을 위한 장학금 지원 사업, 전태일재단의 불안정 단위 조직화 및 처우 개선 사업, 아름다운재단의 자립준비청년 사업에 각각 1000만 원씩 지원하기로 결정하고 사회연대기금 전달식을 개최했다.

지역 지부별로 지원한 기금도 다양한 곳에 쓰였다. 수도권지부는 이태원참사시민대책위에 사회연대기금을 전달했다. 2022년 10월 29일 핼러윈 축제에서 압사 사고로 159명이 목숨을 잃고 수백 명이 다친 이태원참사의 진사규명 활동에 조금이라도 보탬이 되길 희망한 것이다. 수도권지부 사회연대위원장인 김용일은 이태원참사시민대책위에 사회연대기금을 전달한 이유를 다음과 같이 밝혔다.[1]

"이태원참사는 우리 공동체 모두에게 큰 아픔입니다. 진상을 규명하고, 안전한 사회를 만드는 것은 우리 모두의 책임입니다. 노동조합이 사회와 공동체 전반에서 역할을 할 때, 노동의 존엄성과 노조의 역할도 존중될 수 있을 것이라 생각합니다. 앞으로 사회연대위원회가 그런 역할을 이어갈 것입니다."

지역에선 이외에도 오송참사시민대책위와 서산시비정규직센터 등에도 기금이 전해졌다.

한편 녹색병원은 화섬식품노조에서 지원받은 기금으로 이

---

1   이재준, 〈산별노조답게 사회연대 사업 발굴하고 실행해나갈 것〉, 《노동과세계》, 2023.5.3.

주아동 20명에게 장학금을 전달했다. 전달식에 참여한 임영국은 장학생들에게 "녹색희망 장학금이 여러분에게 작은 힘이 됐으면 한다"고 인사말을 하면서 사회연대기금을 만들면서 품었던 마음을 전했다.

"여러분이 용기 있고 희망차게 살아가는 데 도움을 주는 곳 중에 노동조합도 있다는 사실을 꼬옥 기억해주시기 바랍니다."

녹색병원 외에도 한국비정규노동센터는 재가방문 요양보호사 권익 보호와 제도 개선을 위한 사업에 기금을 쓰고, 전태일재단은 노조 밖 노동자 처우 개선과 조직화에 기금을 활용했다. 기금이 어디에 쓰였다는 소식을 들을 때마다 화섬식품노조는 뿌듯했다. 나눔은 나눌수록 기쁨이 된다는 사실을 깨달았다. 그 기쁨은 앞으로도 계속 느낄 수 있게 됐다.

화섬식품노조 창립 20주년을 맞은 2024년에는 사회연대기금 지원 총액을 1억 원으로 책정했다. 이 중 4500만 원은 공모사업에 배정했다. ▲ 비정규 노동자 지원 사업 ▲ 이주노동자 지원 사업 ▲ 사각지대(기업복지/고용보험/노동권 등) 노동자 지원 사업 ▲ 사회 취약계층 지원 사업 등 4개 영역을 대상으로 각 1개 사업(또는 단체)을 선정해 지원할 예정이었다. 나머지 금액 중 2000만 원은 전태일의료센터 건립을 추진하고 있는 녹색병원에 지원하고, 화섬식품노조 7개 지부별로 각 500만 원 한도로 사회연대 지원 사업을 추천받아 지원하기로 했다.

7월 한 달 동안 지원을 받은 공모 사업에는 예상보다 많은 총 22개 단체가 사업계획을 제출했다. 이에 심사 과정에서 8개 사업으로 확대 지원하기로 결정했다.

'비정규노동자 지원 사업'에는 전태일과 함께하는 건강진단 및 중증질환 치료비 지원 사업(전태일재단), '이주노동자 지원 사업'에는 2024 이주노동자 노동영상 상담소 사업(이주노동희망센터), 필리핀 가사노동자 노동권 보호를 위한 실태조사 사업(용산나눔의 집), '사각지대 노동자 지원 사업'에는 취약 노동자 돌봄 네트워크 활성화 사업(노원돌봄사회적협동조합), 강동 지역 불안정 동네 노동자 노동공제회 들기 프로젝트(강동노동인권센터), 나 홀로 불안정 취약층 지원 사업(시민연구소·유니온센터·청년오픈플랫폼), '사회 취약계층 지원 사업'에는 제3회 한국 반빈곤 영화제(빈곤철폐사회연대), 2024년 문해교육 민간단체 연계 성인 문해교육활성화 사업(전국야학협의회) 등이 공모 사업으로 선정됐다. 2024년 10월 29일 열린 화섬식품노조 창립 20주년 기념대회에서 공모에 선정된 8개 단체와 녹색병원에 대한 기금 전달식이 함께 진행됐다.

산별노조로서 사회연대에 대한 사회적 책임과 의무를 지겠다는 화섬식품노조의 의지는 사회연대기금을 통해 작게나마 발현되고 있다. 이에 그치지 않고 화섬식품노조는 또 다른 의미 있는 활동은 없는지 눈을 밝히며 찾고 있다.

전태일은 왜 노조를 만나지 못했을까?

'조합원 전태일' 운동

전태일 열사는 노동조합을 만들 생각을 안 해봤을까? 노조를 만들어 평화시장 노동조건을 개선해나가야겠다는 생각까지는 왜 해보지 못했을까? 전태일의 눈에 당시의 노동조합은, 힘이 되거나 도움이 될 수 있는 그 무엇으로 다가오지 않았던 것은 아닐까.

전태일 50주기를 맞이한 2020년, 섬유·봉제 노동자도 조직 대상인 화섬식품노조는 불현듯 '전태일은 왜 노조를 만나지 못했을까?'라는 의문을 떠올렸다. 아니, '노동조합은 왜 전태일을 만나지 못했을까?'라는 문제의식이 생겼다. 이런 연유로 화섬식품노조는 2020년 2월 개최된 정기대의원대회에서 '조합원 전태일' 운동을 선언했다. 열사 분신 직후 전태일 정신을 계승하기 위해 만들어졌던 청계피복노조의 전통을 이어받은 서울봉제인지회를 포괄하고 있는 만큼 화섬식품노조는 전태일의 후예 노조로서 사명감을 품고 있자고 다짐하는 운동이었다.

운동을 결의하면서 화섬식품노조는 '조합원 전태일' 뺴지를 제작하여 보급하는 한편, 중앙위원 전원과 사무처 성원들에게 《전태일 평전》을 제공하여 읽기 운동을 시작했다. 5월 1일 노동절에는 전태일다리에서 화섬식품노조 조합원 전체를 '조합원

2020년 노동절 화섬식품노조 '조합원 전태일' 운동 선언.

2023년 화섬식품노조X녹색병원 미등록 이주아동 장학금 전달식.

전태일'로 임명하는 상징의식을 통해 노조가 전태일 정신을 실천해나가자는 결의와 선언을 다시 한번 확인했다.

'조합원 전태일' 운동을 진행하면서 첫째로 나눔과 연대의 전태일 정신을 노조가 어떻게 실천할 것인가를 고민하게 되었다. 배고픔을 참으며 장시간노동에 시달리던 어린 여공들을 위해 자신의 버스비를 털어 풀빵으로 연대했던 전태일 정신이 50년이 지난 오늘날 화섬식품노조에서는 어떻게 구현되고 있는지를 묻는다. 취약계층 지원 정책들이 많지만, 여전히 전태일이 몸담았던 봉제 현장의 노동자들은 객공 노동에 4대보험은 꿈도 못 꾸는 사각지대로 남아 있다. 이들에게 노동조합은 어떤 역할을 하고 있고, 어떤 의미가 되고 있을까? 아니 그보다 먼저, 노동조합은 과연 사각지대에 숨겨진 노동자들이 있다는 사실을 인지하고 있는지부터 되물어야 하지 않을까? 그래서 전태일의 '풀빵 연대' 정신은 또한 전태일의 '밑바닥 인간의 사상'과 맞닿아 있다. '조합원 전태일' 운동은 노동조합이 전태일 정신을 실천하기 위한 출발선부터 다시 확인하고 고쳐 세우자는 의미로 연대의 확산과 심화를 방향으로 정하고 이를 실천하려는 다짐이었다.

둘째, 화섬식품노조는 기업별노조를 극복하고 산별노조를 완성한다는 의미로 '조합원 전태일' 운동을 선언했다. 노동조합으로 단결하고 연대하는 범위와 실질적인 내용이 기업 단위를 넘어 산업과 지역으로 확장되고 강화되어야 하기 때문이다. 산별노조운동은 노동시장의 양극화를 넘어 단결과 연대를 강화해 나가기 위한 조직적 태세를 갖추는 일이다.

마지막으로 '조합원 전태일' 운동은 노동조합의 일상화를 추구하고 있다. 전태일에게 다가가지 못하고, 딱히 의미가 되지 못했던 노동조합이, 50년이 지난 지금은 얼마나 달라졌을까? 화섬식품노조는 차별받고 불평등에 시달리는 노동자들이 어디서든 찾아올 수 있는 희망의 등댓불을 밝혀주는 노동조합이 되기를 희망한다. 봉제 객공 노동자들을 비롯한 작은 사업장 노동자들과 크런치모드의 장시간노동 조건이 개선되길 희망하면서도 쉽게 노동조합을 떠올리지 못하는 IT 노동자들에게 노동조합이 의미 있게 다가설 수 있도록 노동조합을 노동자들의 일상에 뿌리내리자는 것이 '조합원 전태일' 운동이다.

'조합원 전태일' 운동은 모든 노동자에게 '우리의 일상이 되는 노동조합'을 실현해나가자는 결심을 밝히는 화섬식품노조의 또 다른 사회연대 활동이기도 하다.

스무 살
섬식이의
결심

2024년 현재의 화섬식품노조

"이제부턴 그냥 화섬식품노조라고 하자"

산별노조로서 조직 정비

2022년 2월 연맹 해산으로 한 지붕 두 가족 시대를 마감한 화섬
식품노조는 산별노조로서 면모를 갖추기 위해 발 빠르게 움직
여야 했다. 통합연맹 출범 이듬해인 2001년 산별노조 추진위원
회로부터, 연맹 해산과 화섬식품노조라는 산별노조 단일 조직
을 완성하는 데 20년이 걸린 셈이었으니 지체할 시간이 없었다.

강산이 두 번 바뀌는 사이에 단위 조직의 대표자를 비롯한
무수히 많은 간부들이 바뀌고 또 바뀌었다. 일찌감치 산별노조
로 전환하고도 십수 년 동안 산별노조 완성을 기다려온 지회도
부지기수였다. 노조는 조직 파행으로 고난의 시기를 겪으며 깊
은 상처를 입기도 했지만, 끝내 산별노조를 완성했다는 자부심
으로 구심을 세울 수 있었다.

무엇보다 산별노조로서 면모를 갖추고, 산별노조답게 활동
하는 모습을 보여야 했다. 화섬식품노조는 연맹 해산과 산별노
조 완성을 선포한 2022년 한 해 동안 회의체계를 개선하고 전국
단일 조직 운영 원리에 맞게 규약과 제 규정을 정비해나갔다. 전
국 조직으로서, 연합이 아닌 단일 조직으로서 조직 운영체계를
바로 세우고, 이를 이끌어갈 산별노조 간부 양성을 시작점으로

잡았다. 노조 중앙과 지역, 단위 현장 간 유기적 소통체계를 원활히 하기 위해 임원 지역 순회를 정례화했다. 코로나19도 서서히 물러나고 있었다.

조직을 정비한 화섬식품노조는 2023년 새해 벽두부터 지역 순회에 나섰다. 1월 2일 마석 모란공원에서 시무식을 마친 집행부는 9일부터 30일까지 한 달여를 전국 지역 지부를 돌며 지회 대표자들과 간담회를 진행했다. 사업계획 수립을 위한 의견수렴 간담회였다. 산별노조답게 사업과 투쟁의 집중점을 무엇으로 잡을지, 산별노조로서 교섭 구조는 어떻게 운영하고, 방침은 어떻게 구현할지 등 많은 질문과 의견들이 쏟아졌다. 순회간담회는 기업별교섭 구조를 극복해나가기 위한 교섭 방침에 대한 의견과 7·13 화섬식품노조 총파업대회에 최대한 집중하자는 의견으로 집약됐다. 4월 중순부터 한 달 동안 7·13 총파업 참가 조직을 위해 임원들이 다시 현장 순회 길에 나섰다.

산별노조답게 운영하는 데 사람은 필수 요건이었다. 특히 단위 지회 간부들의 시선 일치가 중요했다. 지회 지도부라 할 수 있는 지회장과 지회 임원들의 마음의 일치와 의기투합을 먼저 이끌어내야 했다. 5월 18~19일 신임 지회장 의무교육을 실시하면서 '산별노조답게' 교육에 포문을 열었다. 참가한 간부들에게 기업별 담장에 갇히지 않는, 산별노조 간부로서의 시선과 역할을 주문했다. 6월 한 달은 지회 임원 의무교육을 지역별로 순회하며 진행했다. 지회 임원부터 산별노조 조직 운영 원리를 이해하고 역할을 높여내기 위함이었다. 2024년 들어서는 의무교육

대상을 지회 확대 간부로까지 넓혀서 진행하게 된다. 6월 한 달간 7개 지부를 돌며 총 17번의 교육 대장정에 1400여 명의 확대 간부가 함께했다. 참가자들은 "민주노조답게, 산별노조답게, 지회를 운영하자"를 소리 높여 함께 외쳤다.

　"산별노조라는 말도 올해까지만 쓰고 앞으로는 그냥 산별노조 대신 화섬식품노조라고 쓰자." 의무교육 진행을 맡은 교선실장 김정열이 말했다. 노동조합을 산업별로 조직해서 산별노조라고 하는 것이지 무슨 특별한 노동조합을 하자는 것이 아니었기 때문이다. 기업별노조를 극복하자는 의미에서 산별노조라고 말해왔을 뿐이었다. 이젠 화섬식품노조가 산별노조 그 자체인 만큼 더 이상 산별노조라는 말을 쓸 이유도 없어졌다. 앞으로는 그냥 화섬식품노조라고 하면 될 일이었다.

2

다채롭게, 다 함께, 단결하는 길
20여 업종 4만 조직으로 확대

조직 규모는 날로 확대되었다. 2022년 2월 연맹 해산 당시까지 산별노조로 전환하지 못했던 10여 개 노조 4500여 명이 빠졌는데도, 그해 말 화섬식품노조의 조합원 수는 전년(2021년)보다 1600명 정도밖에 줄지 않았다. 그 한 해에만 3000명 정도의 신규 조직이 생겼다는 얘기다. 그다음 해인 2023년에는 3500여 명의 신규 조직이 생겼다. 연맹 해산으로 감소됐던 조합원 수를 회복하고도 2000명이나 늘어난 숫자였다.

그전에도 조직 규모는 꾸준히 늘고는 있었다. 무엇보다도 조직 확대가 가파르게 성장하기 시작한 건 2017년 파리바게뜨 제빵·카페 노동자들이 조직된 이후부터다. 그전까지 2만 명도 안 되던 조직이 매해 가파른 성장세를 보이더니 2024년 상반기에 4만 명을 넘어섰다. 5만 조합원 시대가 목전에 다가온 셈이다. SPC 파리바게뜨의 조직화는 노조 불모지인 IT산업의 노조 조직화로 이어졌다. 2018년 네이버, 카카오, 넥슨, 스마일게이트 등이 그 선두주자였다.

조직이 커지고 조직문화도 모이는 분위기여서 임원과 간부들이 활동하고 투쟁하는 데 자신감이 붙기 시작했다. 그런데 조

2023년 10월 대표자·전임자 전진대회.

직이 커지면서 조직 내부가 여러 방면으로 다양해지기 시작했다. 업종도 화학이나 섬유 같은 전통적 제조업에서 IT, 식품, 의약품, 산업폐기물, 문화예술 등 20여 업종으로 다양해졌다. 특히 IT산업은 2020년 이후 화학산업에 이어 두 번째로 큰 규모의 업종으로 올라섰다. 직군도 현장 생산직 중심에서 사무기술직, 영업판매직 등으로 점차 넓어졌고, 세대 간 구성도 마찬가지로 확대됐다. 자칫 잘못하면 언제라도 어디에선가 갈등으로 불거져 나올 수 있는 '다름'이 존재했다.

다양하고 이질적인 조직 구성을 다채로움으로 돌릴 수 있다면, 오히려 조직이 더 단결하지 않을까. 노조는 이 지점을 주요한 포인트로 삼아 이끌어가기로 했다. 왕도가 따로 없기에 자주 만나고 소통하려 했다. 임원 순회를 늘리고 정례화한 이유이다. 2023년 10월 25~26일 대표자·전임자 전진대회는 갈등 요인을 다채로운 단결로 승화시키기 위해 마련된 자리였다. 지회 대표자와 노조 일에 전임하는 간부 200여 명이 천안 상록리조트에 모여들었다.

　　각기 다양한 노조 구성에 대해 서로 공감하는 자리부터 만들었다. 중소영세 규모 사업장을 대표하여 신흥지회 김태수 지회장, IT업종에선 넥슨지회 배수찬 지회장, 사내하청을 대변하여 롯데첨단소재사내하청지회 주휘상 지회장이 서로의 처지에 대해 이야기했다. 대공장 얘기도 들어보고 싶었으나 예정했던 LG화학 쪽에서 참가하지 못해 아쉬웠다. 토론도 다양성을 단결로 강화시킬 수 있는 방안을 주제로 삼아 조별로 의견을 모았다. 대회의 전반적 기조는 서로를 이해하고 조직의 공감 능력을 키우는 자리로 진행됐다. 이런 노력을 거듭하면서 다채롭게 단결하는 길을 찾고 있다.

3

이름은 못 바꿨지만 공감 분위기는 물씬

노조 명칭 변경

"어린 여공들과 이웃의 아픔에 공감하여 투쟁의 불꽃이 된 전태일 열사의 서사와 낯선 직업과 노동, 어려움에 처한 동지들에게 공감하여 포용의 공간을 나눈 오늘의 우리 이야기에서 공감과 공간이라는 키워드를 뽑았습니다.

1970년과 2022년을 관통하여 우리의 바탕이 되는 공감의 능력이 노조의 이름이 되고, 다음이 남아 있음을 의미하는 쉼표는 열려 있는 포용의 공간을 의미하는 상징 마크가 됩니다."

—화섬식품노조 제28차 임시대의원대회, 2022.9.28.

노조는 이미 이름을 한 번 바꾼 적이 있었다. 2017년 파리바게뜨 제빵기사들이 노조에 들어왔을 때였다. 그해 11월 1일 대의원대회를 열어 '전국화학섬유산업노동조합'을 '전국화학섬유식품산업노동조합'으로 '식품' 자를 추가했다. 줄여서 화섬식품노조로 부르고 있었다. 다음 해에 IT노동자들이 들어오면서 노조 이름에 IT를 넣어달라는 요구가 들어왔다. 이런 식으로 모든 업종을 다 나열하다가는 소위 "김수한무거북이와두루미삼천갑자동방삭"과 같은 이름이 나올지도 모르는 일이었다. "한 방

2022년 11월 노조 명칭 변경 임시대의원대회.

에 바꿀 수 있는 이름을 고민해볼 테니" 기다려달라고 사무처장 임영국이 답했다.

2022년은 연맹도 해산하고 산별노조도 완성했으니 본격적인 명칭 변경 작업에 들어갔다. IT 쪽 기업에 다닐 때 이런 일을 해봤다는 타투유니온지회장 김도윤을 중심으로 2021년도에 이미 TF를 구성해 운영해오고 있었다. 예산도 편성했다. 명칭과 상징 마크가 바뀌면 조끼와 깃발, 현판 등 바꿔야 할 게 많았다. 다 돈이 들어가는 일이었다.

TF 팀은 노조의 서사를 전태일 열사가 어린 여공들의 아픔에 공감하여 스스로를 산화했던 정신에서 찾았다. 쉼표를 디자인한 상징 마크도 내놓았다. 직업으로 인정받지 못하고 있던 타투이스트들이 노동조합을 할 수 있도록 흔쾌히 문을 열어줬던 화섬식품노조의 공감 능력이 전태일의 정신과 닮았다고 '공감노조'를 제안했다. 노조 명칭 변경은 단순히 이름을 바꾸는 것을 넘어 노조의 이미지와 사회적 가치를 새롭게 하려는 일종의 리브랜딩의 의미도 포함된 일이었다.

"단순히 이름만 바꾸는 것이 아니라 화섬식품노조의 새로운 브랜드를 만드는 방향으로 사업이 추진됐습니다. '브랜딩'을 통해 더 많은 사람들에게 호감 있고 설득력을 갖춘다면 우리의 투쟁도 덜 힘들고, 더 나은 결과를 이끌어 올 수 있을 거라고 생각했습니다."(오세윤, 명칭변경TF팀 네이버지회장)

5월과 7월, 두 차례에 걸쳐 지역 지부 순회간담회를 하며 의견 수렴과 토론을 하고, 9월 28일 임시대의원대회를 열어 '공감노조' 단일안으로 표결에 부쳤다. 반대 토론에 나선 대의원이 '제조노조'라는 수정안을 제출하여 수정안부터 표결했는데, 투표 인원 248명 중 찬성 40표에 머물러 부결 처리됐다. 원안인 공감노조에 대한 표결 결과는 투표 247명 중 162명(65.6%)이 찬성하고 85명이 반대했다. 명칭 변경은 규약 변경 사항이라서 3분의 2 이상의 찬성이 필요했는데, 3표가 모자라서 원안도 부결됐다. 몇몇 지역과 화학산업 쪽의 반대가 심했다. 공감노조가 아직은 노동조합 이름으로는 아닌 것 같다는 정서가 깔려 있었다. 탄압을 뚫고 투쟁으로 지켜온 역사 속에서 각인된 명칭을 공감노조로 바꾸자는 것은 파격이었던 것이다.

대의원대회를 앞두고 신환섭과 임영국은 2007년 연맹 해산이 1표 차로 부결된 후 조직 파행을 겪었던 아픈 기억이 떠올랐다. 부결되더라도 내분이 일어났던 예전 전철을 밟아서는 안

될 일이었다. 다른 지역보다 대전·충북 지역이 반대 기운이 강했다. 특히 LG화학 쪽이었다. 대의원대회를 며칠 앞두고 대전 충북지부장 이영섭에게 연락하고 청주로 내려갔다. "가결되든 부결되든 결정대로 따라야" 한다고 입장을 통일했다. 찬반 토론을 최대한 열어주고 결과에 승복하는 분위기를 만들어야 한다고 주변을 설득하기로 했다.

그래서였는지는 몰라도 부결됐지만 내부 갈등의 조짐은 보이지 않았다. 3분의 2에 미치진 못했지만 과반이 훨씬 넘는 대의원이 명칭 변경에 공감하고 있다는 사실도 확인할 수 있었다. 그 후로도 명칭 변경을 다시 언제 추진하느냐는 문의가 종종 들어온다. 화섬 집행부는 명칭 변경 분위기와 공감이 무르익는 날이 머지않아 오지 않겠냐는 말로 답을 대신하고 있다. 무엇보다 애초 명칭을 변경하려던 취지, 리브랜딩의 의미가 조직 내에서 충분히 공감을 얻는 게 중요하다는 입장이다. 노동조합 본연의 역할에 충실하다 보면, 이름도 그 역할에 걸맞게 시나브로 바뀌리라 믿는다. 그리고 어떤 이름으로 바뀌게 되든지 '전태일의 정신을 잇는 노조'라는 화섬식품노조의 지향은 바뀌지 않을 것이다.

조합원 10%가 폭우를 뚫고 집결
7·13 총파업

빗줄기가 서서히 굵어지는가 싶더니 집회를 시작하기도 전에 장대비로 바뀌었다. 좍좍 내리긋는 빗줄기를 보며 집회 사회를 맡은 사무처장 임영국이 잠시 고민했다. 대오를 앉으라고 할 건지, 서서 진행하자고 할 건지? 찰나의 고민은 단상에 오르는 순간 물거품처럼 사라졌다. 앉으나 서나 아무 상관이 없어 보였다. 모두 비옷을 입었지만 신발에 물도 차고 몸도 많이 젖은 상태였다. 구호가 적힌 손팻말도 퍼붓는 비에 녹아내리고 있었다. "앉아서 합시다, 차라리 다 젖어버리면 오히려 편할 것입니다." 사회자의 말에 모두 빗물 바닥에 철퍼덕 앉아버렸다. 덜 젖으려고 애쓸 때가 불편하지 내려놓으니 오히려 편했다.

2023년 7월 13일은 윤석열 정권의 폭주에 맞서 민생·노동·평화·민주를 내건 민주노총의 7월 총파업 방침에 맞춰 화섬식품노조 총파업대회를 열었던 날이다. 민주노총은 7월 4일부터 2주간에 걸쳐 총파업 기간을 설정하고 지역별 결의대회와 산업별 총파업대회를 진행하라는 방침을 내렸다. 비가 온다는 예보를 며칠 전에 접했지만, 막상 그렇게나 사정없이 쏟아질 줄은 생각지도 못했다. 집회가 진행되자 조합원들은 어느새 장대비

2023년 7·13 화섬식품노조 총파업대회.

를 즐기기 시작했다. 집회가 끝나고 각 지방으로 내려가는 버스 안에서는 폭우 속에서 집회를 마쳤다는 뿌듯함으로 이야기꽃을 피웠다.

　이날 화섬 총파업대회는 연맹과 화섬노조 역사를 통틀어 최대 인원이 모인 집회였다. 3692명은 2022년 말 기준 조합원

수(3만 5607명)의 10%를 넘는 규모였다. 노조는 2월 정기대의원 대회에서 민주노총 방침에 따른 7월 총파업대회를 일찌감치 결정해놓은 상태였다. 대회에 최대한 집중할 수 있도록 3월에 교섭을 요청하고 6월 동시 조정 신청 절차를 거쳐 7월 총파업 일정에 합법적으로 참여할 수 있는 공간을 만들어가기로 결의했다.

총파업대회 조직화를 위해 임원과 집행 간부들은 1월 지역 순회에 이어 4월에 또다시 지역과 현장을 누비는 순회간담회에 나섰다. 4월 22일 충북 오비맥주 대의원 간담회를 시작으로 5월 8일 전북지부에 이어 여수로 내려가 광주전남지부 대표자 간담회를 진행했다. 9일에는 다시 올라와서 안산에 있는 성림유화, 에스티팜, 세우, 한국팩키지, 비노텍 등의 현장을 돌며 조합원들을 만났다. 15일엔 충남으로 내려가 씨지앤대산전력, KCI, 한국내화를 순회하고, 다음 날엔 천안 쪽으로 넘어와 KCC건재세종, 신미씨앤에프, 신송식품 현장을 돌았다.

22일 오전에는 청주로 내려가 LG화학·LG에너지솔루션지회 간부들과 간담회를 하고, 대전충북지부로 가서 대표자들과 간담회를 진행했다. 청주 일정이 끝나자마자 오후엔 부랴부랴 판교로 올라왔다. IT위원회 소속 지회 간부들과 간담회가 예정되어 있었기 때문이다. 23일엔 다시 울산으로 내려가 지회 대표자들과 간담회를 했다. 26일은 경남 창원으로 내려갔다. 오전에 동서식품창원 공장에서 출근 선전전을 하고 조합원 교육을 진행한 후 오후에 사천으로 가서 엠코코리아 현장을 돌며 조합원들과 인사하고는 한 달여의 현장 순회 일정을 마무리했다. 말 그대로 강행군이었다.

산별노조 완성 첫해에는 조직 운영체계와 제 규정들을 정비하며 산별노조로서 기틀을 잡는 데 역점을 두었다면, 이듬해인 2023년에는 사업과 투쟁의 측면에서 집중력과 구심을 만들어나갈 필요가 있었다. 7·13 총파업대회는 그런 점에서 조직 역량을 최대한 집중시켜서 성사시키겠다는 의지가 강했던 사업이었다. 그래서인지 폭우 속에서도 참석한 조합원들의 높은 투쟁의지를 확인할 수 있었다. 대회 참석 면면을 보면 실제 파업을 하고 참석한 곳이 20개 지회 1800여 명이었고, 나머지 1900여 명은 간부 파업이나 연차를 쓰고 참석했다. 정식품의 경우는 민주노총 총파업 방침에 따라 7월 초부터 파업을 전개하고 있었다.

대회는 산별 완성 초기에 조직 역량을 총동원하여 최대의 집회 참여 결과를 냈던 만큼 조직 내부적으로도 큰 자신감을 가질 수 있었다. 벌써 또 이런 집회를 하자는 요구가 올라오고 있다.

'실력 있고 매력 있는 강한 노조'로 전진

화섬식품노조의 비전

어떻게 변화할지 저도 궁금하다. 분명한 것은 산별노조로서 사회적 책임을 다하고 약자와의 연대를 강화해야 한다는 것이다.

산별노조로 전환했다고 해도 한국에서는 제도적으로 산별교섭이 보장되지 않는 구조적 한계가 있다. 화섬식품노조에는 워낙 다양한 업종이 모여 있기 때문에 중앙교섭에 대해서는 (효율적일지) 고민이 필요한 것 같다. 우선 비슷한 업종끼리 묶어서 교섭을 해볼 수 있을 것 같다. IT와 폐기물 업종이 그렇다. 또한 KCC그룹 안에 화섬식품노조에 조직된 사업장이 7곳인데 노동조건이 비슷하기 때문에 묶어서 교섭을 추진할 수 있다. 여수를 중심으로 조직된 사내하청 노동자들도 공동교섭이 가능할 것 같다. 이렇게 4개 영역 업종별·지역별 교섭부터 시작하려 한다.

—신환섭, 《매일노동뉴스》, 2023. 11. 9. 인터뷰 기사 중

노조 조직 사업이라는 게 내 맘 같지 않다. 그래서 대중 조직이고 대중 사업이라고도 한다. 무늬만 산별이라지만, 그걸 만드는 데도 20년 넘게 걸렸다. 고생고생해서 만들었는데 산별노조답게, 노동조합답게 제 역할을 찾아가는 것이 화섬식품노조

2024년 20주년을 맞은 화섬식품노조의 정기대의원대회.

앞에 놓인 과제다. 헌법이 보장한 노동3권의 꽃은 뭐니 뭐니 해도 교섭권이다. 노조는 기업별 체제를 극복하고 산별교섭을 이뤄내기 위한 사업 태세를 갖추고 로드맵을 만들어나갔다.

　2023년 총파업대회를 성과적으로 마무리한 노조는 제8기 임원 선거를 통해 신임 집행부를 구성한다. 9월 19일부터 21일까지 조합원 총투표로 실시한 제8기 임원 선거에는 신환섭·문준모·임영국이 위원장·수석부위원장·사무처장에 동반 출마해 당선됐다. 이들이 내건 슬로건은 '실력 있고 매력 있는 강한 노조'였다. 권승미, 문경주, 오세윤, 최진만 등 4명의 부위원장도 함께 뽑았다. 일반 부위원장까지 함께 선출한 건 처음이었다. 또한 이때부터는 지부 임원(지부장·수석부지부장·사무국장)도 조합원 직접선거로 뽑고 임기도 맞추기로 하여 중앙 임원 7명과 7개 지부 임원 21명이 모두 임기를 맞춘 최초의 집행부가 됐다. 신임 집행부는 10월 25~26일 대표자·전임자 전진대회를 통해 산별노조로서 역할과 전망을 토론하고 결의를 모아냈다.

2024년 사업에서부터 산별교섭 전망을 열어갈 태세 구축에 나서야 했다. 그러기 위해서는 중앙과 7개 지부의 통일적이고 집중적인 집행력의 담보가 필요했다. 2월 6~7일 중앙 임원과 사무처를 비롯하여 7개 지부 임원과 지부 사무처 모두 60여 명이 조치원 홍익대 국제연수원에서 수련회를 연다. 산별교섭 준비를 위한 태세 구축 사업을 2024년의 주된 사업으로 논의하고 집행력의 통일성을 기하자고 의견을 모은다.

몇 해 전에 실시한 설문조사에서 화섬이 지향해야 할 산별교섭 형태에 대한 질문에 간부들의 대답은 업종별 또는 특성별 교섭 형태를 가장 선호하는 걸로 나타났다. 그다음이 지부별교섭이었다. 금속노조에서 추진했던 중앙교섭 형태에는 회의적이었다. 다양한 업종이 포진하고 있는 화섬의 조직 구성이 반영된 결과였다. 신환섭이 인터뷰에서 소위 '묶음별 교섭'을 말한 이유였다.

2월 22일 개최된 정기 대의원대회에서는 업종별·특성별 5개 영역에서 산별교섭 태세 구축 사업을 하기로 결정한다. IT업종, 산업폐기물업종, 여수산업단지의 사내하청, KCC그룹 계열사로 묶은 공동, 지역 초기업 교섭 준비 사업이 그것이었다. 영역별로 각각 담당 임원과 사무처를 분담했다. 오랜 세월 동안 고착되어온 기업별교섭 구조는 노동시장 양극화를 더욱 부채질할 뿐이었다. 법·제도가 산별교섭을 제약하고 있는 현실이지만, 기업별교섭 체제를 넘어서는 산별노조운동이 활성화되어야 한다. 노조는 이 과제를 조금씩 앞당기기 위해 꾸준히 매진해나가기로 했다.

'실력 있고 매력 있는 강한 노조'를 내건 제8기 집행부는 산별노조로서 전망을 열어가는 동시에 노동조합답게 제 역할을 해나가겠다고 다짐한다. 기업 담장을 넘어 지역과 전국으로 안목과 역할을 넓힐 줄 아는 산별노조 간부 양성이 조직의 실력이 될 것이다.

파리바게뜨 노동자 힘내라 공동행동을 통해 화섬은 시민사회의 수많은 지지와 연대를 받아 승리한 경험이 있다. 봉제인들이 노조를 만들 수 있었던 것도 지역사회의 연대를 통해 가능했다. 화섬이 사회연대기금을 설치하고 사회연대 활동을 주요하게 펼쳐야 한다고 생각하는 이유이다. 사회연대를 통해 노동조합의 위상을 높이고, 사회적 연대는 다시금 노조를 강화시키는 힘으로 돌아온다는 사실을 화섬은 누구보다 잘 알고 있다.

필요로 하는 곳이 많은 사람은 또한 인간적이기도 하다. 나아가 어딘가 매력이 있기 때문일 것이다. 화섬식품노조 유튜브를 개설하면서 사람들에게 가까이 다가갈 수 있는 '섬식이'라는 애칭을 떠올렸다. 섬식이들은 믿는다. 실력 있고 매력 있는 간부가 화섬식품노조를 강한 노조로 만들 것이라는 사실을. 그렇게 돌고 돌아 화섬식품노조는 필요로 하는 곳이 많고, 다른 어떤 조직보다 인간적인 노동조합으로 뿌리내릴 것이다.

| 나가는 글 |

몸과 마음을 다해 살아냈던
사람들의 역사

"왜 이렇게 이긴 싸움이 없는 거야?"

둘러앉아 과거를 떠올리던 화섬 노동자들이 탄식하듯 내뱉은 이 한마디를 붙들고서 글을 썼다. 누구나 뒤를 돌아보면 좋았던 기억보다 아쉬웠던 장면이 먼저 떠오르는 법. 하지만 설혹 패배로 끝났더라도 그곳에 이를 때까지 즐겁고 벅찬 순간들이 있었음을, 그 끝이 마침표가 아니라 잠시 숨을 고르는 쉼표일 수도 있음을 노동자들은 탄식 중간중간 전해주었다.

이 책 속에는 다시 못 올 청춘을 온몸과 온 마음을 다해 살아냈던 많은 이들의 역사가 오롯이 담겨있다. 그들의 웃음도, 눈물도 다 담고 싶었는데 부족한 글솜씨가 마음을 따라가지 못한 점이 못내 아쉽다.

이마저도 화섬식품노조의 산증인인 임영국 사무처장님이 안 계셨다면 쓰기 힘들었을 게다. 또, 많은 분들의 인터뷰 일정을 조율하고 곳곳에 흩어져 있던 자료들을 모아준 교육선전실의 김정열 실장님과 이재준 국장, 손진 부장님이 있었기에 20주년 행사에 맞춰 책이 나올 수 있었다. 왜 사람들이 시상식에서 차려진 밥상에 숟가락을 얹었다고 하는지 알겠다. 지면으로나마 진심으로 감사의 인사를 전한다.

신환섭 위원장님과는 두 번 만나 5시간 가까이 이야기를 나눴다. 그 이야기들을 이곳에 다 담을 수 없어 《작은책》(2024년 7월호) 〈작은책이 만난 사람: 결정하면 뒤돌아보지 않았다〉에 실었다. 그중 한 대목만 다시 꺼내고 싶다.

30년 가까이 노동운동을 해오면서 힘든 적이 없었느냐고 묻자 신 위원장님은 "싸우는 건 막 억울하고 분통 터지는 건 있어도 마음 아프지는 않아요. 싸우면 질 수도 있고 이길 수도 있기 때문에……"라고 담담히 말하면서도 이 이야기는 가슴 아프게 전해주셨다.

"어떻게 됐든 과정에서 사람들이 죽어나가는 것이 가장 힘들었죠. 우리 (한국안전유리) 노동조합에서도 사고로, 또 투쟁하면서 죽은 친구들이 있었어. 이들을 화장해서 금강에 뿌릴 때가 제일 힘들었지. 연속극에는 멋진 모습으로 나오지만 그거 다 불법이잖아. 강에서 뿌리려고 보면 재가 엄청 따뜻해. 따~뜻한 온기 있잖아. 이걸 느낄 때 그때는…… 마음이 많이 아프긴 하더라고."

이 책을 위해 만난 화섬 노동자들도 먼저 떠나간 동료들 이야기를 할 때 가장 힘들어했다. 내가 발 딛고 있는 지금에 이르기까지 많은 이들의 희생이 있었음을 다시금 깨닫는 시간이었다. 바쁜 시간을 쪼개서 인터뷰에 참여해 힘들고 아픈 이야기들까지 들려주신 모든 분들에게 다시 한번 감사드린다.

신환섭 위원장님으로부터 이 이야기를 들을 때 화섬식품노조가 이래서 저력 있는 노동조합이구나 싶었다. 몇십 년 뒤 또 다른 역사를 기록할 때까지 화섬식품노조의 건투를 빈다.

"우리가 준비가 덜 돼 있으면 계란으로 바위를 칠 때도 있고, 또 어떤 때는 우리가 바위가 돼 계란을 깰 때도 있는 거죠. 싸움이라는 것은 이길 때가 있으면 질 때도 있는데 솔직히 투쟁은 끝내지 않으면 이긴다는 건 있어. 파리바게뜨 싸움도 그렇게 다 뺏겨도 나는 이긴다는 확신은 있었어. 포기하지 않으면 이긴다는 거지."

신 정 임

우리 같이 노조 해요

초판 1쇄 펴낸날   2024년 10월 29일

기획   전국화학섬유식품산업노동조합
지은이   신정임
펴낸이   박재영
편집   임세현·이다연
마케팅   신연경
디자인   조하늘
제작   제이오
펴낸곳   도서출판 오월의봄
주소   경기도 파주시 회동길 363-15 201호
등록   제406-2010-000111호
전화   070-7704-5018
팩스   0505-300-0518
이메일   maybook05@naver.com
X(트위터) @oohbom
블로그   blog.naver.com/maybook05
페이스북   facebook.com/maybook05
인스타그램 instagram.com/maybooks_05

ISBN   979-11-6873-130-1 03300

만든 사람들
책임편집   박재영
디자인   조하늘